Michael F. Strohmer

Management
im Staat

Erfolgsfaktoren effizienter Führung
im öffentlichen Sektor

PETER LANG

Frankfurt am Main · Berlin · Bern · Bruxelles · New York · Oxford · Wien

Bibliografische Information Der Deutschen Bibliothek
Die Deutsche Bibliothek verzeichnet diese Publikation in der
Deutschen Nationalbibliografie; detaillierte bibliografische
Daten sind im Internet über <http://dnb.ddb.de> abrufbar.

Gedruckt mit Unterstützung des Bundesministeriums
für Bildung, Wissenschaft und Kultur in Wien.

Gedruckt auf alterungsbeständigem,
säurefreiem Papier.

ISBN 3-631-52023-9

© Peter Lang GmbH
Europäischer Verlag der Wissenschaften
Frankfurt am Main 2004
Alle Rechte vorbehalten.

Printed in Germany 1 2 4 5 6 7

www.peterlang.de

Management im Staat

„Keine Schuld ist dringender, als die, Dank zu sagen.

Marcus Tullius Cicero(106-43)

Danksagung

Ein herzliches Dankeschön an alle Autoren, die zum Entstehen dieses Buches beigetragen haben.

Mein besonderer Dank gilt meinen Eltern

Frau Ing. Sieglinde Strohmer und Herrn Dipl.-Ing. Dr. Franz Strohmer und meiner Verlobten Tanja!

Michael F. Strohmer

INHALTSVERZEICHNIS

INHALTSVERZEICHNIS

VORWORT

von Bundeskanzler Dr. Wolfgang Schüssel

Bundeskanzleramt, Wien, Österreich

VORWORT
MANAGEMENT IM STAAT
von Bundeskanzler Dr. Wolfgang Schüssel
Bundeskanzleramt, Wien, Österreich

Steuergeld ist kostbar und muss daher auch im Sinne der Bürgerinnen und Bürger effizient verwendet werden. Professionelles Management in Politik und Verwaltung ist eine Grundvoraussetzung dafür. Die besonderen Rahmenbedingungen des staatlichen Managements sind jedoch geprägt vom Legalitätsprinzip und dem damit verbundenen Prinzip der Rechtsstaatlichkeit sowie vom Umstand, dass staatliche strategische Managemententscheidungen stets der demokratischen Legitimation bedürfen. Trotz dieser Besonderheiten gegenüber dem Management eines privaten Unternehmens sind die Grundelemente des Managements, wenn auch in adaptierter Form, im staatlichen Management anwendbar.

Eine der ersten Fragen für das staatliche Management ist die Frage: Welche Aufgaben muss der Staat erledigen und welche Gebietskörperschaft soll diese sinnvoller Weise erledigen? Um sich diesen Fragen zu widmen, wurde der Österreichkonvent im Sommer 2003 eingerichtet. Mit rund 80 Vertreterinnen und Vertretern aus Bund, Ländern, Städten und Gemeinden soll er bis Ende 2004 das Konzept für eine Reorganisation der staatlichen Aufgabenerfüllung vorlegen. Weiters sind strategische Zielsetzungen ein wesentliches Element staatlichen Managements. An ihnen richtet sich das staatliche Handeln aus. Um überprüfen zu können, ob die Zielsetzungen auch erfüllt wurden, sind diese messbar zu gestalten und die Arbeitergebnisse auch begleitend zu messen. Nur so kann bei Bedarf gegengesteuert oder das Ziel einer geänderten Situation angepasst werden. So heißt es etwa im Regierungsprogramm: „Einsparung von 10.000 Dienstposten im Bund 2004 – 2006." Mit Hilfe eines laufenden Personalcontrolling wir die Entwicklung überwacht und die Zwischenergebnisse dem Ministerrat vorgelegt. Bezogen auf das Ziel sind seit Jahresende 2002 bis 1. Juni 2003 bereits 10,7% der geplanten Einsparungen erreicht worden.

Staatliches Management ist nur dann in entsprechender Qualität möglich, wenn in einem begleitenden Controlling die Entwicklung der Kosten und Leistungen des Staates sozusagen „überwacht" wird. Ein Vorhaben dieser Legislaturperiode ist daher die flächendeckende Einführung einer Kosten – und Leistungsrechnung in der Bundesverwaltung. Solange eine Ministerin oder ein Minister, ein Sektionschef oder eine Sektionschefin nicht genau wissen, was ein Verwaltungsakt, die Bearbeitung einer schriftlichen Anfrage oder eine

Dienstreise kosten, solange kann auch nicht sinnvoll darüber entschieden werden, ob und in welcher Form die Handlung stattfinden soll. Der jährliche Leistungsbericht der Bundesverwaltung stellt das breite Leistungsspektrum der Bundesverwaltung zahlenmäßig dar. Daten zur Qualität in den Schulen, zur Dauer von Gerichtsverfahren oder zur Beanstandungsquote in wissenschaftlichen Einrichtungen im Zeitreihenvergleich geben ein Bild über die Leistungsfähigkeit der öffentlichen Verwaltung und bilden die Basis für ergebnisorientierte Steuerung des Verwaltungshandelns. Auch erste Leistungsvergleiche zwischen ähnlichen Dienststellen eines Bereiches (z.B.: Gerichte, Zollämter) werden angestellt, um daraus Managemententscheidungen abzuleiten.

Auch wenn es vielleicht manchmal bequemer ist, die Staatsgeschäfte im diffusen Licht unklarer Zielvorgaben zu führen, so wird der Weg in Richtung eines schlanken und leistungsfähigen Staates nur über klare und messbare Ziele, Leistungsvereinbarungen, dezentrale Ressourcenverantwortung und ein begleitendes Controlling mit Transparenz von Kosten und Leistungen gangbar sein. Politik und Verwaltungsmanagement sind gefordert, am weitern Ausbau dieser Instrumente tatkräftig mitzuwirken.

In diesem Sinne wünsche ich auch diesem Buch, welches einen wertvollen Beitrag zum Themenbereich „Management im Staat" darstellt, die Aufmerksamkeit, welche es verdient.

MANAGEMENT IM STAAT
ANALOGIE ZUR MODERNEN
MANAGEMENTLEHRE?

von MMMag. DDr. Michael F. Strohmer

Management Consultant bei A.T. Kearney, Wien, Österreich

MANAGEMENT IM STAAT –
ANALOGIE ZUR MODERNEN MANAGEMENTLEHRE
von DDr. Michael F. Strohmer
Management Consultant bei A.T.Kearney, Wien, Österreich

1. Einleitung

Die Bedeutung der Auseinandersetzung mit dem Thema „Management im Staat" kann bereits durch einen einfachen Zahlenvergleich zum Ausdruck gebracht werden. Wird das Budget 2003 der Republik Österreich betrachtet, so gab es Einnahmen und Ausgaben von je 112 Milliarden Euro. Stellt man dies den Umsätzen von 2002 der größten österreichischen Unternehmen (OMV: 7,1 Milliarden Euro; VA TECH: 3,9 Milliarden Euro; voestalpine: 4,4 Milliarden Euro) gegenüber, erkennt man den enormen Unterschied der Gesamtvolumina. Im Fall der oben angeführten Unternehmen wird wohl jeder dafür plädieren, die Unternehmensführung in die Hände von professionellen Managern zu legen, um den Unternehmenserfolg zu gewährleisten. Für den öffentlichen Dienst ist dieses Bewusstsein in der Bevölkerung noch nicht gegeben.

In diesem Beitrag soll auf die Bedeutung und die Notwendigkeit des Staatsmanagements in Analogie mit dem Management von Unternehmen eingegangen werden. Bedenkt man das Faktum, dass sich viele Staaten in strukturellen Problemen (Pensionssystem, Gesundheitssystem) befinden oder in hohem Maße verschuldet sind, wird die Forderung deutlich, auch im öffentlichen Dienst wichtige Ämter mit Managern zu bekleiden.

2. Management als umfassender Begriff

Der Begriff „Management" leitet sich etymologisch vom lateinischen „manum agere" ab und bedeutet „an der Hand führen"[1]. Nach Peter F. Drucker ist Management die Anwendung von Wissen auf Wissen[2]. Werden die Wurzeln und die Definition der Managementlehre näher betrachtet, so zielen diese nicht auf das klassische betriebswirtschaftliche Management im Unternehmen ab, sondern sehen den Begriff weitaus genereller, nämlich als jegliche Art der Verbindung von Führung und Wissen. Die Elemente von Management sind (1) planen – als Definition der zukünftigen Situation, (2) steuern - als eingreifen und verändern und (3) überwachen – als Analyse der Zielerreichung.

Peter F. Drucker zeigt 7 Punkte zur Frage „Was ist Management" auf[3]:

---

[1] Schneck, O.: Lexikon der Betriebswirtschaft, München 1998, S. 477.
[2] Drucker, P.F., Die postkapitalistische Gesellschaft, Düsseldorf/Wien/New York/Moskau 1993, S. 73.
[3] Drucker, P.F., Management als gesellschaftliche Funktion und als Geisteswissenschaft, in: Was ist Management, 2002, S. 27 ff.

(1) Im Mittelpunkt des Managements steht der Mensch. Die Aufgabe des Managements besteht darin, Menschen in die Lage zu versetzen, gemeinsam Leistungen zu erbringen.

(2) Da die Funktion des Managements darin besteht, Menschen in eine gemeinsame Organisation zu integrieren, ist das Management tief in der Kultur verwurzelt. Die Manager in Deutschland, Großbritannien, den USA, Japan oder Brasilien tun exakt das Gleiche, wobei die Art und Weise, wie sie es tun sehr unterschiedlich sein kann. Die grundlegende Herausforderung besteht somit darin, herauszufinden, welche Elemente ihrer Tradition, Geschichte und Kultur als Bausteine für das Management verwendet werden können.

(3) Eine Organisation kann nur funktionieren, wenn sich alle Angehörigen zu gemeinsamen Zielen und Werten bekennen. Die Ziele sind einfach und klar verständlich vom Management zu definieren und zu kommunizieren.

(4) Das Management muss die Organisation und jeden einzelnen Angehörigen in die Lage versetzen, sich im Gleichklang mit den sich wandelnden Erfordernissen und Möglichkeiten weiterzuentwickeln.

(5) Das Funktionieren der Organisation muss auf der Kommunikation und der individuellen Verantwortung beruhen.

(6) Weder die Menge der Produktion noch „das Ergebnis unter dem Strich" sind an und für sich geeignet, die Leistungen des Managements und der Organisation richtig zu messen.

(7) Schließlich darf nie vergessen werden, dass die Ergebnisse ausschließlich in der Außenwelt existieren. Das Ergebnis der Tätigkeit eines Unternehmens ist ein zufriedener Kunde. Das Ergebnis der Tätigkeit eines Krankenhauses ist ein geheilter Patient. Das Ergebnis der Tätigkeit einer Schule ist ein Absolvent, der etwas gelernt hat, was er zehn Jahre später beruflich anwenden kann. Innerhalb einer Organisation entstehen lediglich Kosten.

3. New Public Management

Die heute gültige Struktur im Bereich des öffentlichen Dienstes geht auf das Bürokratiemodell von Max Weber zurück, welches durch Arbeitsteilung, Spezialisierung, hierarchische Gliederung, Disziplin und Berufsethos gekennzeichnet ist. Sein Bürokratiemodell sollte den Bürgern Korrektheit, Gesetzestreue, Sachbezogenheit und Berechenbarkeit garantieren. Die Entwicklung und der Wandel in der Gesellschaft vollzog sich in den vergangen Jahren in einer unerwartet hohen Geschwindigkeit. Während die Privatwirtschaft auf den raschen Wandlungsprozess reagiert hat, ist der öffentliche Bereich in den alten Strukturen verharrt. Eine Gegenbewegung hat zu erfolgen, um moderne Managementansätze im öffentlichen Bereich zu implementieren.

New Public Management ist eine dafür geeignete Managementphilosophie. Sie fordert die Angabe von Zielen für die öffentliche Verwaltung, eine Strukturierung der Verwaltung nach diesen Zielen, eine Messung der Zielerfüllung und eine leistungsgerechte Entlohnung nach vorgegebenen Indikatoren[4]. Politik und Verwaltung sollen also stärker nach privatwirtschaftlichen Managementsystemen und nach traditionellen betriebswirtschaftlichen Erfolgsprinzipien organisiert und ausgerichtet werden. Bevor darauf näher eingegangen wird, soll der Begriff „Managementsystem" definiert werden, welcher im Kern die Komplexität der Aufgaben hat. Immer höhere Anforderungen werden an moderne Managementsysteme gestellt. Diese hohen Anforderungen gelten in bezug auf folgende Fähigkeiten[5],

- Kundenbedürfnisse durch Qualität zufrieden zu stellen und zukünftige Kundenerwartungen zu ermitteln;
- Prozessfähigkeit und –beherrschung zu haben, ständige Qualitätsverbesserung im gesamten Unternehmen zu forcieren und die Qualität der Arbeit in den Vordergrund zu stellen;
- Kernprozesse effizient im Rahmen der Ablauforganisation zu nutzen;
- neue Technologien zu entwickeln oder zu nutzen;
- Mitarbeiter zu fördern und für Sicherheit und Gesundheit der Mitarbeiter zu sorgen;
- Ressourcen optimal zu nutzen und „für umweltschonende Produktion, umweltverträgliche Produkte und Schonung der natürlichen Umwelt und ihrer Ressourcen zu sorgen";
- Interessen aller Stakeholder angemessen zu berücksichtigen.

Diese Definition von Managementsystem war für das typisch betriebliche Umfeld entworfen worden, doch kann ein Großteil dieser Komponenten für den öffentlichen Bereich ebenso Anwendung finden. Der Ansatz des NPM ist ganzheitlich. Spezifische analoge zu oben dargestellten Merkmalen können im Bereich Management im Staat dargestellt werden:

---

[4] Aiginger, K.: Der Wirtschaftsstandort Österreich im internationalen Vergleich – gibt es ein österreichisches Modell, in: Aiginger, K./Farnleitner, H./Koren, St./Raidl, C./Stadler, W.: Impluse für das Unternehmen Österreich, Ueberreuter, Wien, 1999.
[5] Petrick, K., Eggert, R., Umwelt- und Qualitätsmanagementsysteme, Wien (1998), S. 2.

Management im Staat – Analogie zur modernen Managementlehre?

3.1. Total Quality Management - im Sinne von Kunden- und Bürgerorientierung

Qualität ist dann entstanden, wenn die Eigenschaften der Produkte und anderer Leistungen genau den Kundenanforderungen entsprechen[6]. Qualität ist somit die Gesamtheit von Merkmalen einer Einheit bezüglich ihrer Eignung, festgelegte und vorausgesetzte Erfordernisse zu erfüllen[7]. Die Ziele eines Qualitätsmanagementsystems im Rahmen des NPM sind umfassend. Nachfolgend sind die wichtigsten aufgezählt[8]: Verminderung von Fehlleistungen in allen Tätigkeitsbereichen, Vermeidung von Verschwendungen aller Art, Zufriedenstellung der Bürger, bessere Erfassung und Umsetzung der Bürgerbedürfnisse, Fehlerverhütung als präventive Maßnahme, frühe Fehlererkennung, Steigerung der Flexibilität oder Reduktion der Bearbeitungszeiten. Die Erfüllung dieser Vielzahl von Anforderungen ist deshalb schon von so großer Bedeutung, da der Bürger keine Auswahlmöglichkeit wie am freien Markt hat. Er ist daran gebunden sich beispielsweise den Reisepass bei einer bestimmten Behörde ausstellen zu lassen, die Anmeldung oder Abmeldung eines Wohnsitzes auf einem dafür vorgesehenen Amt vorzunehmen oder eine Anzeige an seinem Wohnort bei der zuständigen Polizeibehörde zu erstatten. Die Qualitätsorientierung der öffentlichen Verwaltung und die Ausrichtung an Qualität lässt sich mit dem in Großbritannien gebräuchlichen Begriff „Civil Service" gut symbolisieren; auch die in Kontinentaleuropa eingeführten Bürgerbüros gehen in dieselbe Richtung.

3.2. Lean service production durch Kostensenkungs- und Effizienzdruck

Der Begriff "Lean Production" – also schlanke Produktion - wurde im Team von Jim Womack, Dan Jones und Dan Ross im International Motor Vehicle Programm geprägt und ist in der "MIT Studie" bekannt geworden. Der zentrale Begriff ist die Vermeidung von Verschwendung[9]. Erwünschte Folge der Lean Production ist die Kostensenkung. Diese hat das Ziel nachhaltig Einsparungen zu erzielen und Kosten zu sparen. Nahezu jede westliche Volkswirtschaft hat sich das Ziel gesetzt, weniger auszugeben und somit die Staatsfinanzen zu entlasten. Diverse Maßnahmen werden somit im Staat nach dem Vorbild

---

[6] Groocock, J.M., Qualitätsverbesserung, Hamburg (1988), S.23.
[7] Corsten, H., Lexikon der Betriebswirtschaftslehre, München (1993), S.744.
[8] Vgl. www.zurag.ch: Zurmühle : Qualität und Qualitätsmanagementsystem nach ISO 9000ff http://www.zurag.ch/zf-menu6.htm
[9] Gienke, H., Schlanke Produktion in: Gienke/Kämpf: Praxishandbuch Produktion, Fachverlag Deutscher Wirtschaftsdienst.

effizient geführter Unternehmen umgesetzt. Als Beispiel möchte der Autor den Aufbau der österreichischen Bundesbeschaffungsgesellschaft nennen, die mit Hilfe einer internationalen Top-Management-Beratung aufgebaut wurde und deren primäres Ziel es ist, durch Bündelung und Standardisierung der Beschaffungsaktivitäten für die Republik Österreich optimale Einkaufskonditionen zu erhalten und dadurch einen Beitrag zur Senkung des öffentlichen Budgets zu leisten.

3.3. Wirkungsorientiertes öffentliches Management mittels Balanced Scorecard

Die Führung im öffentlichen Bereich hat nicht inputorientiert zu erfolgen, sondern output- bzw. wirkungsorientiert. Ganz klar hat die Steuerung über Ziele und Leistungsaufträge zu erfolgen. Ebenso von Bedeutung ist die Transparenz über die Kosten, die Leistungen in diesem Zusammenhang und die einwandfreie Zuordnung der Kosten. Die Einführung eines Balanced Scorecard Modells[10] im öffentlichen Bereich ist zu empfehlen[11]. Natürlich unterscheidet sich in einigen Punkten die Grundkonzeption der Balanced Scorecard für Unternehmen von jener für den öffentlichen Bereich. Während der Privatunternehmung als Formalziel die Gewinnmaximierung durch die Wettbewerbswirtschaft vorgegeben ist, verfügen öffentliche Verwaltungen über differenziertere Zielsysteme. So ist die öffentliche Verwaltung primär dem Gemeinwohl verpflichtet. Dabei unterliegt die inhaltliche Ausrichtung der öffentlichen Verwaltung dem Diktat der Politik. Aus diesen Rahmenbedingungen ergeben sich besondere Herausforderungen an ein Controlling für öffentliche Institutionen. Als Problembereiche der Anwendung einer Balanced Scorecard sollen genannt werden[12]:

(1) Gegebene Politik wird vorausgesetzt: Die BSC fußt auf der Annahme, dass die Strategie bereits formuliert ist. Dies ist in vielen Fällen nicht der Fall.

(2) Formelle vs. informelle Planung: Bei der BSC handelt es sich um ein formelles Planungs- und Controlling-Instrument. Der innovative

---

[10] Die Zeitschrift „Havard Business Review" hat 1997 den Beitrag von Kaplan und Norton mit dem Titel „The Balanced Scorecard – Measures That Drive Performance" zu einem der fünf Artikel ihrer Publikation gekürt, die das Management in den letzten 75 Jahren am meisten verändert haben. Auf diesen Beitrag soll an dieser Stelle verwiesen werden.

[11] Scherer, A./Alt, J., Balanced Scorecard in Verwaltung und Non-Profit-Organisationen, Schäffer-Pöschel, 2002.

[12] Scherer, A./Alt, J., Balanced Scorecard in Verwaltung und Non-Profit-Organisationen, Schäffer-Pöschel, 2002.

Charakter des strategischen Denkens darf nicht dem Formalismus zum Opfer fallen.

(3) Die BSC tendiert dazu, eine Top-Down-Perspektive zu bevorzugen.

(4) Die BSC tendiert dazu, einer Bürokratisierung der Organisation weiter Vorschub zu leisten, was in der Verwaltung gerade nicht passieren soll.

(5) Die in der BSC definierten Zweck-Mittel-Ketten sind allenfalls Annahmen über bestehende Erfolgsrezepte, die sich in der praktischen Anwendung auf ihre Richtigkeit hin bewähren müssen.

(6) Die oftmals empfohlene Koppelung der BSC mit dem formalen Anreizsystem oder dem Entlohnungssystem birgt die Gefahr, dass die Organisationsmitglieder bei aller Konzentration auf die vorgegebenen Zielsetzungen dieselben nicht mehr kritisch hinterfragen.

Werden diese Punkte jedoch beachtet und situationsspezifisch angepasst, so ist die Balanced Scorecard ein sinnvolles Instrument für das Management im Staat.

Exkurs: **Zur Schwierigkeit der Effizienzmessung im öffentlichen Bereich**

Eine besondere Schwierigkeit stellt die Gegenüberstellung von Input und Output im öffentlichen Dienst dar. Diese Hindernisse in der Bewertung der Ergebnisse sind für den öffentlichen Dienst international charakteristisch. Wie zum Beispiel lassen sich Rechtssicherheit oder Ausbildungsniveau wirklich quantifizierbar machen? Wie soll die Produktivität der Dienstleitungen der öffentlich Bediensteten errechnet und verglichen werden? Wenn der Output einer Polizeiwache an der Zahl der ausgestellten Strafmandate oder an den aufgeklärten Morden, beziehungsweise der eines Gerichtes an der Zahl der erledigten Akten gemessen wird oder eines Krankenhauses an der Anzahl der Geheilten, so führt dies zu irreführenden Ergebnissen[13]. Den traditionellen betriebswirtschaftlichen Theorien folgend, würde hier eine bürokratische Produktivität errechnet werden, welche über die Effektivität und die Effizienz nichts aussagt, denn in diese Berechnung fließen die entscheidenden Faktoren, wie vorausschauendes Verhindern von Straftaten, präventive Vorsorge bei Streitigkeiten oder Gesundheitsvorbeugung, nicht ein und liefern daher nur ein verzerrtes Bild.

Auch grenzüberschreitendes Benchmarking als Mittel zur Messung der Produktivität des öffentlichen Dienstes ist nicht ausreichend, und kann kein

---

[13] Kramer, H.: Der öffentliche Dienst als Standortfaktor, in: Wirtschaftsstandort Österreich – Von der Theorie zur Praxis, Wien 2001, S. 233ff.

gültiges Bild schaffen, da hier ein Kostenvergleich, also ein reiner Input-Vergleich, im Zentrum des Interesses steht[14].

Trotz der soeben dargestellten Problemfelder finden wahre Manager im Staat trotzdem Wege, um sinnvolle Produktivitätsanalysen auf den Bereich des öffentlichen Dienstes zu transformieren. Als Beispiel soll dafür der ehemalige Bürgermeister von New York, Rudolph Giuliani gegeben werden. Mit dem Programm COMPSTAT, welches auch den Harvard Innovationspreis für Verwaltung 1996 gewann, konnten sowohl die Anzahl von schweren Delikten (Morde, Körperverletzungen, Vergewaltigungen), als auch die Anzahl von leichten Delikten (Graffiti, Vandalismus) signifikant gesenkt werden z.b.: Morde innerhalb von 8 Jahren um 70%[15]. Wie funktionierte dieses System? Wöchentlich kamen Vertreter der 8 „borough commands" des NYPD[16] in einem Meeting zusammen und diskutierten über die Entwicklung der Kriminalität in ihren Bereichen in den vergangenen 4-8 Wochen. Die Ergebnisse wurden diskutiert, analysiert und Lösungsszenarien erarbeitet. Im Sinne eines „internen Benchmarkings" und eines internen Wettbewerbs in dem jeder der Vertreter zu berichten hatte, wurde es jedem schwer gemacht, über steigende Verbrechenszahlen zu referieren und die Motivation wurde stark gesteigert. Das quantitative „Tracking" der Anzahl von Verbrechen und Vergehen erlaubte eine detaillierte Gesamtübersicht und ein „Verbrechenscontrolling".

3.4. Trennung von Strategie und operativer Umsetzung

Die Strategie hat von der Politik mittels Gesetzen umrissen zu werden und die operative Umsetzung hat durch die Ämter zu erfolgen. Montesquieu hat bereits im Jahre 1748 in seinem bedeutenden Werk „Vom Geiste der Gesetze" für die Gewaltentrennung klare Stellung bezogen. Der französische Schriftsteller und Staatsphilosoph hat damit eines der Kernstücke für die beginnende Verfassungsperiode gebracht. Montesquieu geht davon aus, dass es im Staat Kontrolle geben muss, da im Zuge der Vergesellschaftung es den einzelnen nach Machtakkumulation drängt. Er unterteilt also in die gesetzgebende Gewalt, die vollziehende Gewalt in Ansehung der Angelegenheiten, die vom Völkerrechte abhängen, und die vollziehende Gewalt hinsichtlich der Angelegenheiten, die vom bürgerlichen Recht abhängen[17], welche unter den Begriffen Legislative, Exekutive und Judikative in unseren Sprachgebrauch Eingang fanden. Montesquieu versuchte keine absolute Gewaltentrennung zu erzielen, sondern

---

[14] Kramer, H.: Der öffentliche Dienst als Standortfaktor, in: Wirtschaftsstandort Österreich – Von der Theorie zur Praxis, Wien 2001, S. 233ff.

[15] Giuliani, R., Leadership, 2002, S. 71 ff.

[16] New York Police Department.

[17] Ernst, Forsthoff (Hrsg.): Vom Geist der Gesetzte, Leipzig 1951, S. 214.

durch die Aufsplitterung von Befugnissen die Gewalten zur Zusammenarbeit aufzufordern, mit einem gewissen Grad von gegenseitigen Abhängigkeiten. Die Ratio der von Montesquieu geforderten Gewalten-trennung war das Vermeiden von Willkür, das Schaffen von gegenseitiger Überwachung und das Fördern von Zusammenarbeit.

Das NPM fordert eine Trennung von strategischen Zielsetzungen und operativen Kompetenzen. Wie gezeigt wurde, ist diese Überlegung jedoch nicht wirklich neu, wenn den Überlegungen Montesquieus gefolgt wird, was bereits die meisten Staatsverfassungen abbilden. Ganz klar hat die Legislative die strategischen Rahmenbedingungen und vor allem die Strategie vorzugeben und die Exekutive und Judikative dies operativ umzusetzen.

Strategie bedeutet das Schaffen und Erhalten von Wettbewerbsvorteilen und ist somit der Weg von der Kernkompetenz zum Kernauftrag[18]. Die Art des Kernauftrags ist im öffentlichen Bereich gänzlich verschieden zum Auftrag eines Unternehmens, jedoch die Konzeption ist die gleiche. Eine Strategie muss sämtliche Maßnahmen beinhalten, die zur Erreichung der Ziele - unter bestmöglicher Verwendung der verfügbaren Ressourcen – führen. Für die operative Umsetzung ist es dann nötig, dass die Strategie allgemein bekannt ist und allgemein verstanden wird. Während dies in Unternehmen mittels Direktiven und Anweisungen geschieht, ist es im öffentlichen Bereich das Gesetz oder die Verordnung, welche diese Aufgabe übernimmt. Weisungsgebundenheit liegt in beiden Fällen vor.

Zwei Beispiele sollen dies verdeutlichen. (1) Die Strategie des Unternehmens besteht darin neue Märkte zu bearbeiten. Ziel ist die Steigerung des Umsatzes und des Gewinns. Dieses Ziel muss auf die operative Ebene heruntergebrochen werden, also auf Umsatzziele für den Verkauf bzw. Einsparungen für den Einkauf. Es wird Direktiven geben, die in einzelnen Bereichen konkrete Vorschriften darstellen, welche eingehalten werden müssen. Ebenso läuft es mit der Budgetierung im Staat. So wird z.B. als Ziel die Reduktion der Staatsverschuldung bzw. das Vermeiden von Neuverschuldung beschlossen, um so die Steuerquote senken zu können und den Standort für Investoren attraktiver zu machen. Dadurch, dass ein Gesetz dafür beschlossen wird, ist die „Direktive" offiziell gegeben. (2) Der Kernauftrag für den Staat ist dem Bürger Service zu bieten. Wenn eine Verordnung also regelt, dass die Steuererklärungen auch mittels Datenleitung eingereicht werden dürfen, so stellt dies eine neue Strategie dar. Die operative Umsetzung obliegt jedoch den Finanzämtern.

Die Entwicklung, dass es zu einer teilweisen Überlagerung der durch die Gewaltenteilung separierten Bereiche kommt z.B.: in Form von Personalunion

---

[18] Hinterhuber, H., Vorsprung durch Strategie und Leadership, Vortrag, 2002.

von Politikern ist sowohl demokratiepolitisch als auch management-philosophisch bedenklich und bedarf einer gezielten Gegenbewegung.

3.5. Schaffung konzernähnlicher Verwaltungsstrukturen

Der öffentliche Dienst ist von steilen Hierarchien und von rigider, tayloristischer Arbeitsteilung – manche Autoren sprechen von atomisierten Verantwortungsbreichen - gekennzeichnet. Die Schaffung von Konzern-strukturen mit Holding und Verwaltungs-/Betriebsebene und ausgeprägten Team- und Projektstrukturen bietet sich als Gegenmaßnahme hier an. Folge wäre auch eine stärkere Dezentralisierung der Entscheidungen.

Abstrahierend analog zu vergleichen sind der Staat und eine Aktiengesellschaft. Durch die Staatsbürgerschaft (oder in EU-Staaten teilweise auch durch die EU-Bürgerschaft) ist man am Staat beteiligt[19]. Das Wahlvolk könnte damit als Eigentümerversammlung definiert werden, welche den Aufsichtsrat, also den Nationalrat wählt. Über parteiliche Umwege werden dann die Geschäftsführer, also die Bundesregierung, bestimmt.

3.6. Leistungsaufträge für gemeinwirtschaftliche Aufgaben

Kernpunkt des Leistungsauftrages ist die Erfassung der staatlichen Leistungen als Produkte. Also die Beschreibung, was die Leistung der Verwaltung umfasst. Die Definition eines solchen Produktes enthält i.d.R. mindestens die Elemente (1) verbale Umschreibung, (2) Wirkungsziele, (3) Leistungsziele und zu jedem Wirkungs- und Leistungsziel einen oder mehrere Indikatoren (Messgrößen für die Wirkung bzw. Leistung), welcher in der Planungsphase einen Soll-Wert, in der Rechnungslegung einen Ist-Wert darstellt.[20]
Der Leistungsauftrag kann auch als „management by public demand" aufgefasst werden (siehe dazu weiter unten).

---

[19] Interessant wäre hier eine Auseinandersetzung mit der Frage, ob der einzelne im Sinne der Aktiengesellschaft durch seinen Anteil am Steueraufkommen am Staat beteiligt wäre, um in diesem Ausmaß mitbestimmen zu können, wofür die Mittel aufgewendet werden. Da dies jedoch eine staatsphilosophische Frage ist und sehr nahe an das „Zensuswahlrecht" heranreicht, wird an dieser Stelle darauf verzichtet.
[20] Kettinger, D., Wirkungsorientierte Verwaltungsführung, Grundlagenpapier für die SGVW Fachtagung, 2003.

3.7. Wettbewerb, Auswärtsvergabe und Privatisierung

Schon die permanent gestiegenen Staatsquoten bezogen auf das Bruttosozialprodukt zeigen, dass es dringend notwendig ist, einerseits eine bessere Arbeitsteilung zwischen öffentlichem und privatwirtschaftlichem Sektor zu realisieren und andererseits Eigen- und Gruppeninitiativen wesentlich zu stärken, um den Bedarf an öffentlichen Leistungen zu beeinflussen[21] und auch einen Wettbewerb zu ermöglichen.

Es wäre an dieser Stelle jedoch völlig verfehlt einen gänzlichen Rückzug des Staates aus allen Bereichen zu fordern. Beispielsweise hat die Sicherheit iSd Gewaltmonopols beim Staat zu bleiben. In anderen Bereichen wiederum wie bei der KfZ-Überprüfung oder bei Privatschulen funktioniert die Auswärtsvergabe sehr gut. Ebenso zeigen sich ehemals verstaatlichte Unternehmen weitaus profitabler nach der Privatisierung, da Zwischenrufen aus der Politik nicht zu folgen ist[22].

Hier ist also einem situativen Ansatz zu folgen. An dieser Stelle soll angeregt werden die Managementlehre um einen Begriff zu erweitern. „Management by ...“ ist bereits mit allen möglichen Worten kombiniert worden, wie „Management by objectives“, „Management by results“, „Management by crises“, ja sogar Kombinationen wie „Management by love“ existieren bereits. Der Autor dieses Beitrages möchte trotzdem den Begriff „Management by public demand“ einführen. Dies deshalb, weil es symbolisieren soll, dass im öffentlichen Bereich Management dann gefragt ist, wenn die Nachfrage besteht und privatwirtschaftliche Maßnahmen nicht ausreichen. Trotzdem muss sehr restriktiv damit umgegangen werden, denn es soll nicht zu einem Explodieren der staatlichen Tätigkeiten kommen mit der Begründung es bestehe „public demand“.

3.8. Förderung nichtmonetärer Leistungsanreize und des Leistungslohns

Die Einführung und Förderung von „Leistungsanreizen“ und „Leistungslöhnen“ sind eine einschneidende Maßnahme und für die Mitarbeiter im öffentlichen Dienst in besonderem Maße spürbar. Diese neuen Entgeltssysteme implizieren notwendigerweise den Abschied vom Dienstaltersprinzip, von festen Beförderungsansprüchen und von festen und gleichen Gehaltstabellen. Dem Land Oberösterreich ist es mit der Einführung des neuen Entlohnungssystems

---

[21] Blaser, A., Der schlanke Staat, Informatik und Informationstechnik können dazu beitragen, Forschung und Technologie, Gesellschaft für Informatik, 1995.

[22] Als Beispiel sei Bundeskanzler Dr. Bruno Kreisky genannt mit dem Ausspruch: „Ein paar Milliarden Schulden mehr bereiten mir weniger schlaflose Nächte als ein paar hundert Arbeitslose“. (Wahlkampf 1979).

erstmals gelungen, das Leistungsprinzip zu stärken, die Lebensverdienstsumme neu zu verteilen, den Zulagendschungel zu streichen und den Unterschied zwischen Vertragsbediensteten und Beamten zu beseitigen.

4. Management im Staat als Standortfaktor

Verwaltungstraditionen reichen wie zum Beispiel in Österreich bis ins 19. Jahrhundert zurück, teilweise noch weiter. So wie auch die Wirtschaft einem tiefgreifenden Anpassungsdruck ausgesetzt ist, um am internationalen Markt zu überleben, gilt dies auch unmittelbar für die Anpassung des öffentlichen Sektors an die aktuellen Gegebenheiten[23]. Ein dynamischer, moderner und unbürokratischer Staat, der von „Managern" geführt wird, führt automatisch dazu, dass der Standort von Investoren und Unternehmen als attraktiv eingestuft wird.

NPM ist also als ein sehr wichtiger Standortfaktor und ein unverzichtbares Mittel für die Steigerung des Wohlstands (durch Betriebsgründungen, Ansiedelungen etc.).

Mittels der Informationstechnologie kann der Staat aktuell enorme Produktivitätspotenziale freilegen, indem Prozesse effizienter, schneller und kostengünstiger gestaltet werden. Ebenso kann – zum Trotz aller Kritiker der modernen Kommunikationsformen – ein mittels e-Government gesteuerter Staat eine hohe Bürgernähe erreichen. Trotz der allgemeinen Euphorie zu dem Thema, müssen sich noch Begleitumstände ändern, um wirklich die Vorteile in der Praxis zu realisieren. Aktuell beschränkt sich e-Government noch sehr rudimentär auf Information und noch viel zu wenig auf Interaktion. Wenn auch 9 von 10 Behörden ihre eigene Homepage haben und die Mitarbeiter eine persönliche E-mail Adresse, so darf nicht übersehen werden, wie weit sich dieser Bereich noch entwickeln muss, um einerseits einen Standortvorteil und andererseits eine wirkliche Erleichterung der Behördengänge zu gewährleisten.

5. Zusammenfassung

Management im Staat ist keineswegs eine diffuse Verknüpfung der Worte Staat und Management. Eine Analogie zwischen betriebswirtschaftlich-ökonomischem Management in Unternehmen zu staatlichen Management ist durchaus einleuchtend und gewünscht. Es gilt mittels abstrahierend

---

[23] Kramer, H., Österreichs Wirtschaft in einer veränderten Umwelt, in: Reiter, A., Wirtschaftsstandort Österreich, EU, 1997, S. 31f.

angewendeter Managementkonzepte die Führung im Staat modern, effizient und damit erfolgreich zu machen.

Die Strömungen sind bereits in der Politik erkannt worden und es wird daran gegangen an der Umsetzung eines New Public Managements zu arbeiten mit Analogie zu bewährten ökonomischen Konzepten der Betriebswirtschaft und im Speziellen der Unternehmensführung.

WISSENSMANAGEMENT ALS VORAUSSETZUNG FÜR EIN ERFOLGREICHES E-GOVERNMENT IM RAHMEN DER WIRTSCHAFTSFÖRDERUNG

von Prof. Dr. Stephanie Hohn

Institut für Öffentliches Management, FH Osnabrück, Deutschland

WISSENSMANAGEMENT ALS VORAUSSETZUNG FÜR EIN ERFOLGREICHES E-GOVERNMENT IM RAHMEN DER WIRTSCHAFTSFÖRDERUNG

von Prof. Dr. Stephanie Hohn
Institut für Öffentliches Management, FH Osnabrück, Deutschland

Abstract

Der Artikel beleuchtet die verschiedenen technischen wie organisatorischen Voraussetzungen, die für ein erfolgreiches E-Government an der Schnittstelle zwischen Unternehmen und Verwaltung gegeben sein müssen. Er geht dabei insbesondere auf den Aspekt eines leistungsfähigen, verwaltungsinternen Wissensmanagement ein.

Es ist mittlerweile Common sense, dass E-Government[1] deutlich mehr ist als die Bereitstellung von Verwaltungsleistungen im Internet. E-Government hat sich zu einem neuen Schlagwort für den Modernisierungsprozess des öffentlichen Sektors entwickelt (E-Administration), bzw. zu einer „Wunderwaffe" für die Wiederbelebung politischer Partizipationsprozesse (E-Democracy)[2].

Ausgehend von den Chancen der Internetkommunikation, haben sich neue Erwartungen in Bezug auf die Gestaltung der Beziehungen zwischen Verwaltung und ihren jeweiligen Partnern ergeben. Die wichtigsten Potenziale der Internetkommunikation bestehen in:

- der Zeit- und Raumunabhängigkeit der Informationsbereitstellung und -abfrage, der Interaktion, aber auch der Prozessabwicklung (Transaktion)
- der Verknüpfung unterschiedlichster Medien (Multimedia) aus unterschiedlichsten Quellen (Hyperlinks) unter einer gemeinsamen Oberfläche, die nach spezifischen Nutzerinteressen gegliedert werden kann.

---

[1] In Anlehnung an das Memorandum Electronic Government soll folgende Definition zugrunde gelegt werden: E-Government umfasst alle Aspekte des Regierens und Verwaltens, sofern sie durch die Nutzung von Informations- und Kommunikationstechniken unterstützt und verbessert werden können. Zitiert nach Grabow, Drüke, Siegfried: Raster für Rathäuser, In: kommune21 9/2002, S. 14

[2] vgl. Hohn, Stefanie; Uwe Schneidewind; Wesselmann, Christoph: Mehr Bürgerbeteiligung durch Internet-Angebote? Kritische Anmerkungen und empirische Befunde zu einem „alten Traum in neuem Gewand". In: Verwaltung und Management 06/2001

- der Bereitstellung von beliebig vielen Informationen bei maximaler Reichweite und minimalen Distributionskosten sowie ständiger Aktualisierbarkeit
- der Verknüpfung des Internet-Frontends mit der im Backoffice eingesetzten Verfahrenssoftware, um damit komplette Geschäftsprozesse online abzuwickeln.

E-Government biete[t] die große Chance, unsere Verwaltung von Grund auf einfacher, schneller, effizienter (...) und damit bürgerfreundlicher zu gestalten. Und es biete[t] die Chance, die Verwaltung transparenter, offener, (...) beteiligungsfreundlicher zu gestalten.[3]

Die Verwirklichung dieser Vision setzt voraus, dass die Geschäftsprozesse der öffentlichen Verwaltung komplett reorganisiert werden. Sie müssten, von den „Endabnehmern" ausgehend, unabhängig von bestehenden Aufbauorganisationen und unter Nutzung der Effizienzpotenziale der Informations- und Kommunikationstechniken quasi „neu erfunden" werden. Im Rahmen eines Strategiepapiers der KGSt[4] wird dieser Aspekt folgendermaßen zugespitzt: *Nicht nur die elektronische Interaktion und Transaktion mit Bürgern und Kunden ist E-Government. Genauso gehört der gewollte und bewusste Umbau der Produktionsprozesse unter Nutzung von Informationstechnik dazu. Das meint zum einen die internen Leistungsprozesse zu entrümpeln, zu straffen und Verantwortung besser zu bündeln. Zum anderen meint dies – und hier liegen die eigentlichen Potenziale von E-Government – Aufgaben und Prozesse im Raum neu zu gliedern (...)*[5]. Rechtliche und finanzielle Bedenken bei der Umsetzung dieses „Kraftaktes" sollen vorerst zurückgestellt werden. Insbesondere der Ressourcenaspekt wird im weiteren noch einmal aufgegriffen.

Die oben genannten Chancen der Internet-Kommunikation entfalten sich nicht automatisch. Voraussetzung für ein erfolgreiches „externes" E-Government ist die Realisierung eines funktionierenden „internen" E-Government. Dies soll nur an einem kleinen Beispiel verdeutlicht werden. Um den Aktualitätserwartungen im Internet gerecht zu werden, müssen die Mitarbeiter der Verwaltung über geeignete Werkzeuge (Bsp. Content-Management-Systeme) und klar definierte Prozessschritte in die Lage versetzt werden, veraltete Informationen durch

---

[3] Hill, Hermann: Electronic Government – Strategie zur Modernisierung von Staat und Verwaltung, In: Aus Politik und Zeitgeschichte, 30. September 2002, S. 24

[4] KGSt: Nicht die Homepage im Internet ist E-Government, sondern die technikinduzierte Verwaltungsreform http://www.kgst.de (15. Juni 2003)

[5] KGSt: Nicht die Homepage im Internet ist E-Government, sondern die technikinduzierte Verwaltungsreform, S. 2

aktuelle zu ersetzen. Neben der technischen Lösung dieses Problems muss darüber hinaus sichergestellt werden, dass verbindliche Qualitätsnormen für den Aktualitätsgrad der Internet-Seiten bestehen. Es müssen also Verantwortlichkeiten für die Güte von Inhalten festgelegt und auch überprüft werden. Gleiches gilt für die Beantwortung von E-Mails. Auch hier müssen neben der Bereitstellung von E-Mail-Anschlüssen Zuständigkeiten, Weiterleistungsfristen und Bearbeitungszeiten geregelt werden. An diesen einfachen Beispielen wird deutlich, dass E-Government neben der technischen Dimension auch immer eine organisatorische und eine personelle Dimension hat.

1. Erfolgsfaktoren von E-Government

Diese komplexe Sicht von E-Government liegt den Arbeiten des Deutschen Instituts für Urbanistik zu Grunde. Im Rahmen umfangreicher empirischer Erhebung wurden zehn Erfolgsfaktoren für die Implementierung von E-Government-Projekten identifiziert, von denen die wichtigsten im weiteren vorgestellt werden sollen:[6]

1. E-Government muss in eine Gesamtstrategie mit Langfristplanung und einer Prioritätensetzung eingebunden sein. Sie muss zur „Chefsache" erklärt und von politischer Seite unterstützt werden.

2. Die Umsetzung muss über ein professionelles Projektmanagement erfolgen und nach Möglichkeit im Zuge eines umfassenden Change Managements mit weiteren Projekten der Verwaltungsreform verbunden sein. Ein wichtiges Instrument ist die Geschäftsprozessoptimierung.

3. Der Nutzen der jeweiligen E-Government-Projekte muss aus dem Blickwinkel der verschiedenen Zielgruppen definiert werden. Im Rahmen der empirischen Erhebungen haben sich die folgenden Nutzenkategorien, differenziert nach den verschiedenen Zielgruppen, heraus kristallisiert.

---

[6] Vgl. Drüke, Helmut: E-Government in Deutschland – Profile des virtuellen Rathauses, Media@Komm-Begleitforschung, Berlin 2003, www.mediakomm.net (10. Juni 2003)

Nutzenkategorien	Bürger	Wirtschaft	Verwaltung	Politik
Steigerung der Effektivität (Zielerreichung)	xxx	xxx	xxx	xxx
Verbesserung des Erreichbarkeit und des Zugangs	xxx	xxx	xx	xx
Verbesserung der Dienstleistungsqualität	xxx	xxx	xx	x
Zeitersparnis, Beschleunigung	xxx	xxx	xxx	x
Verbesserung des Informations- und Wissenszugangs	xxx	xxx	xxx	xxx
Höhere Transparenz	xxx	xxx	xxx	xxx
Verbesserte Beteiligung	xxx	x	xx	x
Verbessertes Image und Standortmarketing	xx	xxx	xxx	xxx
Verbesserung der internen Kommunikation			xxx	xxx
Einsparung von Ressourcen, Kostensenkung	X	xx	xxx	x

Abbildung 1: Nutzendimensionen des E-Government bei unterschiedlichen Zielgruppen[7]

Dabei müssen die Erwartungen im Hinblick auf umfassende, verwaltungsinterne Kosteneinsparungen vorerst gedämpft werden. Die Kosten kompletter elektronischer Workflows werden sich vorerst vermutlich nur bei den kommunalen Massengeschäften wie z.B. Meldeverfahren oder bei Anwendungen für professionelle Verwaltungsmittler, die so genannten Power-User wie Kfz-Händler, Steuerberater, Architekten etc. rechtfertigen lassen. Auch um die Fehlallokation knapper Ressourcen zu verhindern, müssen die Nutzenerwartungen der verschiedenen Zielgruppen erhoben werden. Statt sich beim Aufbau weniger technisch höchst anspruchsvoller Internet-Transaktionen möglicherweise noch mit digitaler Signatur zu verausgaben, empfehlen sich häufig pragmatische Näherungslösungen, die unter Inkaufnahme von Medienbrüchen bereits Serviceverbesserungen für einen größeren Adressatenkreis realisieren. Wichtiger als die technisch „elegante" Abwicklung von Geschäftsprozessen ist die Bereitstellung verschiedener

---

[7] Die Anzahl der Kreuze symbolisiert die Höhe des Nutzens. Mit leichten Änderungen Grabow, Busso: Nüchtern kalkulieren, In: Kommune 21, 4/2003, S. 15.

„Vertriebswege", die interkommunale Zusammenarbeit und die Standardisierung von Prozessen[8].

4. Eine weitere Voraussetzung für das Gelingen von E-Government ist natürlich die Schaffung einer entsprechenden Infrastruktur, allen voran die Ausstattung der Arbeitsplätze mit Internet- und Intranetzugang sowie E-Mail. Darüber hinaus erlangen spezifische Software-Lösungen wie Content-Management-Systeme, Geoinformationssysteme, Dokumentenmanagement- und Groupware-Systeme eine immer größere Bedeutung. Neben der technischen Ausstattung gehört zu diesem Komplex natürlich auch die Vermittlung der entsprechenden Kompetenzen über Qualifizierungsmaßnahmen.

5. Ein häufig unterschätztes Problem ist die mangelnde Bekanntheit von E-Government-Angeboten sowohl im eigenen Haus als auch bei den verschiedenen Zielgruppen. Für entsprechenden Angebote muss durch flankierende Maßnahmen der Öffentlichkeitsarbeit regelrecht geworben werden. Auch sollten Feedbackmöglichkeiten und Evaluierungen eine kontinuierliche Verbesserung des Angebots sicherstellen.

Eine der wichtigsten Forderungen aus Nutzersicht besteht in einer über die Grenzen der einzelnen Verwaltung hinausgehenden Sichtweise auf das Problem der Bürger resp. Unternehmen. Komplexe Entscheidungsprobleme von Kundenseite bedingen die Zusammenarbeit mit anderen Behörden, aber auch mit privaten Unternehmen. Der Gedanke einer Bündelung von Verwaltungsleistungen hat sich in der Reformdiskussion unter dem Schlagwort „Lebenslage"[9] bereits fest etabliert und wird nun auch auf Austauschprozesse mit der Wirtschaft übertragen.

2. E-Government in der Interaktion zwischen Verwaltung und Wirtschaft

Die Aufgaben der Wirtschaftsförderung werden immer noch häufig auf die Akquisition neuer Unternehmen verengt, dabei kommt der Pflege der Beziehungen

---

[8] Vgl. Wesselmann, Christoph: Internet und Partizipation in Kommunen, Wiesbaden 2002, S. 195

[9] Exemplarisch wird diese Sichtweise häufig an der Lebenslage „Umzug" veranschaulicht. In Bremen ist geplant, Bürger im Falle eines Umzug von der lästigen Pflicht zu befreien, ihre neue Adresse bei allen relevanten Stellen wie Einwohnermeldeamt, Stadtwerken, Bank, Post, Telekom etc. einzeln angeben zu müssen. Dies soll eine Internet-Plattform übernehmen, die die Adressinformation verschlüsselt und signiert an die jeweiligen Institutionen weiterleitet.

zu den bestehenden Unternehmen mittlerweile eine weit wichtigere Rolle zu. Ein gut gestalteter, umfangreicher Internet-Auftritt gehört zur unerlässlichen Grundausstattung im Rahmen des Standortmarketing. Er demonstriert Innovations- und Serviceorientierung und sollte die wichtigsten Standortinfos inkl. Gewerbeflächen, Verzeichnisse der ansässigen Unternehmen, wichtige Hintergrundinfos und nach Möglichkeit auch öffentliche Ausschreibungen umfassen.

Allerdings gibt es gerade für die Vermarktung von Gewerbegebieten mittlerweile überregionale Spezialanbieter wie KomSISS, regis, Exper-Consult u.ä., die diese Aufgabe effizienter erledigen können als die kommunale Homepage; hier gilt es sinnvolle Vernetzungen von lokalen und überregionalen Angeboten zu realisieren.

Doch trotz dieser Angebote wird die Investorengewinnung eher zu den Ausnahmetätigkeiten der meisten Wirtschaftsförderer gehören, im Vordergrund steht eindeutig die Beziehungspflege zu den Bestandsunternehmen. Dabei hat sich das Selbstverständnis vieler Wirtschaftsförderer gewandelt. Sie verstehen sich als Komplett-Dienstleister, die Unternehmen bei allen Fragen ihrer Wirtschaftstätigkeit unterstützen. Sie sehen sich dabei insbesondere als „Scharnier zur Verwaltung" und versuchen die Unternehmen bei ihren Kontakten mit der Verwaltung zu unterstützen. Da das Verständnis von Informationen über Verwaltungsvorgänge oftmals ein besonderes Fachwissen voraussetzt, das vor allem in mittelständischen Unternehmen in aller Regel nicht vorausgesetzt werden kann, kommt den Wirtschaftsförderern eine aktive Mittlerrolle zu. Für diese Aufgaben benötigen sie ein umfangreiches Wissen über Zuständigkeiten, Verfahrensabläufe und Gesetzesgrundlagen. Internet-basierte Wissensmanagement-Systeme können sie bei dieser Aufgabenerledigung sinnvoll unterstützen.

Voraussetzung für die Beziehungspflege zu den Unternehmen ist die Orientierung an den Bedürfnissen dieser Zielgruppe. Und genau darum ist es nach den Ergebnissen einer Befragung[10] von 4800 deutschen Wirtschaftsunternehmen nicht zum besten bestellt. Viele der bislang umgesetzten B2G-Angebote gehen an den Bedürfnissen der befragten Unternehmen vorbei oder sind den Unternehmen schlichtweg nicht bekannt. Insbesondere im Bereich Steuern und Personalwesen wollen Unternehmen komplette Geschäftsprozesse unter Nutzung der digitalen Signatur abwickeln. Persönliche Kontakte werden von den Unternehmensvertretern ausdrücklich gewünscht und sind nicht durch Online-Angebote zu substituieren. E-Government-Angebote dürfen deshalb nicht suggerieren,

---

[10] vgl. Institute of Electronic Business: E-Government B2G – Anforderungen der Deutschen Wirtschaft, Marktforschungsstudie Juli 2002

persönliche Kontakte würden vollständig durch elektronische Prozesse ersetzt werden.

Insbesondere bei der Frage nach den persönlichen Kontakten muss die Frage gestattet sein, ob primär der Aufwand der Verwaltung oder der des Kunden mit Hilfe von E-Government minimiert werden soll, denn bislang ist es für die meisten Unternehmen bequemer, einen Ansprechpartner, also eine Art Lotsen, anzurufen, der dann alles weitere für sie veranlasst.

Der Verwaltungswissenschaftler Lenk hat diesen Aspekt in dem folgenden Zitat zugespitzt:

> *Das Ideal deutscher Projekte im öffentlichen Sektor scheint es vielmehr zu sein, **die menschliche Bedienung schlicht abzuschaffen** durch Eröffnung 'virtuellen' Verwaltungszugangs über (letztlich schriftliche) Internet-Interaktion. [...]*
>
> *Man bemüht immer wieder die (gar nicht so häufigen) Verwaltungskontakte als Argument für den Nutzen des Internet (rund um die Uhr erreichbar etc). [...] manchen Beobachtern drängte sich die Vermutung auf, dass sich die Verwaltung auf diese Weise den aus ihrer Sicht lästigen Bürgerkontakt vom Hals zu schaffen bemüht ist"*

Den Gedanken des Lotsen haben mittlerweile auch einige Internetangebote aufgenommen, so z.B. die Stadt Leipzig, die Unternehmen auf ihrer Internet-Seite die Dienste eines ganzen Lotsen-Teams anbietet.

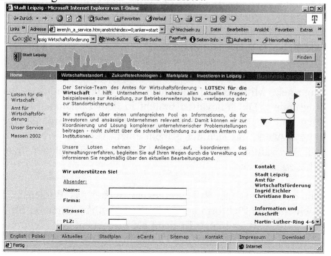

Abbildung 2: Lotsen-Team der Stadt Leipzig

Die Frankfurter Wirtschaftsförderungsgesellschaft versucht diese Lotsenfunktion durch die elektronische Assistentin Eva zu simulieren, in dem das Programm interaktiv auf die in die Suchleiste eingegebenen Fragen reagiert.

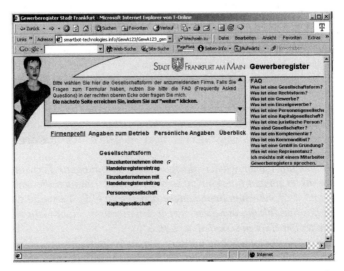

Abbildung 3: Online-Beratung der Wirtschaftsförderung Frankfurt

3.   Praxisbeispiel Wissensmanagement

Die Orientierung am Geschäftsepisoden-Konzept der Wirtschaft liegt auch dem Leuchtturmprojekt Mittelstandsfreundliche Verwaltung, Widufix, des Kreises Herford zugrunde[11]. Die Innovation besteht in dem Zusammenschluss von 18 kommunalen und staatlichen Verwaltungen zu einem behördenübergreifenden Verwaltungsnetzwerk, das sich der gemeinsamen Aufgabe verpflichtet hat, den Kontakt zur Verwaltung für kleinere und mittlere Unternehmen transparenter und einfacher zu gestalten.

Das Projekt besteht aus vier 4 Teilprojekten, wobei das Wissensmanagement dabei die gemeinsame Plattform und einen zentralen Knotenpunkt für das Netzwerk der Widufix-Partner bildet. Es dient als Instrument zur Weiterverbreitung von Ergebnissen und Methoden der Geschäftsprozessoptimierung und ist die

---

[11] Die Verfasserin ist in dem von der nordrhein-westfälischen Landesregierung geförderten Projekt (Mittelstandsfreundliche Verwaltung NRW) als Beraterin tätig.

Grundlage für die Funktions- und Auskunftsfähigkeit der neu zu schaffenden zentralen Kontaktstelle (Lotsenfunktion). Über einen noch im Aufbau befindlichen mobilen Beratungsservice soll das im Wissensmanagement gebündelte Wissen des Verwaltungsnetzwerks den Netzwerkpartnern zeitlich und räumlich unabhängig zur Verfügung gestellt werden.

4. Zielsetzung und Aufgaben des Wissensmanagement

Die besondere Aufgabe für den Aufbau des Wissensmanagement im Rahmen des Leuchtturmprojektes Widufix besteht darin, 18 kommunalen und staatlichen Verwaltungen eine gemeinsame Wissensplattform zu bieten und damit den Informationsfluss zwischen den an mittelstandsrelevanten Verfahren Beteiligten zu verbessern.

Der Aufbau des Wissensmanagement soll sich als kontinuierlicher Prozess vollziehen. Dies setzt einerseits die Weiterentwicklung und Stärkung der kooperativen Organisationskultur zwischen den beteiligten Verwaltungen voraus. Andererseits ist darauf zu achten, dass Grundstruktur und technische Plattform des Wissensmanagement offen für spätere Erweiterungen, Ergänzungen oder Anpassungen bleiben.

Hauptzielgruppe des Wissensmanagement sind in der ersten Aufbaustufe die Mitarbeiter der beteiligten Verwaltungen, die an der Schnittstelle zwischen Verwaltung und Unternehmen arbeiten. Aufgrund der Heterogenität und der räumlichen Verteilung der beteiligten Verwaltungen wird das Internet als Plattform zur Wissens-Repräsentation und -Verbreitung genutzt.

Erst in zweiter Linie soll das gesammelte Wissen den mittelständischen Unternehmen direkt via Internet zur Verfügung gestellt werden. Mit dieser Vorgehensweise wird ein zentrales Ergebnis der bereits zitierten B2G-Studie umgesetzt, die belegt, dass Unternehmen ausdrücklich auch den persönlichen Kontakt zu möglichst einem Ansprechpartner wünschen.

Die konkreten Ansprechpartner in den am Widufix-Netzwerk beteiligten Verwaltungen werden als Wissensträger in so genannten „Gelben Seiten" verzeichnet. Neben deren Namen und Kontaktdaten werden in den Gelben Seiten auch ihre Zuständigkeiten und ihre Kompetenzen, d. h. ihr Experten- oder Spezialwissen zu bestimmten Sachverhalten oder Anliegen aufgenommen. Die Wissensträger sind per E-Mail direkt über das Wissensportal erreichbar.

Die zweite wichtige Kategorie bilden die Anliegen. Es werden Informationen wie die Bezeichnung des Anliegens, die jeweilige Themen- bzw. Kategorienzugehörigkeit, eine Kurzbeschreibung sowie mindestens ein Ansprechpartner als „Experte" in die Wissensdatenbank aufgenommen.

Darüber hinaus werden sukzessive weitere Informationen aufgenommen wie z.B.:
- Formulare, notwendige Unterlagen zur Antragstellung
- Checklisten, Frequently Asked Questions (FAQ)
- Best-Practice-Beispiele für erfolgreiche Problemlösungen
- rechtliche Grundlagen (ggfs. über externe Links)
- weiterführende Links etc.

5. Wissensaustausch über Diskussions-Forum

Zusätzlich zu der Suche nach direkt verfügbaren Informationen und Wissensbeständen oder der direkten Kontaktaufnahme mit einem Experten soll über eine Forum ein Element interaktiven Wissensaustausches eingerichtet werden.

Im Forum stellen Informationssuchende Fragen, die automatisch oder vermittelt über eine Chefredaktion an einen „Experten" weitergeleitet werden. Der Experte veröffentlicht seine Antwort im Forum. Fragen/Antworten erweitern – thematisch sortiert – die Wissensbasis zu Themen und Unterthemen.

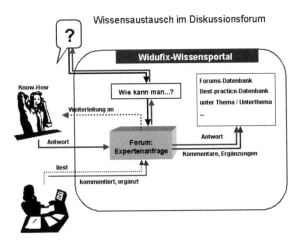

Abbildung 4: Wissensaustausch im Diskussionsforum

6. Organisatorische Voraussetzungen

Der Aufbau und die Pflege des Wissensportals erfordert eine aktive Mitarbeit aller Netzwerk-Partner. Das Einstellen von Daten wird dezentral durch die einzelnen Teilnehmer vorgenommen. Mit dem Einstellen von Informationen ist dabei gleichzeitig eine Verantwortlichkeit für deren Qualität und Aktualität verbunden. Zur Unterstützung der Einzelredakteure sind dazu Software-unterstützte Kontrollschritte, Wiedervorlagen bzw. Verfallsdaten für eingestellte Informationen festzulegen.

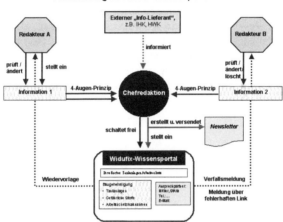

Abbildung 5: Arbeitsteilung im Wissensportal

Nur durch diese organisatorischen Vorkehrungen lässt sich die Qualität des Wissensmanagement und damit implizit auch dessen Akzeptanz im Verwaltungsalltag gewährleisten. Dabei liegen die Hürden bei der Implementierung weniger in der Technik, als in der Veränderung der Organisationskultur.

7. Fazit

Das Internet bietet vielfältige Möglichkeiten der verbesserten Beziehungspflege zu bestehenden Unternehmen im Rahmen der Wirtschaftsförderung. Allerdings entfaltet es diese am effektivsten im Rahmen eines an den Bedürfnissen der Zielgruppe orientierten Angebots an verschiedenen „Vertriebskanälen". Das Internet ist neben Telefon, Fax, Brief und persönlichem Gespräch ein weiterer „Vertriebskanal", den es nutzerorientiert in eine umfassende Strategie zu integrieren gilt (Multi-Channel-Management[12]).

Dabei favorisieren die meisten Unternehmen einen zentraler Ansprechpartner, der die weitere verwaltungsinterne Koordination übernimmt (Lotsenfunktion). Um diese „Schnittstellen-Akteure" mit dem notwendigen Informationen zu versorgen, bedarf es eines verwaltungsübergreifenden Informations- und Wissensmanagements. Die Voraussetzung für ein erfolgreiches „externes" E-Government ist somit ein leistungsfähiges „internes" E-Government.

---

[12] Aufgabe des Multi-Channel-Management ist es, das optimale Bündel alternativer Zugangswege zusammenzustellen. Ziel ist die Erhöhung der Flexibilität in der Verwaltungsinteraktion, um so möglichst allen Kundeninteressen gerecht zu werden. Hagen, Martin; Wind, Martin: Multi-Channel.Management. In: Verwaltung und Management 6/2002, S. 351

Literaturverzeichnis

Booz Allen Hamilton: E-Government und der moderne Staat, Frankfurt a.M.2002

Drüke, Helmut: E-Government in Deutschland – Profile des virtuellen Rathauses, Media@Komm-Begleitforschubg, Berlin 2003

Grabow, Busso; Drüke, Siegfried: Raster für Rathäuser. In: Kommune21 9/2992

Hagen, Martin; Wind, Martin: Multi-Channel.Management. In: Verwaltung und Management 6/2002

Hill, Hermann: Electronic Government – Strategie zur Modernisierung von Staat und Verwaltung. In: Aus Politik und Zeitgeschichte, 30. September 2002

Hohn, Stefanie; Uwe Schneidewind; Wesselmann, Christoph: Mehr Bürgerbeteiligung durch Internet-Angebote? Kritische Anmerkungen und empirische Befunde zu einem „alten Traum in neuem Gewand". In: Verwaltung und Management 06/2001

Institute of Electronic Business: E-Government B2G – Anforderungen der Deutschen Wirtschaft, Marktforschungsstudie Juli 2003 (unveröffentlichte Studie)

Wesselmann, Christoph: Internet und Partizipation in Kommunen, Wiesbaden 2002

FÜHRUNG ALS ERFOLGSFAKTOR DER PERSONALENTWICKLUNG

von Prof. Dr. Helmut Klages

Hochschule für Verwaltungswissenschaften, Speyer, Deutschland

**FÜHRUNG ALS
ERFOLGSFAKTOR DER PERSONALENTWICKLUNG**
Von Prof. Dr. Helmut Klages
Hochschule für Verwaltungswissenschaften, Speyer

1. „Vorgesetzten"-Kritik in der Verwaltungsreform

„Vorgesetzte" hatten in der Verwaltung den letzten Jahren eine schlechte Presse.
Der Wind der Verwaltungsreform wehte ihnen ins Gesicht – jedenfalls dann,
wenn sie sich in einer traditionellen Weise verstanden und ihr Verhältnis zu ihren Mitarbeitern von ihrem Weisungsrecht her definieren wollten. Die Verwaltungsreform rückte nicht den Vorgesetzten, sondern die Mitarbeiter/innen ins
Zentrum, die nicht mehr als Objekte der Disziplinierung und Kontrolle angese-
hen wurden, für die vielmehr Bewegungsspielraum und Chancen zur Eigenini-
tiative gefordert wurden. Aus der neuen Sicht war die „hierarchische" Organisation herkömmlicher Art Ausdruck eines veralteten Organisationsdenkens, über
das man sich entschlossen hinwegzuheben hatte, ebenso wie man sich über die
„bürokratische" Verwaltung im ganzen hinwegzuheben hatte. Verschiedentlich
wurde diesbezüglich ein grundsätzlicher „Paradigmenwechsel" eingefordert. Die
überkommenen Verwaltungsstrukturen mit ihren übereinander gestaffelten Vor-
gesetztenebenen erschienen nun als Ergebnis einer Misstrauenskultur, die nicht
das Leistungspotenzial der Mitarbeiter/innen im Auge hatte, sondern diese als
potenzielle Risiko- und Gefahrenquellen missverstand. Nunmehr sah man die
Dinge eher umgekehrt. Jetzt wurden vielerorts die Vorgesetzten als potenzielle
Risiko- und Gefahrenquellen gesichtet, als „Motivationskiller" z.B., die mit einem oftmals persönlichen Bedürfnissen entspringenden Macht- und Durchset-
zungsstreben die Mitarbeiter/innen eher behinderten. Die „flache" Hierarchie
wurde zur Zielformel. Eine Stadtverwaltung, die nicht in der Lage war, im Zuge
der Modernisierung zumindest eine Vorgesetzenebene zu streichen, wurde als
inkonsequent und unentschlossen eingestuft. Der Autor will nicht verschweigen,
dass auch an der Hochschule für Verwaltungswissenschaften im Rahmen des
Speyerer Qualitätswettbewerbs[1], der seit 1992 durchführt wird, die „Verschlan-

---

[1] Der alle zwei Jahre stattfindende Speyerer Qualitätswettbewerb wurde 1992 von Prof. Dr.
Hermann Hill und Prof. Dr. Helmut Klages an der Deutschen Hochschule für Verwaltungswissenschaften Speyer (DHV) ins Leben gerufen. Die DHV Speyer ist das Kompetenzzentrum für Verwaltungswissenschaften in und für Deutschland. Die oberste Zielsetzung des
Speyerer Qualitätswettbewerbs besteht darin, innovative Weiterentwicklungen der öffentlichen Verwaltung sowie des Staats- und Verwaltungshandelns im Sinne einer integrierten Modernisierung zu fördern. Dazu zählt sowohl die Binnenmodernisierung der Organisation der
öffentlichen Verwaltung in Richtung Leistungs-, Qualitäts- und Kundenorientierung als auch

kung" der Hierarchie frühzeitig als eine Modernisierungsleistung betrachtet und positiv bewertet wurde.

In der Tat vermochte der neue, hierarchiekritische Blick erstaunliche Leistungsreserven zu erschließen, die vorher durch überflüssige Hierarchie in Fesseln gelegt waren. Wenn bei Projekten der Geschäftsprozessoptimierung die Durchlaufzeit von Bauanträgen um 90% reduziert werden konnte, dann insbesondere auch deshalb, weil man ohne Probleme die meisten der Kontroll- und Genehmigungsschleifen des Geschäftsgangs zu kappen vermochte, die von den Mitarbeitern zu den Vorgesetzten und von diesen zurück zu den Mitarbeitern führten.

2. Führungskräfte:„Enabler" im Rahmen des Kontraktmanagements

Das alles war und ist nun allerdings nur die eine Seite der Medaille. Es gehört zu den manchmal etwas verwirrenden Seiten der Verwaltungsmodernisierung, dass sie sich von verschiedenen Seiten her abbilden lässt, und dass sie dabei sehr verschiedene Ansichten zur Schau stellt. Im Fall der Hierarchie brauchen wir nur die Worte zu wechseln, um sofort ein gänzlich anderes Bild in den Blick zu bekommen. Dieser Bildwechsel ist da, sobald wir nicht mehr von „Vorgesetzten", sondern von „Führungskräften" sprechen. Viele Verwaltungsmodernisierer stimmen spontan zu, wenn eine auch noch so derbe Vorgesetztenkritik betrieben wird. Diese Zustimmung würde aber schlagartig ausbleiben, wenn die Vorgesetztenkritik pauschal auf die Führungskräfte übertragen würde. Im Gegenteil ist unbestritten, dass auch und gerade die modernisierte Verwaltung Führungskräfte, genauer gesagt: hochqualifizierte Führungskräfte braucht, um funktionsfähig zu sein.

---

die Erweiterung des Blickfeldes in Richtung „Aktivierender Staat" bzw. „Good Governance". Darunter wird etwa die Einbeziehung der Bürgerschaft, die Zusammenarbeit mit der Privatwirtschaft, die Einbeziehung des Parlaments in die Staatsmodernisierung sowie die Koordination und Zusammenarbeit der verschiedenen Akteure im Rahmen eines Strategischen Managements verstanden. Dieser Zielsetzung entsprechend sind alle Organisationen, die sich selbst prüfen möchten, ob sie dem Leitbild einer modernen Verwaltung entsprechen und über Spitzenleistungen auf einzelnen Feldern verfügen, zur Teilnahme aufgerufen. Für die Wettbewerbsteilnehmer besteht darüber hinaus die Möglichkeit, sich mit anderen zu vergleichen. So lernt man eigene Stärken und Schwächen kennen, kann seine eigenen Stärken nach außen darstellen und erhält Anregungen von anderen Spitzenverwaltungen.

Es ist zu fragen, ob hier nicht ein Widerspruch vorliegt. Kann man denn, so mag gefragt werden, dem Idealbild des initiativefreudigen, nach Selbstverantwortung strebenden Mitarbeiters folgen und in Verbindung damit die Hierarchie verschlanken wollen, gleichzeitig aber auch die Bedeutung hochqualifizierter Führungskräfte betonen?

Zumindest dann, wenn man sich auf der Modellebene der Verwaltungsmodernisierung bewegt, ist dieser Widerspruch jedoch nur scheinbar vorhanden. Dies lässt sich am Beispiel des sogenannten „Neuen Steuerungsmodells[2]" erläutern, das Anfang der 90er Jahre von der KGSt[3] entwickelt wurde und das auch heute noch ein zentrales Leitmodell der Verwaltungsmodernisierung ist - jedenfalls in demjenigen Bereich, den man inzwischen als „Binnenmodernisierung" der Verwaltung anspricht.

Funktional betrachtet steht im Mittelpunkt der Neuen Steuerung das Konzept des Kontraktmanagements. Dieses hat zum Inhalt, dass übergeordnete Instanzen und Ebenen mit unter- oder nachgeordneten Instanzen oder Ebenen Zielvereinbarungen abschließen, in denen ihr Gestaltungswille zum Ausdruck gelangt, die aber, nach unten hin, gleichzeitig auch neuartige Freiräume eröffnen. Dem Konzept des Kontraktmanagements zufolge soll nämlich innerhalb des durch die Zielvereinbarungen gezogenen Rahmens denen, die die Dinge zu machen haben, eine dezentralisierte Ressourcen- und Ergebnisverantwortung eingeräumt werden. Mit anderen Worten sollen sie die Freiheit haben, selbständig Entscheidungen bezüglich der Wege zur Erreichung der vereinbarten Ziele zu treffen. Dieses Konzept soll, dem Neuen Steuerungsmodell zufolge, zunächst auf das Verhältnis zwischen der Politik und der Verwaltungsführung angewendet werden, d.h. also, auf die Bedingungen der Kommunalverwaltung übertragen, auf das Verhältnis zwischen dem Stadt- oder Gemeinderat und dem (Ober-)Bürgermeister und den sonstigen Mitgliedern der Verwaltungsleitung. Dieses Konzept soll dann aber auch - im Sinne einer Kaskade - auf die nachfolgenden Ebenen heruntergebrochen werden, wie man im herkömmlichen Verwaltungsjargon sagt, d.h. also auf die Beziehungen zwischen der Verwaltungsleitung und den Fachbereichen, wie auch, von da aus, noch weiter nach unten.

---

[2] Umfassendes Modell zur Steigerung von Effektivität, Bürgerorientierung und Effizienz/Wirtschaftlichkeit u.a. durch Deregulierung, Dezentralisierung, Kosten- und Leistungsrechnung, Controlling, Kontraktmanagement und durch die Führung der Verwaltungsbereiche als Konzern

[3] Kommunale Gemeinschaftsstelle für Verwaltungsvereinfachung (Köln), ein privatrechtlicher Verein, der Management und Organisation der Städte und Gemeinden nach dem 2. Weltkrieg maßgeblich geprägt und auch wesentlichen Anteil an der Verwaltungsreform im kommunalen Bereich hat, insbesondere bei Konzeption und Einführung des Neues Steuerungsmodells.

Der für den Augenblick entscheidende Punkt ist, dass das Kontraktmanagement auch auf die Beziehung zwischen den operativen Führungskräften und den Mitarbeiter/innen ohne Führungsverantwortung übertragen werden soll. Damit soll sich ein neues Führungsverständnis verbinden, das in dem Stichwort „Führung mit Zielen/Zielvereinbarung" zum Ausdruck gelangt. Konkret gesagt soll dieses neue Führungsverständnis seinen institutionellen Mittelpunkt in einem regelmäßig stattfindenden „Mitarbeitergespräch" (oder „Vorgesetzten- und Mitarbeitergespräch") finden. Auf dem Programm dieses Gesprächs sollen Zielvereinbarungen stehen, die dazu dienen sollen, die Richtung der Arbeit festzulegen und den Ressourcenrahmen abzustecken, innerhalb dessen sich die Arbeit bewegen soll. Im übrigen sollen die Führungskräfte nicht mehr als „Vorgesetzte" im traditionellen Sinne fungieren, sondern den Mitarbeiter/innen Freiräume für eine selbständige und eigenverantwortliche Tätigkeit öffnen. Hierzu gehört beispielsweise, dass die Zeichnungsberechtigung soweit wie irgend möglich auf die Ebene der Mitarbeiter/innen delegiert werden soll. Hierzu gehört aber auch, dass der Zuschnitt der von den Mitarbeitern ausgeübten Tätigkeiten im Wege einer aktiven Arbeitsgestaltung, welche die Chancen des „job enrichment" wahrnimmt, optimiert wird.

Operative Führungskräfte müssen sich, dem Konzept des Kontraktmanagements zufolge, also zunächst einmal zurücknehmen. Bei der Reformumsetzung führte diese Anforderung zu vielen Missverständnissen, wie auch zu Widerständen bei den Vorgesetzten, die einen Machtverlust auf sich zukommen sahen. Dies ist aber nur die eine Seite der Führung mit Zielvereinbarung. Im Erfordernis der Optimierung der Tätigkeitszuschnitte wird bereits erkennbar, dass den Führungskräften bei der Umsetzung der Führung mit Zielen auch eine aktive Rolle neuen Typs abgefordert wird. Sie sollen, zusammenfassend gesagt, diejenigen sein, die die Selbstverantwortung der Mitarbeiter/innen ermöglichen. Sie sollen also die Mitarbeiter/innen nicht einfach „an der langen Leine laufen" lassen, um sie dann, wenn sie Fehler machen, zur Rechenschaft zu ziehen. So war das noch, als in den 70er Jahren das sogenannte „Neue Hamburger Zeichnungsrecht" eingeführt wurde, das zwar mit einem großzügigen Delegationskonzept, jedoch nicht mit der Einforderung eines veränderten Führungsverhaltens verbunden war, weshalb es auch relativ schnell scheiterte. Vielmehr sollen die mit Zielen führenden Vorgesetzten „Führungskräfte" sein, die sich als „enabler" ihrer Mitarbeiter/innen fühlen und verhalten und die eine Verantwortung für die Fähigkeit der Mitarbeiter/innen zur Selbstverantwortung übernehmen.

3.   **Die neuen Hauptfunktionen von Führungskräften und ihre Kern-
     funktionen im Bereich der Personalentwicklung**

Im Grunde genommen sind damit bereits die neuen Hauptfunktionen der Führungskräfte umrissen, die sich mit den Stichworten „Management" und „Personalentwicklung" kennzeichnen lassen. Die Führungskräfte neuen Typs müssen
Manager sein, da ihnen die dezentralisierte Ressourcen- und Ergebnisverantwortung eine Reihe von Dispositionsfunktionen überträgt, die sie in der traditionellen Verwaltung nicht hatten. Typischerweise gehört es zum Neuen Steuerungsmodell, dass die sogenannten „Querschnittsabteilungen", die sich in der traditionellen Verwaltung in einer tief gestaffelten, in alle Details hineinregierenden
Weise um die Organisation, das Personal und die Finanzen kümmerten, stark
reduziert werden. Ihre Funktionen sollen - soweit dies sinnvoll erscheint - unmittelbar in die Facheinheiten integriert werden, was neue und zusätzliche Ver-
pflichtungen der Führungskräfte zum finanziellen Ressourcenmanagement, aber
auch zum Personalmanagement mit sich bringt.

Auf das Verhältnis zwischen Führungskräften und Mitarbeiter/innen, d.h. auf die
Bedingungen des „Führens mit Zielen[4]" übertragen heißt dies zum Beispiel, dass

---

[4] Management by objectives (MbO): Bei dieser Führungskonzeption wird die Führungsfunk-
tion „Zielsetzung" in den Mittelpunkt gestellt. Aus dem Gesamtziel einer Organisation werden Unterziele abgeleitet. Die Ziele werden nicht von oben nach unten definiert, sondern im
sogenannten „Gegenstromverfahren" von oben nach unten und umgekehrt zurück. Daher auch
die Bezeichnung Zielvereinbarung und nicht Zielvorgabe. Das Zielsetzungsgespräch zwischen
den Vorgesetzten und den Mitarbeitern ist dabei der Kern des Management by Objectives.
Diese Ziele werden durch Leistungsstandards präzisiert, gemeinsam festgelegte Kontrolldaten
dienen dazu, die Zielerreichung zu kontrollieren. Auch die Massnahmen zur Zielerreichung
werden durch den Mitarbeiter selbst bestimmt. Das Management by Objectives ist also ergeb-
nis-,   nicht   verfahrensorientiert.
Die Vorteile der zielorientierten Führung werden vor allem gerade in der Anpassungsfähigkeit
und Zukunftsorientierung sowie in der höheren Aufgaben- und Leistungsorientierung durch
Partizipation der Mitarbeiter gesehen. Aber auch die stärkere Entlastung der Führenden von
operativen Entscheidungen, sowie die Erleichterung der unternehmenspolitischen Steuerungs-
funktion und Koordination (Integration) aller Unternehmensteile wird als vorteilhaft eingestuft.
Obwohl dieses Konzept einen sehr hohen Bekanntheitsgrad geniesst, stehen ihm aber auch
eine Vielzahl von kritischen Aspekten entgegen. Zum einen lassen sich wenig Beispiele für
dessen praktische Umsetzung finden. Zum anderen wird der hohe organisatorische Aufwand
als besonders problematisch betrachtet. Ein Problem ergibt sich gleichermassen bei der Zure-
chenbarkeit der Zielerreichungsgrade mit Blick auf die Unabhängigkeit bzw. Interdependenz
der Einzelleistungen verschiedener Mitarbeiter. Ebenso bleibt eine Koordinationswirkung
neben der Zielfindung, die sich weitgehend auch aus der Abstimmung zwischen den Strategien, Strukturen oder Kulturen ergeben kann, unbeachtet.

die Führungskräfte als „Ressourcenmanager" dafür sorgen müssen, dass die Mitarbeiter/innen mit den nötigen Arbeitsmitteln ausgestattet sind. Es heißt dies aber gleichzeitig auch, dass sie eine stark erweiterte Verantwortung dafür zu übernehmen haben, dass die Ressource „Personal" in einer bestmöglichen Weise zur Entfaltung und zum Einsatz kommt. Mit anderen Worten müssen sie sich auch als Personalentwickler im umfassenden Sinne des Wortes verstehen, d.h. in demjenigen Sinn, den man im Blick haben muss, wenn man heute davon ausgeht, dass „Personalentwicklung" bedeutet, die Potenziale von Menschen in einem bestmöglichen Sinne zur Entfaltung gelangen zu lassen.

Mit eben diesem Zusammengehen der Management- und der Personalentwicklungsfunktion ist einerseits die typische Chance, gleichzeitig aber auch das typische praktische Problem der dem Konzept des Kontraktmanagements folgenden „Führung mit Zielen" (oder mit Zielvereinbarung) markiert. Die typische Chance, auf die das Konzept angelegt ist, besteht darin, dass sich mit der Entfaltung des Potenzials der Mitarbeiter/innen eine Steigerung der Mitarbeitermotivation, und von daher eine Steigerung der Arbeitsproduktivität und der Arbeitsleistung der Mitarbeiter/innen verbindet. Den wirtschaftlichen, auf Effizienz und Effektivität abstellenden Leitgesichtspunkten des Managements kann von daher gesehen mit einem auf Personalentwicklung abstellenden Ansatz unmittelbar Rechnung getragen werden. Man spricht deshalb heute verbreitet von den Mitarbeiter/innen als der „entscheidenden Ressource" der Verwaltung, womit schon angedeutet ist, dass Personalentwicklung unmittelbar auch als Ressourcenmanagement begriffen und gehandhabt werden kann und muss. Das typische Problem, das sich damit verknüpft, ist jedoch, dass sich die Leitgesichtspunkte der Freisetzung des Potenzials der Mitarbeiter/innen und der Steigerung der Effizienz und Effektivität der Arbeit keineswegs immer reibungslos zur Deckung bringen lassen und dass sehr viel Wissen und spezifische Kompetenz benötigt wird, wenn das Spannungsfeld zwischen diesen beiden Leitgesichtspunkten bewältigt werden soll.

Davon aber später noch mehr. Konzentrieren wir uns für den Augenblick auf die Darstellung der Kernfunktionen im Bereich der Personalentwicklung, die der Führungskraft neuen Typs obliegen, dann können wir bei den Beschreibungen beginnen, die dem Mitarbeitergespräch als dem institutionellen Zentrum der Führung mit Zielen gewidmet sind.

Wie bereits gesagt wurde, soll es ein zentraler Gegenstand des Mitarbeitergesprächs sein, zu Zielvereinbarungen zu gelangen. Unter dem Leitgesichtspunkt der Personalentwicklung, d.h. der optimalen Potentialentfaltung der Mitarbeiter, bedeutet dies, dass solche Ziele zu vereinbaren sind, welche die Mitarbeiter möglichst weitgehend zu aktivieren und zu motivieren vermögen.

Diese Anforderung betrifft erstens die qualitative Beschaffenheit der Ziele, bzw. der sich mit ihnen verbindenden Aufgabenstellungen. Ungeachtet der mit der Produktbeschaffenheit verbundenen Qualitätsaspekte wird die als Personalentwickler fungierende Führungskraft bei der Zielvereinbarung im Mitarbeitergespräch nicht die elementare Frage ausklammern können, ob die Mitarbeiter/innen bei der Bearbeitung der ihnen zugewiesenen Aufgaben die eigenen Fähigkeiten und Neigungen entfalten können. Defizite, die sich herausstellen, mögen innerhalb der einzelnen Arbeitseinheit durch Optimierungsschritte im Rahmen der Arbeitsgestaltung und Aufgabenzuweisung auszugleichen sein. Soweit dies der Fall ist, wird sich die betreffende PE-Aufgabe in einem herkömmlichen Rahmen bewegen können, denn die Arbeitsgestaltung und Aufgabenzuweisung „ad personam" gehörte schon seit längeren zu den Aufgaben der Führungskraft mit Personalverantwortung.

Wenn unter Personalentwicklung ernsthaft die Sicherstellung der optimalen Potentialentfaltung der Mitarbeiter/innen verstanden werden soll, wird dies jedoch nicht ausreichen. Vielmehr muss, darüber hinausgehend, z.B. in Betracht gezogen werden, dass ggf. auch Umsetzungen von Mitarbeiter/innen in andere Organisationseinheiten erforderlich sind. Nach dem heutigen Verständnis benötigt man hierzu strategische Instrumente der Personalentwicklung, deren Gewährleistung nicht der einzelnen Führungskraft angelastet werden kann. Zu denken ist dabei an die Potenzialanalyse im Wege der systematischen Gegenüberstellung von Anforderungsprofilen und Befähigungsprofilen, wie auch an den Aufbau eines Systems der innerbetrieblichen Mobilitätsförderung. Das Mitarbeitergespräch wird dadurch aber nicht abgewertet. Vielmehr ist es umgekehrt diejenige Institution, in der solche Instrumente ansetzen müssen, um einzelfallbezogen überhaupt zum Tragen kommen können. Wie bedeutsam die Gewährleistung der individuellen Potenzialentfaltung im Wege der Organisation ad personam und der Ermöglichung des innerbetrieblichen Arbeitsplatzwechsels ist, konnten wiederholt aus den Ergebnissen der vom Autor durchgeführten Mitarbeiterbefragungen abgelesen werden, denen zufolge, eine große Mehrheit der Beschäftigten des öffentlichen Dienstes an einem Arbeitsplatzwechsel interessiert wäre, ohne aber konkrete Möglichkeiten hierfür zu sehen. Dass trotz einer hohen Mobilitätsbereitschaft in manchen Verwaltungen Standzeiten von 20-30 Jahren am selben Arbeitsplatz die Regel sind, deutet auf ein schweres Defizit der Personalentwicklung hin, dessen Beseitigung ohne die kräftige Mitwirkung der Führungskräfte nicht in Angriff genommen werden kann.

Die Vereinbarung von Zielen, welche die Mitarbeiter optimal aktivie-ren/motivieren, betrifft aber nicht nur die Entscheidung über die qualitative Na-tur der Ziele, sondern zweitens auch die Entscheidung über das Ausmaß der an den/die Mitarbeiter/in gerichteten Anforderungen, d.h. also den quantitativen Leistungsaspekt. Wie man aus der Arbeits- und Leistungspsychologie weiß, gibt es diesbezüglich optimale Lösungen, das heißt Zielfestlegungen, die motivierend wirken, weil sie die Menschen weder unterfordern noch überfordern. Wie wich-tig die Aufgabe ist, bei der Zielvereinbarungen Lösungen zu finden, die in die-sem Sinne optimal sind, konnte bei Mitarbeiterbefragungen festgestellt werden, wenn Mitarbeiter/innen die Frage gestellt wurde, ob sie mit ihrer Arbeitsbelas-tung zufrieden seien. Es stellte sich immer wieder heraus, dass es in der Verwal-tung in einem überraschend hohen Ausmaß Überforderung und Unterforderung gibt. Auf die Zielvereinbarungen abschließende Führungskraft neuen Typs war-tet hier somit eine sehr dringliche, weitgehend noch gar nicht in Angriff ge-nommene Aufgabe, die sich als höchst ertragversprechendes Aktionsfeld der Personalentwicklung anbietet.

Ein drittes Aufgabenfeld der PE, das sich mit der Zielvereinbarung verbindet, betrifft den Qualifizierungsaspekt. Die Fort- und Weiterbildung im öffentlichen Dienst wird in Zukunft schon aus Gründen der Haushaltskonsolidierung viel stärker als bisher bedarfsorientiert erfolgen müssen. Auch diesbezüglich kommt dem Mitarbeitergespräch mit Zielvereinbarung eine wichtige Rolle zu. Einer weitverbreiteten Auffassung zufolge ist das Mitarbeitergespräch der ideale Ort für einzelfallbezogene Entscheidungen über Qualifizierungsmaßnahmen mit dem Ziel der Befähigung der Beschäftigten zu einer optimalen Potenzialnutzung im Rahmen gegebener oder zukünftig erwartbarer Aufgabenstellungen. Konse-quenterweise gehören entsprechende Abklärungen zu den Standardbestandteilen derjenigen Funktionskataloge, die in der letzten Zeit für Mitarbeitergespräche entwickelt worden sind. Mit anderen Worten wird die neue Führungskraft viel deutlicher als bisher in die Mitverantwortung für eine angemessene, d.h. das Po-tenzial der Mitarbeiter in einer aufgabenbezogenen Weise aktivierende Qualifi-zierung einzutreten haben.

4.   Zielpunkte einer Modernisierung des Führungsverhaltens

In diesem Augenblick soll den verschiedentlich auffindbaren Funktionskatalo-gen für Mitarbeitergespräche nicht noch weiter gefolgt werden. Vielmehr soll zunächst auf der Grundlage der besprochenen drei Aufgabenfelder eine kurze Zwischenbilanz gezogen werden. Diese Zwischenbilanz lautet, dass der Füh-rungskraft neuen Typs, d.h. derjenigen Führungskraft, deren Profil sich innerhalb zentraler Modellansätze der Verwaltungsmodernisierung abzeichnet, im Rahmen des Mitarbeitergesprächs mit Zielvereinbarung massive PE-Funktionen zufallen, die teils schon vorher vorhanden waren, die teils aber auch als Aufgaben von Führungskräften neuartig sind. Wie schon angedeutet kann die Diagnose zwar keinesfalls lauten, dass die Führungskraft neuen Typs in der modernisierten Verwaltung die einzige Instanz der PE darstellt. Die Funktionsfähigkeit der PE in der modernisierten Verwaltung setzt aber voraus, dass die einzelne Führungskraft als engagierter „Akteur" der PE tätig wird, wobei das Mitarbeitergespräch nach verbreiteter Anschauung einen bevorzugten institutionellen Schwerpunkt und Austragungsort darstellt.

Die Mitwirkungsrolle der Führungskraft in der PE ist mit Hinweisen auf die Funktionen des Mitarbeitergesprächs allerdings noch keineswegs ausreichend erfasst.. An dieser Stelle ist an Vorstellungen Kritik zu üben, welche die Aufgaben der neuen Führungskraft allzu unmittelbar und ausschließlich mit dem Mitarbeitergespräch in Verbindung bringen. Liest man manche Veröffentlichungen und Programme, dann kann man den Eindruck gewinnen, das Mitarbeitergespräch, das nach überwiegender Auffassung einmal im Jahr stattfinden soll, sei in Zukunft der einzige Ort, an dem geführt wird und an dem von der Führungskraft Personalentwicklung betrieben wird. Auch der Ausdruck „Führen mit Zielvereinbarung" wird manchmal in einer Weise interpretiert, dass man meinen könnte, die Führungsaufgabe sei schon dann erledigt, wenn das Mitarbeitergespräch abgeschlossen ist. (In diesem Zusammenhang ist an dem vielfach verwendeten Ausdruck „Führen durch Zielvereinbarung" Kritik zu üben, da er bestehende Missverständnisse begünstigt)

Die neue Führungskraft muss in Wahrheit natürlich auch innerhalb der langen Zeiträume zwischen den Mitarbeitergesprächen führen und Personalentwicklung betreiben. Genauer gesagt muss sie im Arbeitsalltag fortwährend ein bestimmtes Führungsverhalten, oder auch - dies ist nur ein anderer Ausdruck dafür - einen Führungsstil entwickeln, welcher der Zweckbestimmung der Führung mit Zielen angemessen ist, d.h. aber u.a. auch Personalentwicklungswirkungen ausübt.

Diese Zweckbestimmung ist, um dies nochmals zu betonen, die Mitarbeiter/innen in einer zielgerichteten Weise zur Ausschöpfung ihrer Potenziale zu befähigen, was letztlich heißt, dass ihnen Bedingungen geboten werden müssen, die es ihnen erlauben, mit höchstmöglicher Motivation tätig zu sein.

Die Frage lautet also, ob sich Merkmale eines Führungsverhaltens (oder eines Führungsstils) angeben lassen, dem eine optimale Eignung zur Erfüllung dieser Zweckbestimmung zugeschrieben werden kann. Sofern es möglich ist, solche

Merkmale anzugeben, müssen sie in die Beschreibung der Führung mit Zielen in Zukunft sehr viel deutlicher eingerechnet werden als dies bisher vielfach noch der Fall ist. Es geht hierbei darum, die elementare und eigentlich sehr naheliegende Frage zu beantworten, was moderne Führungskräfte außerhalb des selten stattfindenden Mitarbeitergesprächs, d.h. also im Arbeitsalltag der Verwaltung, konkret tun und leisten müssen, um ihrer Führungsaufgabe gerecht zu werden.

Bei der Beantwortung dieser Frage wurde seit den 70er Jahren lange Zeit immer wieder der sogenannte „kooperative" Führungsstil genannt. In Verbindung damit wurde die These aufgestellt, dass ein Abschied vom „direktiven" Führungsverhalten der Vergangenheit und eine Hinwendung zu kollegialen und liberalen Formen der Führung notwendig sei, um die Mitarbeiter/innen zu einem motivierten Arbeitsverhalten zu befähigen, um also das Führungsverhalten auf eine gemeinsame Ebene und in direkten Zusammenhang mit den Erfordernissen einer „weit" verstandenen Personalentwicklung zu bringen.

Rückblickend lässt sich hierzu sagen, dass allein schon die Bemühung um die Definition eines optimalen Führungsverhaltens ein wichtiger erster Schritt in die richtige Richtung war, der über die bis dahin vorherrschende rein persönlichkeitsbezogene und deshalb auf Optimalitätsangaben verzichtende Charakterisierung des Führungsverhaltens hinausführte. Allerdings handelte es sich in der Tat wohl nur um einen ersten Schritt. Die deutsche Hochschule für Verwaltungswissenschaften konnte selbst bei zahlreichen Mitarbeiterbefragungen in verschiedenartigen Verwaltungen die überraschende Entdeckung machen, dass es über alle untersuchten Verwaltungsbereiche hinweg übereinstimmend einen optimalen Führungsstil gibt, der zwar Merkmale der Kooperativität aufweist, der aber noch weitere Merkmale besitzt, die mit diesem Begriff nicht abgedeckt werden können. Die höchste Arbeitszufriedenheit und Motivation kommt - aus der Perspektive der Mitarbeiter betrachtet - vielmehr einem Führungsstil zu, den man als „aktivierenden" Führungsstil bezeichnen kann, und der die folgenden Kernmerkmale aufweist:

(1) Der Vorgesetzte(r) hat „eine klare Linie"

(2) Vorgesetzte(r) „informiert umfassend"

(3) Vorgesetzte(r) „motiviert durch sein Engagement"

(4) Vorgesetzte(r) „gibt Rückmeldung über das erreichte Leistungsniveau"

(5) Vorgesetzte(r) „gibt Anerkennung bei guter Leistung"

(6) Vorgesetzte(r) „vereinbart Arbeitsziele" [5]

Wie gesehen werden kann, handelt es sich um Merkmale, die sehr verschiedener Natur sind. Die Vereinbarung von Arbeitszielen, die von den Mitarbeitern her gesehen sehr wichtig ist, macht offenbar eine „klare Linie" – man könnte sagen: ein „direktives" Element des Führungsverhaltens – keineswegs überflüssig. Wer rein idealistisch denkt, wird dies möglicherweise als „kontra-intuitiv" empfinden müssen. Die aktivierende, d.h. durch ihr alltägliches Führungsverhalten Personalentwicklung betreibende Führungskraft muss aber auch in einer über das Mitarbeitergespräch weit hinausgehenden Weise Rückmeldungen über das erreichte Leistungsniveau abgeben, d.h. den Mitarbeitern „feedback" zukommen lassen. Hierzu gehört, bei guter Leistung Anerkennung auszusprechen und hierbei, wie sich ergänzen lässt, den psychologischen Erkenntnissen über die Bedingungen der Motivationswirkung von Lob gerecht zu werden. Die aktivierende Führungskraft muss weiter aber auch „umfassend" informieren und damit die Mitarbeiter/innen an einer Ressource teilhaben lassen, die vor allem für eine als „sinnvoll" erlebbare Tätigkeit unverzichtbar ist. Endlich muss die aktivierende Führungskraft aber auch durch eigenes Engagement motivieren. Hierin kommt die altehrwürdige - heute öfters fast schon vergessene - „Vorbildwirkung" der Führungskraft unvermutet wieder zur Geltung.

5. Realisationsprobleme (empirische Befunde)

Der Autor will an dieser Stelle einen Schnitt machen und einen Blick zurückwerfen. Zusammenfassend gesagt wurde bisher dargestellt, dass auch die neue Führungskraft in einem massiven, ja sogar in einem außerordentlich gesteigerten Maße als „Erfolgsfaktor" der Personalentwicklung verstanden werden muss. Es wurde dabei allerdings von der Modellebene der Verwaltungsmodernisierung, d.h. im Kern vom Neuen Steuerungsmodell ausgegangen. Abgekürzt gesagt wurde festgestellt, dass Führungskräfte benötigt werden, die zur Personalentwicklung im „weiten" Sinne des Wortes fähig sind, wenn man eine zielorientierte Steuerung realisieren will. Von der Verwaltungswirklichkeit, wie sie sich heu-

---

[5] Die in Anführungszeichen gesetzten Wörter geben die in den Fragebögen verwendeten Bezeichnungen wieder.

te empirisch darstellt, war bisher allerdings noch nicht die Rede. Auch die vorstehend präsentierten empirischen Ergebnisse sagen zunächst nur etwas aus über einen Führungsstil aus, der im Hinblick auf PE-Wirkungen als optimal einzustufen ist und der insofern wünschbar ist. Inwieweit dieser Führungsstil heute in der Verwaltungswirklichkeit bereits vorkommt, d.h. also insoweit gesehen „real" ist, blieb zunächst noch offen.

Wird diese bisher ausgeklammerte Frage nun aber aufgegriffen, wird also gefragt, wie es bislang mit der Umsetzung der Modell- und Optimalvorstellungen in der Verwaltungswirklichkeit steht, dann gelangt man zu einem Ergebnis, das man als „ambivalent" einzustufen hat. Was soll dies heißen?

Ambivalent ist alles, was man mit „Einerseits-andererseits-Sätzen" beschreiben kann und so verhält es sich auch hier. Einerseits ist die Verwaltungsmodernisierung kräftig in Gang gekommen und das Neue Steuerungsmodell hat sich für die überwältigende Mehrzahl der Verwaltungen in Deutschland zu einem unbestrittenen Orientierungspunkt der Reformaktivitäten entwickelt. Auch Mitarbeitergespräche sind, um diesen Faden nochmals aufzunehmen, inzwischen allenthalben in Gang gekommen. Andererseits ist, kurz gesagt, nicht alles was heute unter Glanzpapier-Deckblättern unter dem Titel „Verwaltungsreform" präsentiert wird, bereits so perfekt, wie es den Anschein hat.

Wendet man sich mit einem kritischen empirischen Blick der Frage zu, inwieweit heute bereits Mitarbeitergespräche mit Zielvereinbarung im Sinne der Modellvorgaben praktiziert werden, dann stößt man auf ernüchternde Ergebnisse. Auch der Hochschule für Verwaltungswissenschaften wurde diese Erfahrung zuteil, als in letzter Zeit ein Forschungsprojekt über den Umsetzungsstand der Zielvereinbarung durchführt wurde. Das Ergebnis liest sich in dem inzwischen veröffentlichten Berichtstext[6] wie folgt: „Es lässt sich erstens feststellen, dass der Zielvereinbarung auf der Ebene der Reformpraxis – im krassen Widerspruch zur Reformrhetorik – im Vergleich zu anderen Modernisierungselementen eher eine nachrangige und periphere Rolle außerhalb des Zentrums der faktischen Veränderungsaktivitäten zufällt. Genaueres Hinsehen führt darüber hinaus aber zweitens auch zu der Erkenntnis, dass sich der Implementierung der Zielvereinbarung da, wo sie modellgerecht in Angriff genommen wurde, Umsetzungsprobleme in den Weg stellten, die bis heute meist noch nicht überwunden sind...". Im Berichtstext wird anschließend ausgeführt, dass es da, wo Mitarbeitergespräche durchgeführt werden, in deren Programm die Zielvereinbarung auftaucht, den

---

[6] K.Tondorf, R.Bahnmüller, H.Klages: Steuerung durch Zielvereinbarungen. Anwendugnspraxis, Probleme, Gestaltungsüberlegungen, Berlin: Edition Sigma, 2002

Beteiligten in der Regel freigestellt ist, Zielvereinbarungen durchzuführen oder auch auf sie zu verzichten. In den Mittelpunkt rückt vielfach das Ersatzziel der Nutzung einer Chance zu einer zweckfreien dialogischen Kommunikation zwischen Vorgesetzten und Mitarbeiter/innen ohne weiterführende Absicht, d.h. auch ohne die Absicht einer Zielvereinbarung. Mit der Zielvereinbarung bleiben dann aber auch die sonstigen auf die PE bezogenen Programmpunkte sehr weitgehend auf der Strecke.

Gravierende Durchführungsprobleme lassen sich aber auch in den bisher relativ wenigen Fällen feststellen, in denen Mitarbeitergespräche mit Zielvereinbarungen verbindlich gemacht wurden. Nachfolgend seien einige Ergebnisse aus einer von uns selbst ausgewerteten Befragung im Innenministerium eines deutschen Bundeslandes vorgestellt, in welchem dies der Fall war. Es wurden hier die Führungskräfte und die Mitarbeiter/innen ex ante und ex post befragt, d.h. einmal vor der ersten Runde von Mitarbeitergesprächen und zum anderen hinterher. Es konnten somit die Einstellungen beider Gruppen „vorher" und „nachher" verglichen werden. Das denkbar überraschende Ergebnis sieht wie folgt aus:

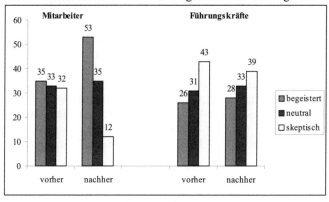

Abb 1: Einstellung vorher und nachher

Es zeigt sich, dass die Führungskräfte und die Mitarbeiter/innen sehr unterschiedlich auf die Gesprächserfahrung reagierten. Während sich bei den Führungskräften ein bemerkenswerter Einstellungswandel von der Ambivalenz zur Akzeptanz vollzogen hatte, blieb die Einstellung der Mitarbeiter/innen eher skeptisch. Von einer „erfolgreichen" Implementierung kann angesichts eines solchen Ergebnisses nicht gesprochen werden.

Sehr unterschiedlich waren aber auch die Berichte der Führungskräfte und der Mitarbeiter/innen über das, was in den Gesprächen faktisch ablief:

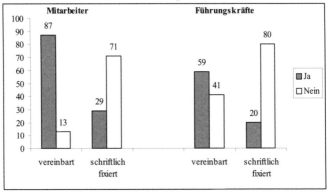

Abb 2: Ziele
„Ob Zielvereinbarungen getroffen und schriftlich fixiert wurden"

In dem unveröffentlichten schriftlichen Bericht über die Ergebnisse der Befragung heißt es u.a.: Die Führungskräfte sehen die Mitarbeitergespräche durch die rosarote Brille, die Mitarbeiter neigen zur Skepsis. Ihrer Meinung zufolge erreicht die Intensität der Gespräche nicht den eigentlich angestrebten intensiven Bereich. Was den Mitarbeitern besonders fehlt, „ist das intensive ‚Vermitteln von Orientierung und Sicherheit', das intensive Sprechen über Fortbildung, über Ziele und über die Einhaltung früherer Zielvereinbarungen. Relativ schwach kommt bei den Mitarbeitern auch die ‚berufliche Entwicklung' und die ‚Aufgabenerfüllung' weg."

Ähnlich ernüchternde Ergebnisse stellen sich auch dann ein, wenn man an Verwaltungsmitarbeiter/innen die Frage richtet, welchen Führungsstil ihre Vorgesetzten alltäglich praktizieren. Ein typisches Ergebnis aus einer größeren Befragung, die wir ganz kürzlich von Speyer aus durchgeführt haben, sieht wie folgt aus:

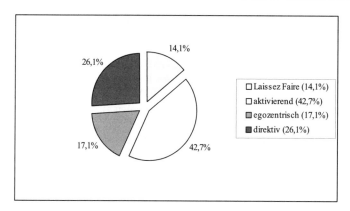

Abb. 3: Anteil der Führungsstile in %

Es sind hier insgesamt vier Führungsstile aufgeführt, die bei den Befragungen - in wechselnden Anteilen - immer wieder entdecken konnten und die hier nicht im einzelnen dargestellt werden können.

Es lässt sich ablesen, dass im vorliegenden Fall dem „aktivierenden" Führungs- stil - aus der Perspektive der Mitarbeiter/innen beurteilt - mit 42% nur deutlich weniger als die Hälfte der Vorgesetzten zugerechnet werden können. Die Mehr- heit der Vorgesetzten praktiziert dem gegenüber andere Führungsstile, denen die Aktivierungswirkung abgeht. Im Falle der „direktiv" und „egozentrisch" führen- den Vorgesetzten handelt es sich um ausgesprochen deaktivierende, d.h. also kontraproduktive Führungsstile, während die Führungswirkung des „Laissez Faire-Stils" als neutral einzustufen ist. Ähnliche Ergebnisse erzielten wir in allen Befragungen, die in Verwaltungen der verschiedensten Art durchgeführt wur- den. Der Anteil des „aktivierenden" Führungsstils stieg nirgends über 45% und lag öfters sehr deutlich noch unterhalb dieser Marke. Mit anderen Worten wird der aktivierende Führungsstil, der eine unverzichtbare Voraussetzung dafür ist, dass die Führung als Erfolgsfaktor der PE wirkt, bisher nur von einer Minderheit der Führungskräfte der Verwaltung praktiziert.

6. Folgerungen: Bedingungen für die Realisierung aktivierender Führung

Abschließend soll die Frage behandelt werden, was zu tun ist, um diejenigen Aussichten auf eine strategische Rolle der Führungskräfte als Erfolgsfaktoren der Personalentwicklung, die sich auf der Modellebene eröffnen, in der alltäglichen Verwaltungswirklichkeit zum Tragen kommen zu lassen. Hierbei soll wiederum mit den Mitarbeitergesprächen mit Zielvereinbarung als dem institutionellen Kernstück einer auf PE-Leistungen abstellenden Gestaltung des modernen Führungswesens begonnen werden.

Der vorstehend bereits zitierte Forschungsbericht über „Steuerung durch Zielvereinbarungen" wendet sich zunächst der Qualität der Rahmenbedingungen zu. Als eine negative Vorbedingung für die Einführung von Mitarbeitergesprächen stellte sich bei dieser Untersuchung erstens der gegenwärtig im Schwung befindliche Personalabbau heraus. Wenn unter dieser Bedingung Zielvereinbarungen eingeführt werden, dann stehen sie bei den Mitarbeiter/innen, die ja eigentlich die Begünstigten sein sollen, sehr häufig unter dem Verdacht, verkappte Rationalisierungsmaßnahmen zu sein, die der Vorbereitung weiterer Einsparungen dienen sollen. Will man Erfolg haben, so muss man also erst einmal diesen Verdacht ausräumen.

Als eine weitere wichtige Rahmenbedingung erweist sich zweitens die Qualität des Managements des gesamten Reformprozesses, in welchen die Einführung des Kontraktmanagements ja eingebettet sein soll. In dem Forschungsbericht heißt es hierzu wie folgt: „Ein initiierendes, steuerndes Zentrum, welches den gesamten Reformprozess koordiniert und die Fäden zusammenhält, fanden wir nur in wenigen Fällen. Vielmehr arbeiteten die verschiedenen Abteilungen und Fachbereiche oft unkoordiniert an ihren jeweiligen Reformvorhaben. Die Defizite im Management des Gesamtprozesses führten zu einer mangelnden Verzahnung der Reformmaßnahmen, zeitlich wie inhaltlich. Besonders deutlich wurde dies bei den Mitarbeitergesprächen, die als ‚weiche‘ Reformmaßnahmen im Bereich des Personalmanagements von den ‚harten‘ Maßnahmen wie Budgetierung und Kosten-Leistungs-Rechnung abgekoppelt waren. ..." Zusammenfassend gesagt, zeigte sich eine weitgehende „Abhängigkeit der Erfolgsvoraussetzungen von Zielvereinbarungen" von der Qualität der Gestaltung des Modernisierungsprozesses (oder des „Change-Managements") im Ganzen. Die Folgerung lautet, dass die Umsetzung der Modellperspektiven im Bereich des Führungswesens ein professionell operierendes, übergreifendes und gut integriertes Change-Management voraussetzt.

Als eine sehr wichtige Bedingung des Umsetzungserfolgs kommt drittens die *Qualität des Personalmanagements* ins Blickfeld. Zahlreiche Führungskräfte sind – insbesondere da, wo sie nicht bereits den aktivierenden Führungsstil praktizieren – bisher noch nicht in einem ausreichenden Maße bereit und in der Lage, die ihnen angesonnene neue Rolle als „enabler" der Mitarbeiter/innen wahrzunehmen. Es zeigt sich dies insbesondere an der Einstellung gegenüber dem Mitarbeitergespräch mit Zielvereinbarung, die sich häufig zwischen „lax" und „ablehnend" bewegt (und die dann ggf. in einer Misstrauenshaltung bei den Mitarbeiter/innen ihre Ergänzung findet). Es zeigt sich dies weiter aber auch in einer weitverbreiteten Ablehnung der oft als Zumutung empfundenen Aufforderung, den eigenen Führungsstil zu optimieren. Es hat dies mit der in der Verwaltung immer noch verbreiteten Auffassung zu tun, dass es einen optimalen Führungsstil gar nicht gibt, sondern dass jeder Vorgesetzte „auf seine Art" führen muss, so, wie es seiner jeweiligen „Persönlichkeit" angemessen ist. Es hat dies aber auch mit der Angst zu tun, im Fall der Übernahme der Enabler-Rolle bei unverändert erhalten bleibender Letztverantwortung einen Machtverlust zu erleiden und somit am Ende - ohne ausreichend eingreifen zu können - den Kopf für jeden „Unsinn der Mitarbeiter/innen" hinhalten zu müssen. Diese Angst wird verstärkt durch eine weitverbreitete Uninformiertheit über die Aufgaben moderner Führung, wie auch über die Merkmale und Bedingungen eines Führens, das aus der Bewertungsperspektive der Mitarbeiter/innen betrachtet gut und erfolgreich ist. Viele Führungskräfte halten es für abwegig, Mitarbeiter/innen überhaupt nur zu fragen, was sie von ihren Vorgesetzten halten, weil sie meinen, dass von „unten" nur Querulantentum und Meckerei zu erwarten ist. Das dahinter stehende negative Menschenbild ist bei zahlreichen Vorgesetzten noch eingewurzelt und wird in der Verwaltung trotz aller Modernisierungsbekundungen noch nicht nachdrücklich genug in Frage gestellt.

Die Folgerung lautet, dass verstärkten Bemühungen um Führungskräfteauswahl und Führungskräfteentwicklung eine hohe Dringlichkeit zuerkannt werden muss. Führungspositionen werden in der Verwaltung immer noch viel zu unbesehen auf der Grundlage von Ausbildungsabschlüssen vergeben. Auch in der gängigen Beurteilungspraxis und bei Beförderungsentscheidungen fragt man immer noch viel zu wenig nach der Fähigkeit von Kandidaten, diejenigen Führungsqualitäten zu entwickeln, die unter modernen Bedingungen erforderlich sind, die also insbesondere auch zur Freisetzung des Potenzials der Mitarbeiter/innen (und damit zur PE im weiten Sinne des Wortes) beitragen.

Es erschließt sich von hier aus eine - nur im ersten Augenblick paradox anmutende - Einsicht: Führungskräfte neuen Typs sind - von der Modell- und Konzeptebene der Verwaltungsmodernisierung her betrachtet - erstrangige Erfolgsfaktoren der Personalentwicklung. Damit diese sehr wichtige Erkenntnis praktisch umgesetzt werden kann, bedarf es aber zuerst einmal einer Entwicklung der Führungskräfte selbst. Die auf die Mitarbeiter/innen bezogene Personalentwicklung setzt Führungskräfteentwicklung als Realisationsbedingung des Erfolgsfaktors Führung voraus. Nur unter der Bedingung, dass die Führungskräfte angemessen führen, kann Personalentwicklung in einem weiter ausgreifenden, die Mitarbeiter/innen einbeziehenden und ihre Potenzialentfaltung anzielende Sinn erfolgreich sein. Pointiert ausgedrückt ist Führung „Erfolgsfaktor" der Personalentwicklung - unter der Bedingung, dass sie so ausgeübt wird, dass sie als Erfolgsfaktor wirksam werden kann.

NEW PUBLIC MANAGEMENT ALS REFERENZMODELL FÜR VERWALTUNGSMODERNISIERUNGEN

von Univ.-Prof. Dr. Rainer Koch

Universität der Bundeswehr, Hamburg, Deutschland

NPM als Referenzmodell für Verwaltungsmodernisierungen
Zu einer Theorie und Methode eines New Public Managements
Von Univ.-Prof. Dr. Rainer Koch, Universität der Bundeswehr, Hamburg,
Deutschland

Summary-Text

Im folgenden wird eine Analyse des Ablaufes von NPM – Modernisierungen bei
den sog. Kernanwendern (Australien, Neuseeland und United Kingdom) zum
Anlass genommen, um in ersteren Schritten zum Aufbau eines empirisch fundierten als auch praktisch bedeutsamen „Referenzmodells" für Verwaltungsmodernisierungen zu kommen. In diesem Zusammenhang geht es daher darum, unter Verwendung einer wandlungs- und optimierungstheoretischen Sichtweise zu
einer Aufdeckung von Gestaltungs- und Steuerungszusammenhängen zu kommen, die sich im Rahmen praktischer Anwendungen auch als Hebelgrößen einer
erfolgsorientierten Initiierung und Durchführung groß angelegter Modernisierungen des Managements von Staat und Verwaltung einsetzen lassen. Unter
Verwendung der wandlungs- und optimierungs-theoretischen Sichtweise kann
(als ein empirisch zunehmend konvergierender Trend, aber auch als praktisch
bedeutsames Handlungsmodell) deutlich gemacht werden, wie hier allein (also
auch unter Abstraktion von vielerlei Rahmenbedingungen) die zunehmende Kri-
senhaftigkeiten des Regierens und Verwaltens selbst dazu anhält, sich nun auch
mit einem angemessenen ordnungspolitischen Zuschnitt, mit einem entsprechend grundlegenden Wandel der Managementparadigmen – und auch ggf. an-
gewiesenen Umstellungen zu einer Bewältigung der aktuell drängenden Produk-
tivitätsproblematik staatlich administrativen Handelns zu bemühen.

1. Problem- und Fragestellung: Referenzmodelle für eine nachhaltige Verwaltungsmodernisierung

Für die Problem- und Fragestellung ist zu bedenken, dass nun auch in der Bun-
desrepublik Deutschland seit vielen Jahren versucht wird, NPM-inspirierte Reformen von Staat und Verwaltung (ob nun ausgehend von den Konzepten des
"Schlanken Staates", des "Aktivierenden Staates" oder dem von der KGSt entwickelten Modell einer "Neuen Steuerung") ins Werk zu setzen. Zum anderen ist
mittlerweile aber ebenso feststellbar, dass nun auch diese Modernisierungsbe-
wegung (zunächst definiert als Versuch einer steten Anpassung des Verwaltungsmanagements) trotz anfänglichem Elan ins Schlingern gerät, dass hier lö-
sungsbedürftige Problemstellungen womöglich nicht angemessen definiert werden, dass demgemäss Ziele nicht richtig aufgestellt und auch Konzepte sowie

Wege ihrer Umsetzung nicht hinlänglich überlegt ausgewählt worden sind – dass somit zusammenfassend betrachtet der erkennbare Netto-Nutzen deutlich hinter den zunächst gehegten Erwartungen zurückbleibt.[1] Wie schon im Zusammenhang einiger bereits vorausgegangener Projekte der Verwaltungsreform stellt sich hiermit das Problem, ob oder inwieweit nun dem Risiko eines Richtungs- und/ oder Wirkungsverlustes bzw. dem eines zunehmenden Versandens u.a. durch eine erneut forcierte konzeptionelle sowie methodische Beratung bzw. Unterstützung entgegengewirkt werden kann.

Daher ist hier auch gut zu erkennen, dass mittlerweile eine ganze "Industrie" an Beratungseinrichtungen (einschließlich sog. Meta-Beratungsorganisationen, wie etwa die KGSt) unterwegs ist, um nun mit unterschiedlichen Beratungsangeboten die Entwicklung und Einführung entsprechend einschlägiger Projekte bzw. Komponenten einer Verwaltungsmodernisierung (im Zweifelsfall Ansätze einer output- bzw. ergebnisorientierten Steuerung des Verwaltungshandelns) zu unterstützen. In diesem Zusammenhang ist dann zwar recht aufschlussreich, dass hier (neben den Vorschlägen zu einer sach-logisch oder experimentell angelegten Weiterentwicklung) der Versuch gemacht wird, nun auch über einen Vergleich mit internationalen Erfahrungen bzw. mit dem angelsächsischen Referenzmodell von NPM-Modernisierungen zu einer weiteren konzeptionellen Unterstützung zu kommen. Doch zum anderen ist gerade in diesem Punkt einschränkend festzustellen, dass es sich bei all den bisherigen Bemühungen bis auf nur wenige Ausnahmen (und auch abgesehen von einigen Fällen grundlegend fehlerhafter Rezeptionsversuche) lediglich um Spiegelstrichaufzeichnungen einiger, als grundlegend erkannter Modellkomponenten handelt, nicht jedoch um Versuche einer eher systematischen Erarbeitung von Bedingungen und Möglichkeiten von NPM-Modernisierungen.[2]

Daher soll im folgenden der Versuch gemacht werden, unter stärkerer Berücksichtigung meta-theoretischer bzw. theorie-systematischer Erfordernisse ein Referenzmodell für NPM-Modernisierungen im Sinne einer praktisch erheblichen Erkenntnisperspektive des New Public Managements – in anderen Worten eine

---

[1] Vgl. im Sinne eines allgemeinen Überblicks: *Grunow, D./ Wollmann, H.* (Hrsg.), Lokale Verwaltungsreform in Aktion: Fortschritte und Fallstricke, Basel 1998

[2] Vgl. als nennenswerte Ausnahme: *Pollit, C./ Bouckaert, G.*, Public Management Reform – A Comparative Analysis, Oxford, 2000; *Löffler, E.*, The Modernization of the Public Sector in an International Comparative Perspective, Speyerer Forschungsberichte 174, Speyer 1997 sowie *Corkery. J. et al.(eds.),* Management of Public Service Reform, International Institute of Administrative Sciences Monographs, Vol. 8, Amsterdam 1998

praktisch erhebliche Theorie und Methode der Entwicklung und Durchführung von NPM-Modernisierungen zu erarbeiten. Dabei soll es allerdings nicht darum gehen, nun allein schon mit Hilfe einer rein sach-logischen (also auch nur allgemein managementtheoretisch begründeten) Argumentation zur Entwicklung passender Designs oder Handlungsempfehlungen zu kommen. Ganz im Gegenteil sollen hier die bei NPM-Kernanwendern (also in Australien, dem United Kingdom und Neuseeland) gemachten Erfahrungen dazu genutzt werden, um nun zumindest in ersten Ansätzen zur Entwicklung eines "empirisch gehaltvollen" Referenzmodells (eines geordneten Systems erfolgserheblicher Aussagen) für die Initiierung und Durchführung groß angelegter Projekte der Verwaltungsmodernisierung (für die Einführung eines wettbewerbs-orientierten Kontraktmanagements) zu kommen. Dabei veranlassen uns sodann die "besonderen Eigenschaften" groß angelegter Projekte einer Verwaltungsmodernisierung dazu, nun auch auf Argumentationszusammenhänge der klassischen Theorie des geplanten Organisationswandels zurückzugreifen, um die Vielzahl an gemachten praktischen Erfahrungen sachlich möglichst angemessen und auch logisch zwingend nach Gesichtspunkten einer erfolgsorientierten Gestaltung und Steuerung von Verwaltungsmodernisierungen verarbeiten zu können.

Bei allen von vornherein zu bedenkenden konzeptionellen und methodischen Problemen eines solchen Unterfangens verbindet sich damit die Hoffnung bzw. der Zweck, dass sich dann mit einem entsprechenden Referenzmodell die auf dem "langen Wege" einer Umgestaltung auftretenden "Modernisierungsblockaden" besser erkennen und sodann womöglich erfolg-reicher beheben lassen.

2. Konzeptionelle und methodische Aspekte von Referenzmodellen der Verwaltungsmodernisierung

Bei der Verarbeitung praktisch gegebener Erfahrungen zu einem Referenzmodell für nachhaltige Verwaltungsmodernisierungen geht es bekanntlich unter methodologischen Gesichtspunkten (insbesondere unter dem Gesichtspunkt der notwendigen internen und externen Validität) darum, praktisch verwertbare bzw. erfolgserhebliche Aussagen zur Initiierung und Durchführung vergleichsweise groß angelegter Änderungen im Verwaltungsmanagement zu entwickeln, die sich durch einen hohen empirischen bzw. erfahrungsorientierten Bewährungsgrad als auch durch eine hohe (raum-zeitliche) Geltungskraft auszeichnen.

Um mit entsprechenden Erkenntnisgewinnen überhaupt rechnen zu können, wird dann auch schon aus allgemeinen methodologischen Gründen der Versuch gemacht, mit diesen Arbeiten an den gewissermaßen fortschrittlichsten Entwicklungen praktischer Reformbemühungen anzusetzen. Entsprechend den in dieser

Hinsicht bereits durchgeführten (insbesondere auch von der PUMA-Sektion der OECD dokumentierten) "Internationalen Benchmarkings" kann in gesicherter Weise davon ausgegangen werden, dass es sich dabei um die Entwicklungen bei den sog. NPM-Core-Usern handelt – also um Neuseeland, das Vereinigte Königreich, aber auch um das gerade in jüngster Zeit eine Führungsrolle übernehmende Australien handelt (vgl. hier aber auch das jüngste UK – Programm "Modernising Government").[3] Indem sich hier an die gewissermaßen fortschrittlichsten Entwicklungen bei NPM-Core-Usern gehalten wird, kann damit sichergestellt werden, dass die Entwicklung von NPM-Modernisierungen (etwa auch schon, was das Risikomanagement bei Contracting-Out-Entscheidungen anbetrifft) bereits auf dem Niveau einer höheren Vervollkommnung bzw. einer vergleichsweise stärker nachgewiesenen Funktionsfähigkeit einzelner Komponenten zum Modell oder Vorbild gemacht werden können. Dabei kann es allerdings nur darum gehen, eben bei Abstraktion von der Vielgestaltigkeit einzelstaatlicher Entwicklungen auf die modellmäßig ausschlaggebenden Komponenten abzustellen.

Damit es sodann von Anfang an zu einer möglichst sachlich zutreffenden Konzeptualisierung des hier zentralen Erkenntnisproblems der Modernisierung (Aufschlüsselung nach erfolgserheblichen Größen und Zusammenhängen) kommt, wird auf die Argumentationszusammenhänge (Axiome/ Theoreme) sowie das Variablengerüst der klassischen Theorie des geplanten Organisationswandels zurückgegriffen.[4] Der ausschlaggebenden Konzeptualisierung nach geht es hier darum, Vorgänge der Modernisierung (im Sinne dauerhafter, aber auch groß angelegter Anpassungsbemühungen) als versuchsweise gezielt zu gestaltende und steuernde – und zudem umfassend angelegte sachliche und soziale Prozesse der Erfassung und Bearbeitung bestandsbedrohender "Leistungskrisen" (Performan-

---

[3] Vgl.: *OECD*, Governance in Transition, Public Management Reforms in OECD Countries, Paris 1995, S. 3; *Wollmann, H.*, Verwaltungspolitische Reformdiskurse und -verläufe im internationalen Vergleich, in: *König, K. (Hrsg.)*, Stand der Verwaltungsforschung, Baden-Baden, 2000, S. 489-525; *Warrington, E.*, Introduction: Three Views of the "New Public Administration", in: *Collins, P./ Warrington, E (eds.)*, The New Public Administration: Global Challenges – Local Solutions, Special Issue, in: *Public Administration and Development*, Vol. 17, No. 1, S. 4; *König, K./ Beck, J.*, Modernisierung von Staat und Verwaltung, Zum Neuen öffentlichen Management, Baden-Baden 1997, S. 131 ff.

[4] Vgl.: *Leemans, A. F. (ed.)*, The Management of Change in Government, The Hague 1976; *Kirsch, W./ Esser, W. M. and Gabele, E.*, Das Management des geplanten Wandels von Organisationen, Stuttgart 1979; *Koch, R.*, Management von Organisationsänderungen in der öffentlichen Verwaltung, Zur Wirksamkeit von Strategien des geplanten Organisationswandels, Berlin 1982

ce-Gap) zu betrachten. Entsprechend diesem paradigmatischen Kern einer Theorie des geplanten Organisationswandels ist dann auch grundsätzlich davon auszugehen, dass in der Dynamik von Krisen bzw. den Verlaufsgesetzlichkeiten von Krisen der Angelpunkt dafür zu sehen ist, die unterschiedlich relevant werdenden "Größen" bzw. Aspekte von Modernisierungen (wie eben krisenerzeugende Leistungsprobleme/ Ziele/ Konzepte/ Umsetzungsstrategien) in übergeordneter Weise in einen erfolgserheblichen Erklärungs- und Gestaltungszusammenhang zu stellen. Je nach gewählter Zielsetzung geht es hier auch darum, die Krisendynamik konzeptionell entweder eher für den Aufbau von "Erklärungen" (Entstehung groß angelegter Projekte der Verwaltungsmodernisierung) oder aber für die Entwicklung praktisch erheblicher "Referenzmodelle" (u.a. nämlich "aktive" Krisennutzung als bewusst eingesetztes Mittel einer erfolgreichen Gestaltung und Steuerung) zu verwenden.

Darüber hinaus ist hier allerdings zu bedenken, dass mit der Krisendynamik nicht nur der konzeptionelle Ausgangspunkt für den systematischen Aufbau unseres Referenzmodelles vorgegeben, sondern dass mit diesem Gesichtspunkt (um hier nicht von vornherein eine zwangsläufig universelle Anwendbarkeit von NPM-Konzepten als Mittel der Verwaltungsmodernisierung unterstellen zu müssen) auch ein Bezugspunkt für die Anwendbarkeit entsprechender Zweck-Mittel-Aussagen gesetzt wird – unter methodologischen Gesichtspunkten ein Bezugspunkt für die denkbare Geltungskraft der Aussagezusammenhänge als Referenzmodell. Für unsere Überlegungen ist dabei ausschlaggebend, dass sich die Geltungskraft entsprechender Aussagen eben nicht nur aus der jeweils zeitlich vorausgehenden Übereinstimmung in den allgemeinen Kontextfaktoren ergibt – in diesem Fall also nicht notwendigerweise nur nach Maßgabe der Anwesenheit des institutionellen Gefüges und des kulturellen Überbaus des "Westminster-Modells" des Regierens. Der zentralen Bedeutung der "Krisendynamik" entsprechend, wird sich unserer Einschätzung nach die denkbare Geltung und Anwendbarkeit eher aus den "Verlaufsgesetzlichkeiten" von Krisen und den sich demgemäß eröffnenden Handlungsmöglichkeiten selbst ergeben.[5] Zudem ist unter

---

[5] Vgl. zu den hier denkbaren unterschiedlichen Standpunkten: *Osborne, D./ Gabler, T.*, Reinventing Government, Reading 1992, pp. 28; *Hood, C.*, Contemporary Public Management: A New Global Paradigm, in: *Public Policy and Administration*, Vol. 10, No 2 (Summer), pp. 104-117; *Weller, P.*, The Universality of Public Sector Reform: Ideas, Meanings, Strategies, in: *Weller, P./ Davis, G. (eds.)*, New Ideas, Better Government, Singapore 1996, pp. 1-10; *Lenk, K.*, "New Public Management" und kommunale Innovation – Perspektiven der Innovationsforschung , in: *Grunow, D./ Wollmann, H. (Hrsg.)*, Lokale Verwaltungsreform in Aktion: Fortschritte und Fallstricke, Basel 1998, S. 44-59

Geltungs- und Anwendungsgesichtspunkten zu bedenken, dass hier – insbesondere bei Übergang in den praktischen Verwertungszusammenhang (anders also als bei einer streng kontingenztheoretischen Argumentation bzw. der Veranschlagung eines nur statischen "Fit"-Verhältnisses) – das zwar prognostisch schwer zu kalkulierende, aber auf jeden Fall analytisch besonders bedeutungsvolle (voluntaristische) Moment einer entschlossen angestrebten Veränderung sozialer Verhältnisse im Sinne des "praktischen Tuns" in Rechnung zu stellen ist.

Des weiteren lässt es nun die Beschaffenheit des Untersuchungsobjektes in diesem Fall nicht schon zu, die Relevanz (bzw. den Wahrheitsgehalt) einzelner Größen und Zusammenhänge – wie es womöglich noch für systematische Studien im engeren Sinn der Fall ist – auf der Basis quantitativer (bedingter) Verteilungen bzw. den rechnerisch kontrollierbaren Varianzerklärungsanteilen zu bestimmen. Ganz im Gegenteil kann hier aufgrund des Beschaffenheit des Untersuchungsobjektes (ganze Modernisierungsvorgänge, Globaldaten, transitorische Relevanz einzelner Ausprägungen) lediglich der Versuch gemacht werden, entsprechende Prüfungen nach dem Gesichtspunkt der über die "Fälle" hinweg feststellbaren "wiederkehrenden Selektionen" oder "Anwendungen" unterschiedlicher Reformaspekte durchzuführen. Im Mittelpunkt entsprechender Prüfungen steht daher also auch der Gesichtspunkt der im "Querschnitt" wahrnehmbaren auffälligen Konvergenzen oder Gemeinsamkeiten.[6] Gerade die OECD selbst geht in diesem Zusammenhang ja von der Annahme aus, dass sich ihre Mitgliedsstaaten – was also denkbare Anforderungen und auch Ansätze einer Verwaltungsmodernisierung anbetreffen – bereits durch ein hohes Maß an Übereinstimmungen bzw. Gemeinsamkeiten auszeichnen. Indem hier unter methodischen Gesichtspunkten (mit quasi evolutionstheoretischer Begründung) von der Hypothese einer "effizienzmäßigen Überlegenheit" der überdauernden Lösungen (stillschweigend auch vom "sozialen Zwang der Imitation erfolgreicher Lösungen") ausgegangen wird, spricht dann auch einiges dafür, dass mit dieser Art der

---

[6] Vgl. zu diesem Standpunkt *Kickert, W.,* Public Management in the United States and Europe, in: *Kickert, W. (ed.),* Public Management and Administrative Reform in Western Europe, Northampton 1997, S. 14; *Koch, R.,* Towards an Entrepreneurial Paradigm in Public Management: International Trends, in: *Wanna, J./ Forster, J. and Graham, P. (eds.),* Entrepreneurial Management in the Public Sector, Melbourne 1995, p. 40; *Borins, S.,* What the New Public Management is Achieving: A Survey of Commonwealth Experience, in: *Jones, L. R./ Schedler, K. and Wade, S. W. (eds.),* International Perspectives on the New Public Management, in: *Advances in International Comparative Management,* Supplement 3, London 1997, pp. 49 –70

Rekonstruktion das notwendige Maß an "interner Validität" erreicht wird – pauschal gesagt, dass hier auch die letztlich erfolgserheblichen Größen groß angelegter Umstellungsprozesse getroffen werden.[7]

3. Erfahrungen mit der Entwicklung und Durchführung von Verwaltungsmodernisierungen bei angelsächsischen NPM-Kernanwendern

Die als Referenzmodell für nachhaltige Verwaltungsmodernisierungen in Betracht kommenden Größen und Zusammenhänge ergeben sich bekanntlich aus den in den letzten beiden Jahrzehnten in einigen angelsächsischen Ländern (insbesondere in Aus/ NZ/ UK) durchgeführten NPM-Modernisierungen. Im folgenden soll es zunächst einmal – und zwar auf der Basis der Erfahrungen entsprechender NPM-Kernanwender – um eine vorrangig beschreibende (also nicht schon konzeptionell geschlossene) Erfassung jener Größen gehen, die sich nun (erwartbarerweise) als Erfolgsfaktoren auf die Initiierung und Durchführung umfassend angelegter Modernisierungen von Staat und Verwaltung (im Grunde Umstellungen auf ein wettbewerbsorientiertes Kontraktmanagement) auswirken.

3.1. Rahmenbedingungen

Soweit es um die Erfassung solch potentiell erfolgserheblicher Einflussgrößen geht, ist zu bedenken, dass es hier zunächst um Rahmenbedingungen im Sinne sogenannter Ermöglichungsbedingungen gehen kann – also um sozialstrukturelle oder politisch-kulturelle Bedingungen, die gegebenenfalls schon von Anfang an die Einführung bzw. Durchführung von NPM-Ansätzen einer Staats- und Verwaltungsmodernisierung begünstigen können.

In dieser Hinsicht ist festzustellen, dass es zunächst einmal – und zwar in auffälliger Weise – unter der Bedingung hoch entwickelter Industriestaaten mit bereits voll ausgebauter technisch-ökonomischer Infrastruktur (Verkehrswesen/ Bildung/ Entsorgung) zu einer Anwendung NPM-spezifischer Ansätze einer Verwaltungsmodernisierung kommt. Wie es dann auch an entsprechend einschlägigen Reformpraktiken recht gut zu erkennen ist, bietet ein vergleichsweise großer Bestand an hochentwickelter Infrastrukturausstattung bzw. entsprechende voll

---

[7] Vgl. zu der hier einschlägigen organisationstheoretischen Position: *DiMaggio, P. J./ Powell, W. W.*, The Iron Cage Revisited: Institutional Isomorphism and Collective Nationality Fields, in: *Powell, W. W. (eds.)*, The New Institutionalism in Organizational Analysis, Chicago/ London, 1991, pp. 41-63; *Aldrich, H. E.*, Organisations and Environments, Engelwood Cliffs, N.J. 1979

funktionsfähige Güter- bzw. Produzentenmärkte (wie überhaupt der Umstand einer vergleichsweise hoch entwickelten Volkswirtschaft) eine der notwendigen Voraussetzungen dafür, dass sich Aufgaben und Funktionen von Staaten (ohne großes Versorgungsrisiko) überhaupt wieder auf klassische Kernkompetenzen zurückführen lassen. Ohne hier also auf ein bereits voll funktionsfähiges Bildungs-, Gesundheits- oder Verkehrswesen zurückgreifen zu können, wären ja alle Ansätze einer Organisations- und/ oder Aufgabenprivatisierung (einschließlich eines "Contracting-Outs") von vornherein zum Scheitern verurteilt.[8]

Darüber hinaus kommt nun gerade für angelsächsische Staaten (einschließlich der sog. Anglo-Saxon fringe countries) eine vergleichsweise nur schwach ausgeprägte Dichotomie von Staat und Gesellschaft ins Spiel. Entsprechend den hier gegebenen staatstheoretischen Traditionen bzw. der hier gegebenen Art einer vertragstheoretischen Begründung jeglicher Staatlichkeit kann es auch als unstrittig gelten, dass sich Fragen von Staat und Herrschaft nach den Überlebensbedingungen (bzw. auch Maßstäben) der "civil society" zu richten haben (was schon seit Locke auf Gesichtspunkte einer möglichst uneingeschränkten Eigentumsmehrung hinauslaufen kann).[9] Da und insoweit hier unter entsprechend politisch-kulturellen Bedingungen (zu erinnern ist hier auch an die "Stateless Society Rhetorik") an sich kein Platz gegeben ist für die Reklamation einer eigenständigen Legitimation bzw. gar für eine überlegene Rationalität staatlichen Handelns, kann nun auch – umgekehrt betrachtet – damit gerechnet werden, dass hier schon prinzipiell eine größere Durchlässigkeit bzw. Empfänglichkeit für allgemein gesellschaftliche bzw. privatwirtschaftliche Organisations- und Handlungslogiken – wenn nicht gar für eine mikro-ökonomische Rationalisierung staatlichen als auch administrativen Handelns gegeben ist.
Im Sinne einer weiteren, aktuell wirksamen Rahmenbedingung kommt hier allerdings noch hinzu, dass es sich dabei um Staaten handelt, in denen es auch und gerade durch wohlfahrtsstaatliche Politikprogramme bedingt zu einem – im weiteren Zusammenhang auch sicherlich katalysatorisch wirkenden – sozialstrukturellen Wandel bzw. zu einer Verbreiterung der "bürgerlichen" Mitte (the

---

[8] Vgl. generell: *Vickers, J./ Yarrow, G.,* Privatization: An Economic Analysis, Cambridge 1989, p. 425; *Boston, J.,* Inherently Government Functions and the Limits to Contracting Out, in: *Boston, J. (ed.),* The State under Contract, Wellington 1995, p. 98

[9] Vgl. zur vertragstheoretischen Begründung: *Hindess, B.,* A Society Governed by Contract, in: *Davis, G./ Sullivan, B. and Yeatman, A. (eds.),* The New Contractualism, Melbourne 1997, pp. 14-26; *Yeatman A.,* Contract, Status and Personhood, in: *Davis, G. et.al. (eds),*The New Contractualism, Melbourne 1997, pp. 39-56; *MacPherson, C. B.,* The Political Theory of Possessive Individualism, Oxford 1962, pp. 197-198

"new middle class") im Gesellschaftsaufbau kommt.[10] In dieser Hinsicht (wie etwa für die Verhältnisse Australiens) ist daher auch zu bedenken, dass hier ganz bewusst auf das Mittel wohlfahrtsstaatlicher Politikprogramme – insbesondere auf das Mittel von Qualifikationsoffensiven bzw. Höherqualifizierungen gesetzt wird, um nun systematisch "Aufstiegsprozesse" (ob nun als Einkommensverbesserungen oder als statusbezogene Prestigeerhöhungen) initiieren – und auf diesem Wege auch zu einer dauerhaften "Öffnung" der sozialen Schichtung beitragen zu können. Zum anderen ist freilich zu bedenken, dass solche Prozesse des sozialen Wandels in gut erkennbarer Weise bei den betroffenen Schichten (Angestellte/ Dienstleistungsberufe/ Soziale Berufe/ Lehrer/ Öffentliche Bedienstete) mehr oder weniger erwartungsgemäß nun auch zu einem politisch bedeutsamen Einstellungswandel führen, dass sich nun auch und gerade für diese "aufsteigenden" Schichten eine verstärkte Empfänglichkeit für die schon ohnedies gesellschaftsweit höherbewerteten privatwirtschaftlichen Organisations- und Handlungsprinzipien (insbesondere für marktwirtschaftliche Regelungen) durchzusetzen beginnen – und dass somit schließlich (was im übrigen noch aus der Perspektive einer ehemals "linken" Begründung wohlfahrtsstaatlicher Politikprogramme als paradox erscheinen mag) auch der Boden dafür bereitet wird, dass sich nunmehr in breiter Front Ansprüche bzw. Forderungen nach einer stärker "technokratischen" (meritokratischen, auf jeden Fall aber stärkeren "managerialen") Begründung von Politikansätzen durchzusetzen beginnen.[11]

Die hier aufgeführten Faktoren führen dann auch schon dazu (also auch schon relativ eigenständig gegenüber dem an sich alles beherrschenden "Krisenthema"), dass nun (trotz eines zwischenzeitlich behaupteten Endes aller "großen" Theorien") Politikpositionen der "New Right"-Bewegung zumindest in diffuser Art zu einer regulativen Idee einer ordnungspolitischen und auch managementmäßigen Modernisierung von Staat und Verwaltung werden. Dabei ist zu erkennen, dass bereits (in Umkehr der bisherigen Tendenzen einer wohlfahrtsstaatlichen "Überbetreuung" bzw. der bisherigen Idee eines Sozialeudämonismus) mit der Rückkehr zu den Prinzipien einer selbstverantworteten bzw. individuellen

---

[10] Zu den Bedingungen entsprechender Entwicklungen: *Giddens, A.,* The Class Structure of Advanced Capitalist Societies, London 1973; *Giddens, A.,* Der Dritte Weg, Frankfurt/M. 1999, S. 46 ff.

[11] Vgl. zu den Umständen einer veränderten Begründung von Politikansätzen: *Bell, S./ Head, B.,* Australia's Political Economy: Critical Themes and Issues, in: *Bell, S./ Head, B.* (eds.), State, Economy and Public Policy in Australia, Singapore 1977, pp. 19-20; *Roper B.,* A Level Playing Field, Business Political Activism and State Policy Formulation, in: *Roper, B./ Rudd, C. (eds.),* State and Economy in New Zealand, Auckland 1993, pp.147-171

Nutzenmaximierung (und mit dem Prinzip einer auch entsprechend zu akzeptie-
renden "leistungsbedingten Ungleichheit") die Grundlagen dafür gegeben sind,
um nun auch schon zu einer theoretischen Fundierung von NPM-Konzepten einer Modernisierung von Staat und Verwaltung zu kommen. Gerade in Verbindung mit neo-liberalen Konzepten der Angebotspolitik und verschiedenen Ansätzen der neo-institutionellen Ökonomie/ Public Choice bieten diese Ideen ja
schon die theoretische bzw. konzeptionelle Basis für die Begründung des Herz-
stücks aller NPM-Ansätze einer Staats- und Verwaltungsmodernisierung, für die
Entwicklung eines wettbewerbsorientierten Kontraktmanagements.[12]

Als besonders aufschlussreich erscheint dabei, dass die in diesem Zusammenhang besonders aktiv werdenden Labour-Regierungen (Australien und auch
Neuseeland) erkennen, dass sie nur mehr mit Mitteln einer zumindest "technokratischen" (wenn nicht gar mikro-ökonomischen) Begründung ihrer Politikan-
sätze in der Lage sein werden, ihre Wiederwahlchancen zu sichern.

3.2. Auslösende Bedingungen

Darüber hinaus ist feststellbar, dass auch noch recht spezifisch ausgeprägte (unmittelbar wirksame) auslösende Bedingungen für das Aufkommen von NPM-
Konzepten einer Modernisierung von Staat und Verwaltung verantwortlich
zeichnen.

Entsprechend den hier üblich gewordenen "Szenarien" kann es daher als unstrittig gelten, dass die eigentlichen Initialzündungen für das Aufkommen von NPM-
Konzepten zunächst und vor allem von den verschiedenen Begleitumständen
einer krisenhaften Entwicklung von Wohlfahrtsstaaten ausgehen. Wie es sich
gerade für die NPM-Kernanwender (für das UK und Australien) feststellen lässt,
führt hier der Versuch, mit einer mehr oder weniger steten Ausweitung des staatliche Leistungsumfanges für eine angemessene politische Unterstützung zu sorgen, schon von sich aus – und zwar zwangsläufig – nicht nur zu einem stetig
wachsenden Staatsanteil am BIP, sondern ebenso zu einer zunehmenden Kredit-
bzw. Schuldenfinanzierung öffentlicher Haushalte – und auf diesem Wege (insbesondere über das Crowding-out auf den Finanz- und Kreditmärkten) zu einer
zunehmend wachstumshemmend wirkenden Abschöpfung knapper Ressourcen

---

[12] Grundlegend zu diesen Zusammenhängen: *Dunleavy, P./ O`Leary, B.*, Theories of the State,
The Politics of Liberal Democracy, London 1987, pp. 72; *Clarke, J./ Newman, J.*, The Mana-
gerial State: Politics and Ideology in the Remaking of Social Welfare, London 1997, pp. 14;
Self, P., Government by the Market?, The Politics of Public Choice, London 1993

aus dem volkswirtschaftlichen Kreislauf. Diese Szenarien machen also zunächst und vor allem deutlich (und zwar auch unter der Annahme weithin vergleichbarer makro-ökonomischer Verhältnisse), dass hier die im Grunde durch wohlfahrtsstaatliche Überregelungen bedingten Wirtschafts-, Finanz- und Haushaltskrisen (und nicht ein irgendwie dauerhaft vorgegebenes Interesse an Effizienz- und Produktivitätssteigerung) als auslösenden Bedingungen anzusehen sind.[13]

Im Sinne einer weiteren Präzisierung dieser Umstände kommt hier allerdings hinzu, dass diese Art an Wirtschafts-, Finanz- und Haushaltskrisen (im übrigen auch nicht in der Gestalt einer abnehmenden "finanziellen Leistungsfähigkeit") nun nicht schon von sich aus bzw. als ein objektiv zwingendes Datum zu einem politisch wirksamen Handlungsimpuls – zum Anlass der Initiierung von Modernisierungsprozessen wird. So ist denn auch für die von uns ins Auge gefassten NPM-Kernanwender feststellbar, dass die mittlerweile chronisch gewordenen Finanz- und Haushaltskrisen erst im Zusammenhang eines weiteren "prominenten Ereignisses" – in diesem Fall im Zusammenhang eines zunehmend stärker empfundenen Wiederwahlrisikos der jeweils regierenden Parteien – zu einem politisch wirksamen Handlungsimpuls werden. Für alle in Frage kommenden NPM-Kernanwender ist daher auch in den 70/80er Jahre erkennbar, dass hier die Krise und die Möglichkeiten ihrer Bewältigung zum grundlegenden Thema jeweiliger Wahlkämpfe und entsprechender Strategien der Stimmenmaximierung werden. Zudem wirkt der sich nun in weiteren Kreisen der Wählerschaft niederschlagende politisch-kulturelle Einstellungswandel (an sich die Absage an die traditionelle Idee des "keynesianischen Wohlfahrtsstaates") als katalysatorisches Moment dafür, dass es im Rahmen entsprechender politischer Auseinandersetzungen nun auch um Konzepte eines eher radikalen Umbaus von Staat und Verwaltung geht.[14]

---

[13] Zu diesen Einschätzungen: *OECD*, Public Management Developments-Survey 1993, Paris 1993; *Considine, M.*, Enterprising States. The Public Management of Welfare-to-work, Cambridge, 2001; *Thomson, F.*, Defining the New Public Management, in: *Advances in International Comparative Management*, Supplement 3, London 1997, p. 10; *Flynn, N./ Strehl, F. (eds.)*, Public Sector Management in Europe, London 1996, pp.2

[14] Zu diesen Zusammenhängen: *Boston, J.*, The Challenge of Governance: New Zealand's Experience of Economic Liberalisation, 1984-91, in: *Marsh, I. (ed.)*, Governing in the 90s, An Agenda for the Decade. Melbourne 1993, pp. 112; *Moon, J./ Richardson, J.*, Governmental Capacity Regained? The Challenges and Responses of British Government in the 1980s, in: *Marsh, I. (ed.)*, Governing in the 90s, An Agenda for the Decade. Melbourne 1993, p. 62; *Bryson, L.*, The Welfare State and Economic Adjustment, in: *Bell, S./ Head, B. (eds.)*, State, Economy and Public Policy in Australia, Singapore 1977, p. 294

Zum anderen ist aber ebenso zu bedenken (und zwar im Sinne eines weiteren "prominenten Ereignisses"), dass hier aus der Binnenperspektive jeweiliger Administrationen heraus nun zwar schon seit geraumer Zeit (seit Ende der 70er/Anfang der 80er) versucht wird, mit einem gewissermaßen inkrementalen Ansatz der Verwaltungsreform auf die sich "schleichend zuspitzenden" Krisen zu reagieren, dass sich allerdings die in diesem Zusammenhang angewandten kleinteiligen Reformmaßnahmen (von den "Scrutinies" bzw. der Aufgabenkritik bis hin den Ansätzen des "Corporate Managements" und denen der "Financial Management Improvement Initiatives") doch zu weiten Teilen als erfolglos erweisen. Dabei zeigt sich auch und gerade an den Umstellungen zugunsten eines output- bzw. zielbezogenen Systems des Program Management and Budgeting (den FMIs und den MINIS), dass man mit mikro- bzw. binnenorganisatorischen Änderungen allein nicht schon zu den erhofften nachhaltigen Ausgabenkürzungen und Effizienzsteigerungen zu kommen vermag. Für das Aufkommen und die Entwicklung von NPM-Konzepten ist daher – und zwar aus international-vergleichender Perspektive – bedeutungsvoll, dass solche Konzepte nicht schon die ersten bzw. direkten Reaktionen oder Antworten auf das "Bedrohungserlebnis" bilden, sondern dass sie sich erst im Zusammenhang mit den negativen Erfahrungen (dem "Scheitern") vorausgehender inkrementaler Ansätze einer Managementreform zum quasi offiziell verbindlichen Programm einer Modernisierung von Staat und Verwaltung entwickeln – sie also die Reaktion auf die bis dato negativen Ergebnisse eines seit gewisser Zeit bereits vorausgehenden Anpassungs- und Lernprozesses bilden. Gerade anhand des "Next-Steps"-Programms und den "Second-Wave"-Ansätzen in Australien ist daher auch gut zu erkennen, wie sich demgemäss auch die Einschätzung durchzusetzen beginnt, dass man nur mehr mit ganzheitlichen Änderungen bzw. einem Paradigmenwechsel (im britischen Beispiel auch nur mit dem "Aufbrechen" der bis dato vertikal-hierarchisch geschlossenen Struktur von Departments) zu einer Bewältigung der Finanz- und Haushaltsprobleme zu kommen vermag.[15]
Zusammenfassend gesagt, ist daher auch für das Aufkommen von NPM-Konzepten ausschlaggebend, dass hier nicht nur – und zwar unter der Bedingung recht "günstig" ausgeprägter Rahmenbedingungen (unter der Bedingung eines

---

[15] Vgl. hier als Beschreibungen zu den verschiedenen Abläufen: *Zifcak, S.,* New Managerialism Administrative Reform in Whitehall and Canberra, Buckingham 1994, pp. 7; *Greer, P.,* Transforming Central Government, The Next Steps Initiative, Buckingham 1994, pp. 45; *Massey, A.,* Managing the Public Sector, A Comparative Analysis of the United Kingdom and the United States, Brookfield 1993, pp. 45; *Davis, G.,* A Future for Public Service, Human Resource Management in a Shrinking Sector, in: *Canberra Bulletin of Public Administration,* No. 89, August 1998, pp. 22-29

recht stark geöffneten Handlungskorridors) auf eine politisch durchaus existentiell wirkende Wirtschafts- und Finanzkrise zu reagieren ist, sondern dass dies auch unter der Bedingung bereits gemachter negativer bzw. unzureichender Erfahrungen mit der Anwendung andersgearteter Ansätze (insbesondere im Bereich der Haushaltskonsolidierung) zu geschehen hat – dass hier also die vorausgehenden negativen Erfahrungen mit vergleichsweise kürzer gefassten Ansätzen (eben binnenorganisatorische Konzepte des Corporate Managements) gewissermaßen zwangsläufig den Weg dafür ebnen, dass es zum Aufkommen radikaler NPM-Konzepte kommt.

3.3. Ziele

Damit es nun selbst unter solch vergleichbar günstigen Bedingungen zu einer funktionierenden Krisenbewältigung kommen kann, muss es gelingen, zu einer problemangemessenen Definition von Zielen (zu einer Definition von Zielen mit einer angemessenen Reichweite) und auch zu einer entsprechend gelenkten Auswahl bzw. Entwicklung von Modernisierungskonzepten zu kommen.

Dabei zeigt sich dann für das Aufkommen von NPM-Konzepten, dass auch für diesen Fall einer Verwaltungsmodernisierung die Definitionen entsprechend handlungsleitender Ziele nicht schon (wie etwa für die staatsorganisatorisch strenger codefizierten Verhältnisse in Kontinentaleuropa) vorgegeben sind, sondern eben doch im Rahmen teilweise langanhaltender und zudem politisch konflikthafter Prozesse zu konkretisieren sind. Für den Fall der Definition von NPM-Zielen einer Verwaltungsmodernisierung wird daher auch von ausschlaggebender Bedeutung, dass hier – bei sich zuspitzenden Krisenerscheinungen – die bis dato als verpflichtend geltende Idee eines gewissermaßen allzuständigen Wohlfahrtsstaates im Rahmen langanhaltender politischer Auseinandersetzungen durch einen Satz an neo-klassischen Wirtschafts- und Soziallehren verdrängt wird. Der kritische Gesichtspunkt ist daher, dass es hier bei der Definition von Krisenerscheinungen und der Möglichkeiten ihrer Bewältigung auch nicht mehr um die Frage geht, wie sich ein vermeintlich unaufhörlich wachsendes Ressourcenaufkommen durch eine weitere Optimierung systeminterner Planungs- und Entscheidungsprozesse in möglichst (sachlich) effektiver Weise für die Realisierung gesellschaftsweiter Wohlfahrts- und Versorgungsziele einsetzen lässt. Ganz im Gegenteil setzt sich im Zuge einer solchen Umorientierung (insbesondere auf seiten der neuen Verwaltungseliten in den Premier's Offices und den Treasuries – also bei den sog. Economic Rationalists)[16] die mehr und mehr verbindlich

---

[16] Vgl. hier die sehr pointierte Position bei: *Pusey, M.*, Economic Rationalism in Canberra: A Nation-Building State Changes its Mind, Cambridge 1991; *Campbell, C./ Halligan, J.*, Politi-

werdende Einschätzung durch, dass die chronisch gewordenen Finanz- und Haushaltskrisen (auch gerade unter dem Druck einer zunehmenden "Globalisierung" und eines forcierten internationalen Wettbewerbs) den regelungsbedürftigen Problemstellungen nach als ein grundlegendes (gleichzeitiges) Staats- und Marktversagen (jeweils als Missverhältnis von nachgefragten und angebotenen Leistungen) zu definieren sind – als Probleme einer gesamtwirtschaftlichen Fehlallokationen von Ressourcen.[17] Schon prinzipiell geht es daher nicht mehr nur um das Ziel der Optimierung systeminterner Planungs- und Entscheidungskapazitäten, sondern um die Optimierung der Ressourcenverteilung im Verhältnis von Staat und Gesellschaft bzw. Wirtschaft.

Entsprechend dieser Art an Problemdefinition ist klar, dass es bei den anstehenden Modernisierungen des Managements von Staat und Verwaltung – den ausschlaggebenden Zielsetzungen nach – nicht mehr in bekannt konventioneller Weise darum gehen kann, entweder (im Sinne einer neo-kameralistischen Strategie) zu einer weiteren Verbesserung der Einnahmeseite durch Steuer- und Abgabenerhöhungen zu kommen – oder sich aber mit einer weiteren Perfektionierung interner Planungsprozesse um eine Optimierung der externen Leistungswirksamkeit staatlich-administrativen zu bemühen. Die hier zugrunde gelegte Definition eines grundlegenden Staats- und Marktversagens führt hingegen von Anfang an dazu, entsprechende Modernisierungen oder Reformen – den gewollten Zielsetzungen nach (sowohl unter ordnungspolitischen – als auch produktionstechnischen Gesichtspunkten) auf die Verfolgungen einer verändert definierten Ziel- und Wachstumsfunktion zu beziehen. Wie es hier den einschlägigen neo-liberalen Konzepten entspricht, setzt sich dabei zunächst auch die wirtschaftspolitisch relevante Einschätzung durch, dass es konzeptionell nicht mehr darum gehen kann, sich zunächst mit erheblichen staatlichen Regulierungen (mit Mittel einer keynesianischen Wirtschafts- und Finanzpolitik) die nationalen Volkswirtschaften als gut plan- und steuerbare Wachstums- und Ressourcenpools zu unterwerfen, um dann den Prozessen der Bruttowertschöpfung um so besser die notwendigen Ressourcen für eine Verfolgung politischer Versorgungsziele in nicht-marktlichen Handlungsbereichen (wie Erziehung/ Ausbildung oder Gesundheit) abzuschöpfen zu können. Ganz im Gegenteil wird hier eher der Einsicht gefolgt, dass eben das bereits erreichte Maß an Globalisierung

---

cal Leadership in an Age of Constraints: The Australian Experience, Pittsburgh and London 1992,pp. 124; *Keating, M.,* The Influence of Economists, in*: King, S./ Lloyd, P. (eds.),* Economic Rationalism, Dead End or Way Forward?, Sydney 1993,p. 71

[17] Vgl.: *Walsh, K.,* Public Services and Market Mechanisms, Competition, Contracting and the New Public Management, London 1995, pp. 29

dazu anhalten sollte, nun geradezu in Umkehr dieser Perspektive mit einer for-cierten Übertragung von marktlicher Tauschprinzipien auf weitere gesellschaft-lichen Sektoren (also auch Staat und Dritter Sektor) seinerseits dafür zu sorgen, dass sich zu einer insgesamt verbesserten "internationale Wettbewerbsfähigkeit" kommen lässt.[18] In dieser Art und Weise wird dann auch davon ausgegangen, dass man mit der Produktion staatlicher Leistungen selbst – und zwar durch ständigen Vergleich mit den hier ausschlaggebenden Opportunitätskosten orga-nisatorisch alternativ arrangierter Leistungsanbieter – zu einem grenzertragsop-timalen Gebrauch knapper Ressourcen zu kommen – und auf diesem Wege nun auch zu selbst gezielt zur gesamtwirtschaftlich relevanten Wertschöpfung (Va-lue-Adding) beizutragen hat.[19] Gerade an der dann auch stärker institutionell ge-führten staatstheoretischen Debatte um das "Redrawing the Lines" wird dann deutlich, dass die übergeordnete Zielsetzung von NPM-Ansätzen in der unter Wachstumsgesichtspunkten zu verbessernden gesamtwirtschaftlichen Allokation von Ressourcen zu sehen ist.[20]

Auf der nächstfolgenden Ebene der Konkretisierung – also auf der einzelwirt-schaftlichen Ebene – führen diese Zielsetzungen bekanntlich dazu, dass das Handeln einzelner Verwaltungseinheiten typischerweise auf die verschiedenen Komponenten des "Value for Money" Konzeptes – auf die 3Es, auf Economy, Efficiency und Effectiveness, zu beziehen ist.[21] Was sodann die Anwendung die-ses Konzeptes anbetrifft, kann es der implizit gegebenen Logik schon einmal entsprechen, dass nun die Leistungserstellung einzelner Verwaltungseinheiten – allerdings bereits im Rahmen wettbewerbsmäßig geöffneter Purchaser-Provider Splits – auf die vergleichsweise kürzer gefasste bzw. veranschlagte Zielgröße einer möglichst kostengünstig zu erstellenden Leistungsmenge (dem Output) – darüber hinaus aber auch auf Gesichtspunkte wie Zeitgerechtigkeit (Timeliness)

---

[18] Hier besonders: *Hindess, B.*, Neo –Liberalism and the National Economy, in: *Dean, M./ Hindess, B. (eds)*, Governing Australia, Studies in Contemporary Rationalities of Govern-ment, Cambridge 1998, p. 223

[19] Was zunächst insbesondere für die neuseeländische Position gilt, vgl.: *The Treasury*, Gov-ernment Management, Brief to the Incoming Government 1987, Vol. 1, Wellington 1987, p. 3; *Goldfinch, S./ Roper, B.*, Treasury's Role in State Policy Formulation during the Post-War Era, in: *Roper, B./ Rudd, C. (eds)*, State and Economy in New Zealand, Auckland 1993, pp. 50-74

[20] Vgl. als Beispiel: *Codd, M.*, Better Government Through Redrawingf Boundaries and Func-tions, in: *Weller, P./ Davis, G. (eds.)*, New Ideas, Better Government, Singapore 1996, pp. 164-185,

[21] *Rhodes R. A. W.*, Understandig Governance, Buckingham, 1977, p. 93

und kundenbezogene Qualität – zu beziehen ist.[22] In dieser Hinsicht ist dann auch schon feststellbar, dass es zu den hier notwendigen Umstellungen auf ein kaufmännischen Rechnungswesen (als full-accrual accounting system) und auch entsprechend einschlägige Verfahren der Kostenermittlung (insbesondere dem prozessbezogenen Activity Based Costing) gekommen ist. Zum anderen entspricht es allerdings der Logik des "Value for Money" Konzeptes genauso, dass nun diese Art der Leistungserstellung (also der kostenbewertete Output) – und zwar in Abspiegelung der übergeordneten gesamt wirtschaftlichen Zielsetzung – auch noch auf die dabei als ausschlaggebend angesehenen, politisch gewollten umfeldbezogenen "Auswirkungen" zu beziehen ist, hier also die "Links" zwischen den Outputs und den Outcomes herzustellen sind. Selbst wenn es dabei noch weitere Erfassungs- und Zurechnungsprobleme zu überwinden gilt, ist diese Logik also darauf angelegt, dass sich also auch die politische Nachfrage nach "öffentlich relevanten Leistungsmengen" (etwa die Zahl zusätzlicher Hochschulabsolventen) nach Maßgabe möglichst geldwertmäßig bestimmbarer Beiträge für die gesamtwirtschaftliche Wertschöpfung bemisst (hier etwa im Sinne der positiven Effekte für die Entwicklung des Erwerbstätigenpotentials und der Arbeitsproduktivität als grundlegende Bedingungen eines weiteren wirtschaftlichen Wachstums).

Anhand dieser Operationalisierungen wird deutlich, dass es den NPM-Konzepten dem Grunde nach darum geht, auf die als ausschlaggebend erkannten Probleme einer gesellschaftlichen Fehlallokation nun auch mit der entsprechend weitreichenden Zielsetzung eines zu verbessernden wertschöpfungsoptimalen Einsatzes von Ressourcen zu reagieren. In dieser Hinsicht kann dann auch gar nicht (etwa im Vergleich zu anderen Ansätzen) geleugnet werden, dass hier der Versuch gemacht wird, die chronisch gewordenen Krisenerscheinungen nach Maßgabe ökonomischer Rationalitätskriterien zu bewältigen. Dabei zeigt sich dann zwar an den verschiedenen Operationalisierungen des "Value for Money"-Konzeptes (im übrigen auch an den entsprechend populär gewordenen Programmen "Competing for Quality" und "Not Dollars Alone"), dass es hier auch noch genügend Flexibilitäten für eine Berücksichtigung "gebrauchswertorientierter" Bewertungen bzw. von Nutzengrößen des Verwaltungshandelns gibt.[23] Gleichwohl lässt sich an den verschiedenen Konzepten einer NPM-

---

[22] Als praktisches Beispiel vgl.: *Treasury*, Executive Agencies, A Guide to Setting Targets and Measuring Performance, London, 1992

[23] Als Überblick zu der gängigen Praxis: *OECD*, In Search of Results, Performance Management Practices, Paris 1997, pp. 97 und auch: *Cabinet Office*, Competing for Quality, An Efficiency Unit Scrutiny, London 1996

Modernisierung (wie eben die Einrichtung von Purchaser-Provider Splits oder des Accrual Accountings) recht gut erkennen, dass hier eben die Anpassung der Managementbedingungen (der Größen der internen "Managementumwelt") mehr oder weniger nahtlos auf die Ermöglichung eben von "Vorteilhaftigkeitsvergleichen" – wenn möglich, auch in Form geldwertmäßiger Grenzertragbetrachtungen – ausgerichtet ist. Trotz wiederholt gemachter Anstrengungen, zu einer Berücksichtigung auch der traditionellen Anforderungen an das Verwaltungshandelns, wie etwa von Probity, Fair Treatment und Equal Access, zu kommen, steht hier die Überzeugung der "Economic Rationalists" im Vordergrund, dass eben doch nur im "Markt" bzw. im "Preis" verlässliche Mittel einer Wertbestimmung zu sehen sind – oder stärker anwendungsorientiert, dass eben nur in der Steuerung der Leistungserbringung nach "Formalzielen" ein brauchbares Mittel zur Bewältigung einschlägiger Krisenerscheiungen zu sehen ist.[24]

3.4. Konzepte

Für die NPM-Konzepte einer Staats- und Verwaltungsmodernisierung ist schließlich typisch, dass die Anwendung neo-klassischer Sozial- und Wirtschaftslehren nun auch zur Ableitung und Entwicklung ausgesprochen problemgerecht wirkender Strategien der Krisenbewältigung führt.

Für die Entwicklung entsprechender NPM-Konzepte ist dabei zunächst ausschlaggebend, dass hier die an sich regelungserheblichen Problemstellungen in besagter Weise in den Problemen eines fortgeschrittenen Staats- und Marktversagens gesehen werden. Aus der Sicht der hier zum Zuge kommenden Ansätze sind dann in der zunehmenden Bürokratisierung allgemeiner gesellschaftlicher Verhältnisse (Monopolbildungen/ Hierarchisierung/ Kollektivverbindliche Regelungen von Leistungsansprüchen) und einer damit einher gehenden Erosion des Prinzips von "Leistung" und "Gegenleistung" (bzw. von "Zahlern" und "Nutzern" in Leistungsprozessen) die eigentlich ausschlaggebenden Ursachen einer fortschreitenden Fehlallokation (für einen einzel- als auch gesamtwirtschaftlich unproduktiven Ressourcengebrauch) zu sehen.[25] Entsprechend dieser Art an Definition regelungserheblicher Problemstellungen ist auch nur erwartungsgemäß, dass nun – zumindest dem Prinzip nach – das eigentliche Leitbild

---

[24] Zu den hier weiterhin kontrovers diskutierten Einschätzungen vgl.: *Orchard, L.,* Managerialism, Economic Rationalism and Public Sector Reform in Australia, Connections, Divergences, Alternatives, in: *Australian Journal of Public Administration,* Vol. 57, March 1998, pp. 19-32

[25] Vgl. wieder: *Clarke, J./ Newmann, J.,* The Managerial State: Power, Politics and Ideology in the Remaking of Social Welfare, London 1997, p. 15

für eine angemessene Krisenbewältigung in einer Öffnung der bis dato überwiegend monopolistisch-bürokratischen Produktion öffentlicher Leistungen zugunsten eines möglichst marktlichen Wettbewerbs – inklusive geldwertmäßig bewerteter Vergleichs- und Tauschprozesse (und nicht nur in der "Corporatization" von Verwaltungseinheiten oder der Kommerzialisierung im Sinne der Einführung von Gebühren) gesehen wird.[26] Anhand der konkreten Entwicklung zeigt sich dabei allerdings (insbesondere an der hier auch gebräuchlich werdenden Unterscheidung der eingeschränkten Formen von Finanzierungs- und Produzentenmärkten gegenüber denen von Verbrauchermärkten), dass man hier bei der Ableitung konkreter Änderungen durchaus auf die "technischen" Besonderheiten einer öffentlichen Güterproduktion (wie etwa Nichttrivalität im Konsum oder einer grenzkostenlosen Mehrnutzung eines Gutes) Rücksicht zu nehmen vermag. Wie es schon insbesondere von den neo-institutionellen Ansätzen der Ökonomie angezeigt wird, wird hier auch nur von "unvollkommenen" Marktverhältnissen , also von im Prinzip auch stärker institutionell und vertraglich zu arrangierenden Leistungsverhältnissen ("managed markets") ausgegangen.[27]

Selbst wenn es sich dabei um schrittweise Entwicklungen handelt, ist nun gar nicht zu verhindern, dass konkrete NPM-Konzepte einer Staats- und Verwaltungsmodernisierung – vor einem solchen Hintergrund – mehr oder weniger zwangsläufig zu umfassend angelegten Ansätzen eines Re-Assessments – wenn nicht gar des Re-Inventings – des Gesellschaftsaufbaus geraten. Die dabei zugrundegelegten Interpretationen von Krisenerscheinungen als Staats- und Marktversagen (und die unter Einfluss zunehmender Globalisierungstendenzen neu entwickelte Definition des Verhältnisses von Staat und Wirtschaft) führt dann bekanntlich auch im Sinne einer praktisch relevanten Entwicklung dazu, dass es zu einer Re-Fokussierung der Rolle bzw. der Funktion des Staates (bzw. von Politik) im Verhältnis zur Wirtschaft, aber auch der Zivilgesellschaft kommt (also auch zur Neubestimmung sog. Governance-Strukturen). Im Sinne auch praktisch durchgeführter Anpassungen zeigt sich bei den NPM- Kernanwendern der Versuch, die Rolle bzw. die Funktion des Staates (oder den Aufgabenbestand und die Art der Aufgabenerledigung) von der eines rational überlegenen Wohlfahrtsstifters (und eines Produzenten öffentlicher Leistungen) auf die Größenordnung eines "Contract States" bzw. einer "Enabling Authority" zuzuschnei-

---

[26] Vgl. wieder: *Walsh, K.*, Public Services and Market Mechanisms, Competition, Contracting and the New Public Management, London 1995, pp. 81

[27] Zu den unterschiedlichen Marktformen vgl.: *Hogget, P.,* New Modells of Control in the Public Service, in : *Public Administration*, Vol. 74, Spring 1996, pp. 8-32

den.[28] Gemäß dieser Art der Neudefinition bzw. Re-Invention geht es dann auch nicht mehr darum, nun gerade in der monopolartigen bzw. hierarchisch-vertikal geschlossenen Produktion öffentlicher Leistungen (also in einer extrem hohen Ressourcenbeanspruchung/ einem hohen Anteil an Eigenfertigung/ dem überlegenen Sachverstand eines hoch-professionalisierten Civil Service und bürokratisch organisierter "Vertriebsstrukturen") bestmögliche Mittel der Aufgabenerledigung zu sehen. Ganz im Gegenteil soll mit dieser Chiffre deutlich werden, dass es (neben einer prinzipiellen Indienstnahme für die zu verbessernde internationale Wettbewerbsfähigkeit) nunmehr darum geht, mit dem Mittel geschäftsmäßig oder vertraglich zu entwickelnder Leistungsbeziehungen bzw. auch schon mit (quasi-)marktlichen Formen der Auftragsvergabe wieder Anschluss an die Nutzenvorstellungen der Bürger zu finden, Möglichkeiten der Produktivitätssteigerung aufzudecken – und somit für die nachgesuchte gesamtwirtschaftliche Optimierung des Ressourceneinsatzes zu sorgen.

Diese Art der Neudefinition bzw. des Re-Inventings führt bekanntlich auf der Ebene des Verwaltungsmanagements quasi nahtlos dazu, dass es zu dem für das NPM-Konzept insgesamt typischen Paradigmenwechsel – zur Entwicklung und Einführung eines wettbewerbsorientierten Kontraktmanagements kommt.[29] Entsprechend den hier einschlägigen Leitbildern der Principal-Agent Ansätze laufen die erkennbaren Änderungen grundsätzlich darauf hinaus, das bisherige monopolistisch-hierarchische System einer staatlichen Leistungserstellung (gerade im Falle der hier dominanten, vertikal stark integrierten Formen des Westminster Modells) zugunsten einer Vielzahl von Auftraggeber-Auftragnehmer Beziehungen und insoweit auch für zumindest marktähnliche Wettbewerbs-, Vergleichs- und Tauschprozesse zu öffnen.[30] Die Öffnung der bisher monopolistisch-hierarchischen Produktionsform zugunsten eines "lose gekoppelten" Systems von politischem Zentrum und einer variierenden Zahl auch rechtlich unter-

---

[28] Vgl.: *Deakin N./ Walsh K.*, The Enabling State: The Role of Markets and Contracts, in: *Public Administration*, Vol. 74, Spring 1996, pp. 33-48; *Self, P*, Government by the Market?, The Politics of Public Choice, London 1993; *Saward, M.*, In Search of the Hollow Crown, in : *Weller, P./ Bakvis, H. and Rhodes, R. A. W. (eds.)*, The Hollow Crown, London, pp. 16-36

[29] Vgl. dazu das am weitesten ausgebaute Beispiel des Bundesstaates Victoria/ Aus. bei: *Armstrong, A.*, A Comparative Analysis: New Public Management – The Way Ahaed? in : *Australian Journal of Public Administration*, Vol. 57, Number 2, pp. 12-24

[30] Vgl. zu diesen Zusammenhängen: *Althans, C.*, The Application of Agency Theory to Public Sector Management, in: *Davis, G. et al. (eds.)*, The New Contractualism, South Melbourne 1997, pp. 137 – 153

schiedlich verfasster Leistungsanbieter (vgl. hier insbesondere die unterschiedlichen Fassungen des Local Government Acts im UK) soll dabei insbesondere den "politischen Führungen" die Möglichkeit geben, das für eine Realisierung politisch relevanter Zielsetzungen notwendige Leistungsangebot (etwa den Output für Gesundheit oder Erziehung) nun aus einem dezentralen Leistungswettbewerb und somit auch nach Maßgabe der jeweils überlegenen Kostenwirtschaftlichkeit einzelner Leistungsangebote (zumeist eben doch Per Unit Costs auf der Basis von Vollkosten) gedeckt zu bekommen. Die Öffnung gegenüber dem Wettbewerb führt hier dazu, dass sich nicht nur Produktivitätsvorteile erkennen lassen, sondern dass sich – allerdings auf der Basis der Kalkulation absatzfähig erscheinender Preis-Mengen Kombinationen – genauere Vorstellungen über den Verlauf von Nachfragefunktionen und in diesem Sinne über den Bedarf an einer alternativen Verwendung knapper Ressourcen entwickeln lassen.

Was die Entwicklung einzelner Modellkomponenten anbetrifft, sind alle Designaktivitäten darauf gerichtet, die organisatorischen, verfahrensmäßigen sowie kriterienmäßigen Voraussetzungen dafür zu schaffen, dass sich – einem neuen Paradigma des Verwaltungsmanagements entsprechend – die Aufgabenerledigung nun im Sinne einer Auftragsvergabe im Rahmen eines dezentralen Leistungswettbewerbs (im Sinne einer gut geordneten Principal-Agent-Beziehung) organisieren lässt. Daher geht es bei der Entwicklung von Modellkomponenten bzw. von Instrumenten zunächst einmal darum (und zwar mit Mitteln der Leistungstiefenpolitik/ des Business-Re-Engineering/ der Prozessorganisation/ der Output-Budgeting), öffentliche Verwaltungseinheiten überhaupt in den Stand zu versetzen, konkurrenzfähige Leistungsangebote (auf der Basis der "full economic costs") zu unterbreiten. Zum anderen geht es aber ebenso darum, dass auch "politische Führungen" in die Lage versetzt werden (und zwar mit Mitteln der Strategischen Planung, der Operationalisierung politisch relevanter Outcomes und angemessenen Verfahren der Spezifikationen von Purchase Agreements/ Einkaufvereinbarungen), nun auch in gezielter Art und Weise öffentlich relevante Leistungen (extern oder intern) nachzufragen. Im Kern all dieser Bemühungen geht es hier allerdings um die Regelung des Problems, wie sich nun mit Hilfe des Performance Contractings (als Teil eines umfassend angelegten ebenenüberschreitenden Systems des Performance Managements) – genauer, mit der Entwicklung aufgabenadäquater Belohnungs- und Anreizfunktionen – sicherstellen lässt, dass die dem Agenten – im Zuge einer Eröffnung eines dezentralen Leistungsverhältnisses – überlassene Budgetsumme nun auch bei uneingeschränkter Aktivierung des jeweilig verfügbaren Leistungsvermögen für eine Erfüllung der

politisch vorgegebenen Leistungsspezifikationen eingesetzt wird.[31] Zusammenfassend gesagt, sind hier also die Entwicklungen darauf gerichtet, dass und wie
die Leistungsvorteile dezentral-wettbewerblicher Leistungsverhältnisse (eben
Sachverstand und Zeitvorsprung) ohne die ansonsten zu kalkulierenden nachtei-
ligen Effekte opportunistischen bzw. zielabweichenden Verhaltens für die erhofften Produktivitätssteigerungen genutzt werden können.

Soweit es hier Zug um Zug um eine weitere Vervollständigung des NPM-
Konzeptes zu einem "Fully fledged model" des Managements von Staat und
Verwaltung kommt, ist dann zwar klar, dass sich bei entsprechenden Designaktivitäten mehr oder zwangsläufig immer wieder aufs Neue an den funktionalen
Voraussetzung einer Initiierung dezentral-wettbewerblicher Leistungsprozesse
orientiert wird. So ist eben auch an den verschiedenen jüngeren Umstellungen –
wie etwa der Entwicklung des "Accrual Accounting and Output-Budgetings",
dem weiteren Umbau der Makro- und Mikro-Organisation zu strategischen
Netzwerken bzw. zugunsten hoch-flexibler Agenturen oder den Umstellungen
auf ein stark produktionstheoretisch geprägtes Konzept eines "New Public Service" – recht gut zu erkennen, wie hier die Designaktivitäten darauf ausgerichtet
sind, öffentliche Verwaltungen zu leistungsstarken Wettbewerbsteilnehmern
("efficient players") umzubauen – also die weiteren Voraussetzungen dafür zu
schaffen, dass sie von sich aus (also durch Optimierung ihrer Angebotsfunktio-
nen) Prozesse der Über- oder Unterbietung zu initiieren vermögen, dass sie
demgemäß zur Aufdeckung von Vorteilhaftigkeiten – und auf diesem Wege
schließlich auch zu einer schrittweisen Realisierung angestrebter Produktivitäts-
steigerungseffekte beizutragen vermögen. Wie es sich an diesen weiteren Schritten einer Komplettierung von Konzepten aber ebenso zeigt, geht es hier – der
Tendenz nach – allerdings nicht schon um den bloßen Transfer bereits vorlie-
gender Modelle (und schon gar nicht nur um eine unreflektierte Übernahme pri-
vatwirtschaftlicher Handlungsformen), sondern doch um eine schrittweise und
zudem auch experimentell voranschreitende Anwendung und Konkretisierung
entsprechender "Ideen" für den öffentlichen Sektor.

---

[31] Vgl. zu all diesen Fragen der Ausgestaltung des neuen Managementsystems: *Davis, G./
Wood, T.,* Is there a Future for Contracting in the Australian Public Sector, in: *Australian
Journal of Public Administration,* Vol. 57, December 1998, Number 4, pp. 85-97; *Stoker, G.
(ed.),* The New Management of Britisch Local Governance, London 1999; *Koch, R.,* Kontraktmanagement und Personalführung in öffentlichen Verwaltungen, Systemgerechte Entwicklung von Managementinstrumenten als Realisierungsbedingung von NPM-Reformen, in:
Damkowski, W./ Precht, C. (Hrsg.), Moderne Verwaltung in Deutschland, Public Management in der Praxis, Stuttgart 1998, S. 442-453

3.5. Implementierung

Für den Fall der Umsetzung im engeren Sinn ist zu bedenken, dass hier nicht nur besonders begünstigende Kontext- und Situationsbedingungen vorliegen, sondern dass darüber hinaus auf diese Bedingungen noch einmal mit vergleichsweise wirksamen Implementierungsstrategien bzw. Strategien der Verhaltensanpassung eingewirkt wird.[32]

Dabei ist zunächst davon auszugehen, dass das Objekt der Änderung selbst – die institutionelle und verfahrensmäßige Gliederung des öffentlichen Sektors in den angelsächsischen Staaten – nicht schon als ein dauerhaft starr festgelegter Strukturzusammenhang bzw. als ein hermetisch geschlossenes soziales Gebilde anzusehen ist. Ganz im Gegenteil ist hier davon auszugehen, dass die "Organisation" des öffentlichen Sektors (anders auch als für den Fall rechtlich streng kodifizierter Strukturen in Kontinentaleuropa) historisch-systematisch betrachtet schon immer als ein eher "fluides" Gebilde bzw. als ein "Experimentierfeld" oder als ein "Laboratorium" für die Erprobung höchst unterschiedlich gearteter Strukturvarianten anzusehen ist. Und gerade für den hier ausschlaggebenden Berichtszeitraum von forciert durchgeführten NPM-Verwaltungsmodernisierungen ist dabei festzuhalten, dass öffentliche Verwaltungen unter organisatorischen Gesichtspunkten – also auch dem Aufbau und Ablauf nach – gezielt nach dem Leitbild "Lernender Organisationen" (mit weitreichender Dezentralisation, Teamstrukturen, Workshops und Qualitätszirkeln) umgebaut werden. Gerade der australische Typus einer "High Performance Organisation" ist und soll dabei bereits strukturell auf "Kontinuierliche Leistungsverbesserung" angelegt werden.[33]
Für den gesamten Gang einer Initiierung und Durchführung von Modernisierungsprojekten ist also von vornherein zu bedenken, dass das Objekt denkbarer Änderungen nicht nur über eine größere strukturelle Flexibilität verfügt, sondern sich – im Sinne einer auf Dauer gestellten "Lernenden Organisation" zudem durch ein vergleichsweise hohes Niveau an Änderungsfähigkeit auszeichnet (im Sinne einer kollektiv verbindlichen Norm oder einer persönlichen Eigenschaft). Gerade die Strukturbedingungen einer "Lernenden Organisation" (mit ihren "double loop learning cycles") erweisen sich als ideale Voraussetzungen, um

---

[32] Als umfassendes Beispiel vgl.: *Metcalf, L.*, The Case of United Kingdom, in: *Corkery, J. et al. (eds.)*, Management of Public Service Reform, International Institute of Administrative Sciences Monographs. Vol. 8, Amsterdam 1998, p. 315

[33] Zu den einschlägigen Beispielen aus der Praxis u.a.: *Public Service and Merit Protection Commission*, APS Reform: Building on Good Practice, Canberra 1998, p. 2; als Darstellung aktueller Initiativen siehe unter: http://www.psmpc.gov.au/spmonline, Better Practice, Initiatives to Achieving a High Performance Organisation, 1999

hier bereits im Wege selbst induzierter Lernprozesse (im Stile des "aufdecken-den" bzw. "productive Learnings" bzw. als Prozesse des Kristallisations- und Wachstumslernens) Fähigkeiten/ Fertigkeiten für die Initiierung und Durchfüh-rung von Modernisierungen (für das Wahrnehmen von Leistungsdefiziten, für das Setzen von Zielen und das Entwickeln und Anwendung von Konzepten) entwickeln zu können. Im Sinne übergeordnet intervenierender Größen kommt[34] hier allerdings noch hinzu, dass schon allgemeine Umstände – wie etwa schwä-cher strukturierte bzw. offenere Gesellschaften, geringer ausgeprägte Dichoto-mien im Verhältnis von Staat und Privatwirtschaft sowie ein tendenziell stärker ausgeprägtes persönliches Leistungsmotiv (die "can-do-attitude") dafür sorgen können, dass sich schon prinzipiell an einer stärker ausgeprägten Innovationsbe-reitschaft – auch gegenüber makro-ökonomischen Reformen – anknüpfen lässt.

Für die bei NPM-Core Usern feststellbaren hohen Erfolgsraten in der Initiierung und Durchführung von Neuerungen ist jedoch letztlich ausschlaggebend (und zwar mit kalysatorischer Wirkung), dass hier nun auch mit Hilfe einer recht gut angepassten Implementierungsstrategie in ausgesprochen effizienter Weise von diesen Gegebenheiten Gebrauch gemacht werden kann. Dabei bleibt zwar wei-terhin der Umstand bedeutungsvoll, dass hier unter der Bedingung einer bereits vollzogenen Umstellung auf die Erfordernisse einer "Lernenden Organisation" der angestrebte Verhaltenswandel (überspitzt gesagt, der Wandel vom "Bürokra-ten" zum "Manager") nicht schon notwendigerweise durch Gewährung zusätzli-cher Anreize zu unterstützten ist (sieht man einmal von Qualifikationsmaßnah-men ab), sondern bereits als legitimes Erfordernis allgemeiner Mitgliedschafts-bedingungen abverlangt werden kann. Hinzu kommt hier allerdings, dass im Rahmen dieser Verhältnisse (und zwar neben dem steuernden Einfluss einer größeren Zahl an zentralen Einheiten, wie eben Efficiency Units, Mangement and Advisory Boards, etc.) nun auch noch ein vollends umgebautes Top Mana-gement-System (die sog. Senior Executive Services) als eigentliche Promotoren bzw. Träger systemweit angelegter Managementreformen aufzutreten beginnt[35] .

---

[34] Als Beispiel aus der Praxis: *Zanetti, C.,* Managing Change: Focus on Improving Service Quality, in: *Australian Journal of Public Administration*, Vol. 57, December 1988, pp. 3-13; *Hindle, D./ Braithwaite, J.,* Product Costing, Managerialism and Organisational Learning: Some Insights from a Case Study from the Tasmanian Health Sector, in: *Australian Journal of Public Administration*, Vol. 57, June 1998, pp.36-45

[35] Vgl.: *Koch, R.,* Senior Civil Servants as Entrepreneurs, Towards the Impact of New Public Management Concepts on Personnel Management, 2nd Edition, Beiträge zur Verwaltungswis-senschaft, Nr. 26, Universität der Bundeswehr Hamburg, 1994

Da das Führungspersonal streng leistungsorientierten Beschäftigungsbedingungen unterworfen wird, sorgt es nun auch schon von sich aus dafür, dass die Einführung mikro-ökonomischer Voraussetzungen eines wettbewerbsorientierten Kontraktmanagements (so z.b. ein fortwährendes Re-Engineering, die Optimierung der Leistungstiefe und das Contracting-Out) zur alltäglichen Leistungsanforderung wird – dass es so auch zu einer Verstetigung von Modernisierungsaktivitäten kommt.

Zusammenfassend betrachtet wird daran deutlich, dass hier der Umstand einer schrittweisen Überführung der klassischen bürokratischen Organisation in eine "Lernende Organisation" eine zunehmend kritische Bedeutung – als vorausliegende Randbedingung bzw. als strategisch einsetzbares Implementationsinstrument – für die Entwicklung und Durchführung von NPM-Modernisierungen zu gewinnen beginnt. Dabei ist allerdings angesichts gegebener Erfahrungen ebenso daran zu denken, dass von der Aktivierung bzw. Mobilisierung des öffentlichen Sektors als "Lernender Organisation" nicht immer nur positive Wirkungen für die Durchführung systemweit angelegter Managementreformen auszugehen haben. Denn wie es u.a. auch für das UK bekannt ist, kann die auf Dauer vorgenommene Umstellung auf kontinuierliche Lernprozesse auch eine zunehmende Zahl relativ unverbunden miteinander agierender Modernisierungsakteure auf den Plan rufen (vom Prime Minister's Office über die Treasury bis hin zum National Audit Office). Die Umstellung auf kontinuierliche Lernprozesse kann im denkbar negativen Fall auch zu einer Zahl an dezentralen Modernisierungsprojekten führen, die sich dann im Rahmen laufender Prozesse auch mit den Mitteln einer veränderten Führungsstruktur nicht mehr wirkungsvoll auf gemeinsame Zielgrößen hin koordinieren lassen![36]

4. Erfolge

Schließlich zeigt sich bei den untersuchten NPM-Kernanwendern, dass die hier (bei deutlicher Konvergenz einzelner Praktiken) eingeschlagenen Wege der Krisenbewältigung nicht nur mit vergleichsweise hohen Umsetzungsraten geplanter

---

[36] Vgl. dazu: *Stoker, G.,* The Unintended Costs and Benefits of New Management Reform for British Local Government, in: *Stoker, G (ed.),* The New Mangement of British Local Government, London, 1999, S. 5; *Koch, R.,* Das United Kingdom als Core-NPM Reformer, Zu den Design- und Implementationsproblemen einer erfolgreichen Verwaltungsmodernisierung, in: *Verwaltung und Fortbildung (VuF),* 26. Jahrgang Nr. 2/1998, insbes. S. 156

Reformprogramme verbunden sind, sondern dass sie zudem in auffälliger Weise – und zwar gemäß veranschlagten Zielen – zu den gewollten Erfolgen führen.[37]

Dabei ist dann zunächst einmal zu erkennen, dass die hier gewählten Formen der Krisenbewältigung zu einer auffälligen Verbesserung der mikro-ökonomischen Effizienz in der staatlichen Aufgabenerledigung führen (Positive Budgetabschlüsse/ Verringerte Per Unit Costs).[38] Auf der Basis erster Wirkungsüberprüfungen lässt sich dabei feststellen, dass es hier nicht nur vordergründig um den Einfluss einmaliger Sparaktionen, eines bloß linearen Personalabbaus oder anderweitig verschlechterter Arbeitsbedingungen geht. Denn bei einer genauen Analyse wird deutlich, dass hier gerade die neuartigen institutionellen und verfahrensmäßigen Bedingungen einer veränderten Managementpraxis – und insoweit die Umstellung auf ein wettbewerbsorientiertes Kontraktmanagement (allerdings bei unterschiedlichen Verwirklichungsgraden) ausschlaggebend werden für die verbesserte (Stück-) Kosteneffizienz bzw. für die verbesserten Kosten-Leistungsrelationen.[39] Empirisch schlägt hier auch der veränderte Eindruck von Spitzenbediensteten durch, dass sie im Zeichen weitgehender Delegationen von Verfügungsrechten nun auch und gerade durch ein persönlich verbessertes "Dispositionsverhalten" für den eigenen weiteren beruflichen Erfolg zu sorgen haben. Daher spricht dann auch einiges dafür, dass bei dem hier eingeschlagenen Weg nun auch bereits erste Produktivitätssteigerungen (und insoweit auch die erwünscht nachhaltigen Leistungsverbesserungen) zu einer Verbesserung der mikro-ökonomischen Effizienz der Aufgabenerledigung führen.

Zum anderen zeigt sich jedoch ebenso (und zwar auf der Basis vergleichender und intertemporaler Statistiken der OECD), dass eine solche mikro-ökonomisch bzw. einzelwirtschaftlich verbesserte Effizienz nun auch in einem Zusammenhang mit einer verbesserten Nutzung bzw. Allokation knapper volkswirtschaftlicher Ressourcen im Gesamtmaßstab zu sehen ist.[40] So ist hier ja gerade für den

---

[37] Generell zur Umsetzung von Reformprogrammen vgl.: *Task Force on Management Improvement*, The Australian Public Service Reformed, An Evaluation of a Decade of Management Reform, Canberra 1993, pp. 60; *Schick, A.*, The Spirit of Reform, Managing the New Zealand State Sector in an Time of Change, Wellington 1996, p. 2

[38] Vgl. *Scott, G./ Ball, I. and Dale, T.*, New Zealand's Public Sector Management Reform, in: *Clark, C./ Corbett, D. (eds.)*, Reforming in the Public Sector, Problems and Solutions, Adelaide, pp.53-76; *Goldfinch, S.*, Refoming the Public Sector in New Zealand, A Sceptical Analysis, in: *Canberra Bulletin of Public Administration*, No. 89, August 1998, pp. 128-141

[39] Zu den entsprechenden Ergebnissen: *Walsh, K.*, Public Services and Market Mechanisms, Competition, Contracting and the New Public Management, London 1995 p. 233

[40] Vgl. hierzu allgemein:

Fall der ausgesprochen radikal auftretenden NPM-Anwender (vgl. hier die jüngeren Daten zur australischen Entwicklung) feststellbar, dass die eher betriebsintern erzielten Effizienz- und Produktivitätssteigerungen nun auch noch (wenngleich zeitlich verschoben) in einem auffälligen Zusammenhang mit einer grundlegenden Erholung gesamtwirtschaftlicher Leistungsdaten zu sehen sind (Rückläufiger Staatsanteil/ Steigende Wachstumsraten/ Sinkende Arbeitslosenquoten). Selbst wenn es hier Probleme einer exakten kausalen Zurechnung gibt, kann angesichts dieser Entwicklungen also nicht ausgeschlossen werden, dass die NPM-Anwendungen – allerdings vermittelt über die makro-organisationalen bzw. ordnungspolitischen Implikationen – nun auch schon erste positive Effekte für die Bewältigung des hier ja grundlegenden Problems eines eher umfassend zu sehenden Staats- und Marktversagens zeitigen.

5. Zum Aufbau eines Referenzmodells für Verwaltungsmodernisierung

Im abschließenden Teil dieser Arbeit geht es darum, die bei den NPM-Core-Usern gemachten Erfahrungen – und zwar durch theoriegeleitetes Gewichten und Verknüpfen einzelner Einflussgrößen (bei aller einzuräumender Vorläufigkeit entsprechender Modellkonstruktionen) – zu einem praktisch erheblichen Referenzmodell bzw. zu einem systematischen Satz erfolgserheblicher Zweck-Mittel-Zusammenhänge zur Initiierung und Durchführung groß angelegter Projekte der Verwaltungsmodernisierung zu verarbeiten.[41]

In diesem Zusammenhang ist erkennbar, dass bei der Entwicklung entsprechender Modellvorstellungen höchst unterschiedliche Aspekte als Erkenntnisproblem (als Problem einer angemessenen Gestaltung und Steuerung) zugrunde gelegt werden – hier also bei Öffnung der Untersuchungsperspektive auch schon auf Fragen einer denkbaren Kompatibilität von "demokratischem und sozialem Rechtsstaat" und den Möglichkeiten einer mikro-ökonomischen Rationalisierung der Verwaltung abgestellt wird. Gemäß unseren eigenen meta-theoretischen

OECD, Main Economic Indicators, March, Paris 2002; http://www.oecd.org/puma/gvrnance/surveys/pubs/report98/surv98au.htm *OECD*, Country Report: Australia 1998, insbes. auch die Verweise im Annex C.
[41] Zu den dabei noch generell zu bedenkenden Anforderungen an die Erarbeitung einer Theorie des New Public Managements vgl.: *Gray, A./ Jenkins, B.*, From Public Administration to Public Management, Reassessing a Revolution?, in *Public Administration*, Vol.73, Spring 1995, p.95; *Peters, B. G.*, Explaining Success in Administrative Reform, in: *Wollmann, H./ Schröter, E. (eds.)*, Comparing Public Sector Reform in Britain and Germany, Key Traditions and Trends of Modernisation, Aldershot et al., pp. 351-363

Festlegungen geht es hier allerdings zunächst einmal darum, ein solches Referenzmodell im Zusammenhang der Erfassung und Bewältigung bestands- bzw. legitimationsgefährdend wirkender Leistungskrisen zu entwickeln. Unter inhaltlichen Gesichtspunkten wird hier daher auch der Umstand bzw. das quasi epochale Erlebnis bereits chronisch gewordener Wirtschafts- und Finanzkrisen zum eigentlichen Angelpunkt für die Entwicklung eines übergeordnet relevanten, erfolgserheblichen Erklärungs- und Gestaltungszusammenhanges. Entsprechend unseren weiteren Einschätzungen geht unsere eigene Analyse (auf der "Objektebene") also auch davon aus, dass eben erst mit der Dynamik bzw. den "Verlaufsgesetzlichkeiten" sich legitimationsbedrohend zuspitzender Leistungskrisen (und nicht schon mit den anderweitig zeitlich vorausliegenden Kontingenzprofilen) die eigentlich ausschlaggebenden Bedingungen und Möglichkeiten für eine Gestaltung und Steuerung von Modernisierungen gesetzt werden. Bei weiterer Verfeinerung zeigt sich zudem, dass hier einige weitere "prominente Ereignisse" (eben auch die Erfahrung mit den unzureichenden Wirkungen bloß binnenorganisatorischer Rationalisierungen) relevant werden. Aus dieser Art einer materialtheoretischen Konstruktion ergibt sich dann zwar grundsätzlich, dass sich die Geltung bzw. Anwendbarkeit nicht so sehr nach Maßgabe jeweils vorausliegender Rahmenbedingungen als vielmehr nach den praktisch erheblichen Erfahrungen in der Krisenbewältigung bestimmt. Bei reflexiver Betrachtung wird hier allerdings sogleich klar, dass solche Krisenerscheinungen nun selbst als ein Indiz für noch ungelöste Leistungs- und Anpassungsprobleme im Verhältnis von Staat/ Verwaltung hier und Gesellschaft dort anzusehen sind.[42]

Entsprechend dieser krisentheoretischen Fundierung des Referenzmodelles ist dann auch nur selbstverständlich, dass NPM-Modernisierungen von Staat und Verwaltung von Anbeginn als ein – sich auch über Jahrzehnte erstreckender – sachlicher sowie sozialer Prozess der Krisenbewältigung (dabei also auch als ganz Serien von Lernprozessen) zu betrachten sind. Diese krisentheoretische Fundierung von Modernisierungsvorgängen kann allerdings nicht schon besagen, dass man sich nun auch zum Zwecke einer problemgerechten Bewältigung

---

[42] Die weiteren langfristigen Entwicklungen in den kontinentaleuropäischen Staaten bilden sicherlich einen kritischen Prüfstein für all diese Annahmen; vgl. dazu: *Jann, W.*, Public Management Reform in Germany, A Revolution without a Theory, in: *Kickert, W. (ed.)*, Public Management and Administrative Reform in Western Europe, Northampton 1997, p. 97; *Reichard, C.*, Neues Steuerungsmodell, Local Reform in Germany, in: *Kickert, W. (ed.)*, Public Management and Administrative Reform in Western Europe, Northampton 1997, p.73; sowie *König, K.*, Entrepreneurial Management or Executive Administration, in: *Kickert, W. (ed.)*, Public Management and Administrative Reform in Western Europe, Northampton 1997, pp.228-229

von Krisen allein schon auf die irgendwie zielsteuernde "Schubkraft" von Krisen (oder ihre unausweichlichen Handlungszwänge) verlassen könnte. Richtiger erscheint hier vielmehr davon auszugehen, dass die sich zuspitzenden Krisen auch in diesem Fall (wie etwa über das "prominente Ereignis" fehlgeschlagener kleinteiliger Änderungsmaßnahmen) zunächst nur Handlungsenergien freisetzen, die dann (soweit dies im Rahmen sozialer Verhältnisse möglich ist) durch Strategien eines geplanten Organisationswandels absichtsvoll genutzt werden müssen. Wie es sich dabei an den Erfahrungen der NPM-Core-Usern zeigt, kann es in diesem Zusammenhang unter Erfolgsgesichtspunkten um Fragen einer angemessenen Definition von krisenerzeugenden Problemstellungen, um die Vorgabe angemessener Zielsetzungen, um die Ableitung lösungskräftiger Konzepte bzw. Designs, aber auch die Anwendung möglichst verhaltenswirksamer Umsetzungsstrategien im engeren Sinn gehen.

Damit es sodann überhaupt zu einer angemessenen Initiierung und Durchführung entsprechender Prozesse der Modernisierung kommt, erscheint es demgemäß unabdingbar, dass die an sich krisenerzeugend wirkenden Ursachen richtig erkannt werden – und dass es unter Eindruck entsprechend ausgelöster Handlungserfordernisse auch zur Entwicklung von Zielen mit einer angemessenen Reichweite kommt. Wie es sich an den Entwicklungen bei den NPM-Core-Usern zeigt, wird in dieser Hinsicht auch von ausschlaggebender Bedeutung, dass die zunächst scheinbar binnenorganisatorisch bedingten Leistungsprobleme (wie etwa jene einer zunächst scheinbar nur haushaltstechnisch bedingten unzureichenden Kostenkontrolle) in einen gesellschaftsweiten Problemverursachungszusammenhang gestellt werden. Für eine angemessene Bewältigung chronisch gewordener und sich zuspitzender Haushalts- und Finanzkrisen (inklusive entsprechend folgender binnenorganisatorischer Effizienzkrisen) wird es daher auch unabdingbar, dass die letztlich handlungsbestimmend werdenden Probleme – gewissermaßen auf dem höchsten Niveau ihrer Entwicklung – als Probleme eines umfassendes Staats- und Marktversagens definiert werden.

Entsprechend der fortschreitenden Krisendynamik ist dann – und zwar auch im Sinne einer weiteren Zweck-Mittel-Überlegung – davon auszugehen, dass es bei den besagten Verwaltungsmodernisierungen doch um ein eher grundlegendes Re-Assessment der Rolle von Staat und Gesellschaft (der Neuausrichtung des gesamtgesellschaftlichen Handlungsgefüges bzw. der Governance-Struktur) – und in dieser Weise dann auch um ein längerfristiges Projekt des Umbaus von Staat und Gesellschaft zu gehen hat. In diesem Sinne ist daher auch (bei allen noch notwendig werdenden Verfeinerungen) davon auszugehen, dass alle im Einzelfall notwendig werdenden Modernisierungen von Staat und Verwaltung an eine vorrangig ordnungspolitisch konzipierte Zielsetzung angebunden werden

– und dass dies zumindest augenblicklich (ohne weitere "ideologische" Festlegungen) heißt, dass es um eine stärker "wertschöpfungsorientierte" Einbindung (Value-Adding) in eine gesamtwirtschaftliche Ziel- und Wachstumsfunktion geht.[43] Diese Art der Präzisierung kann auch deutlich machen, dass und warum damit gewisse Verschiebungen in den Elementen übergeordneter Zielsysteme einhergehen – so auch eine zunächst ungewöhnlich erscheinende Priorisierung von Formalzielen (zumindest im Sinne kostenbewerteter Zielgrößen) gegenüber den angestammten Sachzielen.

Darüber hinaus zeigt die Krisendynamik bei den Core-Usern, dass und wie der sich krisenabhängig öffnende Handlungsspielraum nicht nur für die Definition problembewältigungsgerechter Zielsetzungen, sondern auch für die Wahl hierzu angemessener Konzepte bzw. Designs der Verwaltungsmodernisierung zu nutzen ist. An den hier einschlägigen Verlaufsgesetzlichkeiten zeigt sich sodann, dass die sich zuspitzenden Krisenerscheinungen (und zwar wieder vermittelt über ganze Serien von Prozessen des Kristallisations- und Wachstumslernens) fast schon zwangsläufig zur Auswahl und Anwendung zunehmend radikaler NPM-Konzepte einer Staats- und Verwaltungsmodernisierung führen. Im Sinne einer Zweck-Mittel-Überlegung ist hier daher zumindest zu bedenken, dass zur Krisenbewältigung bloße Konzepte der Binnenrationalisierung oder Dezentralisierung auf keinen Fall ausreichend sein werden, sondern dass es zu diesem Zweck in der Tat der Öffnung der Staats- und Verwaltungsorganisation gegenüber dem "Wettbewerb" (und zwar im Sinne eines Aufdeckungsverfahren) bedarf. Dabei scheint allerdings Übereinstimmung darin bestehen, dass es eben zu Zwecken der angestrebten Produktivitätssteigerung zunächst und vor allem der bloßen Übernahme des Paradigma bzw. des Leitbildes als solches bedarf.

Dass es sich hier um einen umfassend anzugehenden Prozess eines "geplanten Organisationswandels" handelt, zeigt sich allerdings nicht nur im Zusammenhang mit der richtigen Einschätzung krisenerzeugender Problemstellungen, der Fixierung reichweitengerechter Zielgrößen sowie den dazu kompatibel zu entwickelnden Designs von Modernisierungsprojekten. So zeigt sich denn an den Erfahrungen aller Core-User ebenfalls, dass man nun auch bei der Umsetzung entsprechender Planungen auf ein passendes Steuerungsinstrumentarium zurückzugreifen hat. Abgesehen von weiteren Varianten (wie etwa denen des "Bomben-

---

[43] Zu bedenken ist hier wieder, dass diese Zielsetzungen aufgrund ihrer paretianisch- wohlfahrtsökonomischen Begründung nicht schon gleichgesetzt werden können mit den eher normativ begründeten Umverteilungs- und Versorgungszielen einer wohlfahrtsstaatlichen Politik, vgl.: *Schumann, J.*, Wohlfahrtsökonomik, in: *Issing, O. (Hrsg.)*, Geschichte der Nationalökonomie, München 1984, S. 165-186 sowie *Naschold, F./ Väth, W. (Hrsg.)*, Politische Planungssysteme, Opladen 1973, S.9

wurfes", von "Pilotprojekten" oder "Insellösungen") wird in dieser Hinsicht – und zwar wieder im Sinne erfolgserheblicher Zweck-Mittel-Überlegungen relevant, dass hier zunächst und vor allem auf die prozesssteuernde bzw. verhaltensprägende Kraft der Durchführung von Strukturveränderungen abgestellt wird. Wie es wieder an den Verlaufsgesetzlichkeiten deutlich wird, lässt sich mit solchen Strukturänderungen (wie etwa mit der vorrangigen Einführung von Purchaser-Provider Splits) nicht nur der "Schwung" (das Momentum) von Änderungsprozessen als solcher aufrechterhalten, sondern auch der organisatorische Rahmen dafür vorgeben, dass es sodann gewissermaßen zwanghaft zur Anpassung auch aller weiteren Managementgrößen (zu einem leitbildgerechten bzw. auch strukturharmonischen weiteren Ausbau von NPM als ein "Fully fledged model") kommt. Auf jeden Fall kann auf diesem Wege verhindert werden, dass allein schon bisher ("technisch") ungelöste Fragen einer angemessen instrumentellen Ausstattung – wie sie sich etwa auch im Rahmen der Anpassung des Haushalts- und Rechnungswesens stellen können – zu Barrieren von Änderungen überhaupt werden.

Dass dann auch unter der Bedingung krisenbedingt steigender Handlungsmöglichkeiten erst eine gezielte Umsetzung zu den erhofften Erfolgen führt, zeigt sich schließlich auch an der Umsetzung von Maßnahmen unter sozialen Gesichtspunkten. Hier zeigt sich allerdings, dass Konsens, Teilnahmemotivation und Verhaltensanpassung (nämlich Management statt Regelbefolgung) nicht mit Hilfe einer eigens entwickelten Anreizstrategie herzustellen versucht wird, sondern aus quasi dauerhaft gegebenen Rahmenbedingungen heraus. Im Sinne einer in der Tat grundlegenden Überlegung geht es hier auch darum, durch prinzipielles Anheben der Änderungsbereitschaft (und zwar durch Einführung der Strukturen einer "Lernenden Organisation") und ihrer strategischen Nutzung (durch eine veränderte aufgebaute "Verwaltungselite") für die notwendigen Anpassungen zu sorgen. Im Sinne einer erfolgserheblichen Größe ist also zu bedenken, dass hier gerade mit der Erklärung des "Wandels" zum "Normalfall" die vergleichsweise hohen Änderungsraten erreicht werden. Die auffällige Besonderheit ist also, dass hier unter diesen Bedingungen Innovationen im Zweifelsfall auch "angewiesen" werden können.

Was nun zusammenfassend betrachtet, die Frage der Anwendbarkeit von Zweck-Mittel-Aussagen eines entsprechenden Referenzmodells anbetrifft, gehen wir hier – wie bereits mehrfach angesprochen nicht schon davon aus, dass darüber vorrangig bzw. ausschließlich mit der Ausprägung zeitlich gewissermaßen vorausliegender Rahmen- oder Kontextbedingungen (etwa dem institutionellen Gefüge und politisch-kulturellen Überbau des "Westminster Modell) entschieden wird. Ganz im Gegenteil wollen wir hier zumindest im Sinne einer Hypothese davon ausgehen, dass die sich zuspitzenden Krisenerscheinungen bzw. die daraus unabweisbar folgenden Handlungserfordernisse (vgl. hier das jüngst diskutierte Thema der Zukunftsfähigkeit) ein vergleichsweise größeres Gewicht erzielen werden. In etwas zugespitzter Weise wollen wir daher vermuten (allerdings beschränkt auf die mit diesem Thema augenblicklich überhaupt befassten Staaten), dass hier also letztlich die Sogkraft der Krisen selbst und damit das Erfordernis bzw. das Interesse an einer erfolgreichen Bewältigung zur Anwendung solcher Referenzmodelle (zur Imitation vorausgegangener Erfahrungen) drängen werden.[44] Den mit pragmatischer Absicht entwickelten Referenzmodellen entspricht dann auch in diesem Punkt eine eher funktionale Begründung ihrer Geltung.

---

[44] Vgl.: *Schröter, E.,* Staats- und Verwaltungsreformen in Europa, Internationale Trends und nationale Profile, in: *Schröter, E. (Hrsg.),* Empirische Policy- und Verwaltungsforschung, Opladen 2001, S. 415-495

Literaturverzeichnis

Aldrich, H.E., Organisations and Enviroments, Engelwood Cliffs, N.J.: Prentice Hall, 1979

Althans, C., The Application of Agency Theory to Public Sector Management, in: *Davis, G./ Sullivan, B. and Yeatman, A. (eds.),* The New Contratualism, South Melbourne 1997, pp. 137-153

Arnstrong, A., A Comparative Analysis: New Public Management – The Way Ahead?, in: *Australian Journal of Public Administration,* Vol. 57, Number 2, pp. 12–24

Bell, S./ Head, B. (eds.), State, Economy and Public Policy in Australia, Singapore 1977, p. 19-20

Boston, J., The Challenge of Governance: New Zealand's Experience of Economic Liberalisation, 1984-91, in: *Marsh, I. (ed.)* Governing in the 1991s: An Agenda for the Decade, Melbourne 1993, pp. 98-134

Boston, J. (eds.), Public Management, The New Zealand Model, Oxford 1996, pp. 2

Boston, J., Inherently Government Functions and the Limits to Contracting Out, in: *Boston, J. (eds.),* The State under Contract, Wellington 1995, pp. 78 –111

Bryson, L., The Welfare State and Economic Adjustment, in: *Bell, S./ Head, B. (eds.),* State, Economy and Public Policy in Australia, Singapore 1977, pp. 291-314

Budäus, D., Public Management, Konzepte und Verfahren zur Modernisierung öffentlicher Verwaltungen, Berlin 1994, S.20 ff.

Campbell, C./ Halligan, J., Political Leadership in an Age of Constraints, The Australian Experience, Pittsburgh 1992, pp. 124

Campbell, C./ Wilson, G.K., The End of Whitehall, Death of a Paradigm, Oxford, 1995, pp. 98

Clarke, J./ Newman, J., The Managerial State, London 1997, pp. 14

Clarke, J/ Newmann, J., The Managerial State, Power, Politics and Ideology in the Remaking of Social Welfare, London 1997, pp. 15

Commonwealth Secretariat, Current Good Practices and New Developments in Public Service Management, in: *The Commonwealth Portfolio,* London 1996

Commonwealth Secretariat, Current Good Practices and New Developments in Public Service Management, in: *A Profile of the Public Service of New Zealand,* Toronto 1995

Considine, M., Enterprising States, The Public Management of Welfare-to-Work, Cambridge 2001

Corkery, J. et al.(eds.), Management of Public Service Reform, a Comparative Review of Experiences in the Management of Programmes of Reform of the Administrative Arm of Central Government, International Institute of Administrative Sciences Monographs, Vol. 8, Amsterdam 1998

Davis, G./ Wood, T., Is there a Future for Contracting in the Australian Pubic Sector, in: *Australian Journal of Public Administration*, Vol. 57, Number 4, pp. 85-97

Davis, G., A Future for Public Service, Human Ressource Management in a Shrinking Sector, in: *Canberra Bulletin of Public Administration*, No. 89, August 1998, pp. 22-29

Deakin, N./ Walsh, K., The Enabling State, The Role of Markets and Contracts, in: *Public Administration*, Vol. 74, Spring 1996, pp. 33-48

DiMaggio, P. J./ Powell, W. W., The Iron Cage Revisited, Institutional Isomorphism and Collective Nationality Fields, in: *Powell, W. W. (eds.)*, The New Institutionalism in Organizational Analysis, Chicago/ London, 1991, pp. 41-63

Dunleavy, P./ O'Leary, B., Theories of the State, The Politics of Liberal Democracy, London 1987, pp. 72

Flynn, N./ Strehl, F. (eds.), Public Sector Management in Europe, Prentice Hall, 1996

Giddens, A., The Class Structure of Advanced Capitalist Societies, London 1973

Giddens, A., Der dritte Weg, Frankfurt/Main 1999, S. 46 ff.

Codd, M., Better Government Through Redrawing Boundaries and Functions, in: *Weller, P./ Davis, G. (eds.)*, New Ideas, Better Government, Singapore 1996, pp. 164-185

Goldfinch, S./ Roper, B., Treasury's Role in State Policy Formulation during the Post-War Era, in: *Roper, B./ Rudd, C. (eds)*, State and Economy in New Zealand, Auckland 1993, pp. 50 -74

Goldfinch, S., Reforming the Public Sector in New Zealand, A Sceptical Analysis, in: *Canberra Bulletin of Public Administration*, No. 89, August 1998, pp. 128-141

Graf, G., Grundlagen der Finanzwissenschaft, Heidelberg 1999, S. 268 ff.

Grunow, D./ Wollmann, H. (Hrsg.), Lokale Verwaltungsreform in Aktion, Fortschritte und Fallstricke, Basel 1998

Hindess, B., Neo-Liberalism and the National Economy, in: *Dean, M./ Hindess, B. (eds.)*, Governing Australia, Studies in Contemporary Rationalities of Government, Cambridge 1988, pp. 210-226

Hindess, B., A Society Governed by Contract, in: *Davis, G./ Sullivan, B. and Yeatman, A. (eds.)*, The New Contractualism, Melbourne 1997, pp. 14-26

Hogget, P., New Modells of Control in the Public Service, in: *Public Administration*, Vol. 74, Spring 1996, pp. 8-32

Hood, C., Contemporary Public Management, A New Global Paradigm, in: *Public Policy and Administration*, Vol. 10, No 2 (Summer), pp. 104-117

Hood, C., Emerging Issues in Public Administration, in: *Public Administration*, Vol. 73, Spring 1995, pp.165-183

Keating, M., The Influence of Economists, in: *King, S./ Lloyd, P. (eds.)*, Economic Rationalism, Dead End or Way Forward?, Sydney 1993, pp. 57-83

Kester, I.-H./ Painter, C. and Barnes, C., Management in the Public Sector, London 1997, pp. 77

Kickert, W., Public Management in the United States and Europe, in: *Kickert, W. (ed.)*, Public Management and Administrative Reform in Western Europe, Northampton 1997, pp. 14-40

Kirsch, W./ Eser, W. M. and Gabele, E., Das Management des geplanten Wandels von Organisationen, Stuttgart 1979

Kißler, L. (eds.), Moderne Zeiten im Rathaus?, Reform der Kommunalverwaltungen auf dem Prüfstand der Praxis, Berlin 1997

Koch, R., Management von Organisationsänderungen in der öffentlichen Verwaltung, Zur Wirksamkeit von Strategien des geplanten Organisationswandels, Berlin 1982

Koch, R., Towards an Entrepreneurial Paradigm in Public Management, International Trends, in: *Wanna, J./ Forster, J. and Graham, P. (eds.)*, Entrepreneurial Management in the Public Sector, Melbourne 1995, p. 40

Koch, R., Kontraktmanagement und Personalführung in öffentlichen Verwaltungen, systemgerechte Entwicklung von Managementinstrumenten als Realisierungsbedingung von NPM-Reformen, in: *Damkowski, W./ Precht, C. (Hrsg.)*, Moderne Verwaltung in Deutschland, Public Management in der Praxis, Stuttgart 1998, S. 442-453

Koch, R., Senior Civil Servants as Entrepreneurs, Towards the Impact of New Public Management Concepts on Personnel Management, 2nd Edition, Beiträge zur Verwaltungswissenschaft, Nr. 26, Universität der Bundeswehr Hamburg, 1994

König, K./ Beck, J., Modernisierung von Staat und Verwaltung, Zum Neuen öffentlichen Management, Baden-Baden 1997, S. 131 ff.

König, K./ Füchtner, N. (Hrsg.), "Schlanker Staat" – Verwaltungsmodernisierung im Bund, Speyerer Forschungsberichte 183, Speyer 1988

Leemans, A. F. (ed.), The Management of Change in Government, The Hague 1976

Lenk, K., "New Public Management" und kommunale Innovation – Perspektiven der Innovationsforderung, in: *Grunow, D./ Wollmann, H. (Hrsg.)*, Lokale Verwaltungsreform in Aktion, Fortschritte und Fallstricke, Basel 1998, S. 44-59

Löffler, E., The Modernization of the Public Sector in den International Comparative Perspective, Speyer 1997

Maaß, C./ Reichard, C., Von Konzepten zu wirklichen Veränderungen, Erfahrungen mit der Einführung des Neuen Steuerungsmodells in Brandenburgs Modellkommunen, in: *Grunow, D./ Wollmann, H. (Hrsg.)*, Lokale Verwaltungsreform in Aktion, Fortschritte und Fallstricke, Basel 1998, S. 267 – 285

MacPherson, C.B., The Political Theory of Possessive Individualism, Oxford 1962, pp. 197-198

Marquard, D./ Seldon, A:, The Ideas that Shaped Post-War Britain, London, pp. 155

Massey, A., Managing the Public Sector, A Comparative Analysis of the United Kingdom and the United States, Brookfield 1993, pp. 45

Metcalf, L., The Case of United Kingdom, in: *Corkery, J. et al. (eds.)*, Management of Public Service Reform, International Institute of Administrative Sciences Monographs. Vol. 8, Amsterdam 1998, p. 315

Moon, J./ Richardson, J., Governmental Capacity Regained? The Challenges and Respires of British Government in the 1980s, in: *Marsh, I. (ed.)*, Governing in the 1991s, An Agenda for the Decade, Melbourne 1993, pp. 56-97

Naschold, F., Binnenmodernisierung, Wettbewerb, Haushaltskonsolidierung, Internationale Erfahrungen zur Verwaltungsreform, in: *Heinelt, H. (Hrsg.)*, Modernisierung der Kommunalpolitik, Opladen 1997, S. 89-117

Naschold, F./ Bogumil, J., Modernisierung des Staates, New Public Management und Verwaltungsreform, Opladen 1998, S. 109 ff.

OECD, Main Economic Indicators, March, Paris 2002

OECD, Governance in Transition, Public Management Reforms in OECD Countries, Paris 1995 (p. 3)

OECD, Search of Results, Performance Management Practices, Paris 1997, insb. S. 97 ff.

OECD, Issues and Developments in Public Management, Survey 1996-97, Paris 1995

OECD, Public Management Developments-Survey 1993, Paris

Orchard, L., Managerialism, Economic Rationalism and Public Sector Reform in Australia, Connections, Divergences, Alternatives, in: *Australian Journal of Public Administration*, Vol. 57, March 1998, pp. 19-32

Osborne, D./ Gabler, T., Reinventing Government, Reading 1992

Papadakis, E., New Aspirations, Changing Patterns of Representation and Electoral Behaviour, in: *Marsh, J. (ed.)*, Governing in the 1990s, An Agenda for the Decade, Melbourne 1993, pp. 3-29

Paul/ Hogget, P., New Model of Control in the Public Service, in : *Public Administration*, Vol. 74, Spring 1996, pp. 8-32

Peters, B. G., Explaining Success in Administrative Reform, in: *Wollmann, H./ Schröter, E. (eds.)*, Comparing Public Sector Reform in Britain and Germany, Key Traditions and Trends of Modernisation, Aldershot et al., pp. 351-363

Pollit, C./ Bouckaert, G., Public Management Reform – A Comparative Analysis, Oxford, 2000

Public Service and Merit Protection Commission, APS Reform, Building on Good Practice, Canberra 1998, p. 2

Pusey, M., Economic Rationalism in Canberra, A Nation-Building State Changes its Mind, Cambridge 1991

Reding, K., Probleme der Produktivitätsmessung bei öffentlichen Leistungen, in: *Häuser, K. (Hrsg.)*, Produktivitätsentwicklung staatlicher Leistungen, Berlin 1985, S. 123-197

Rhodes R. A.W., Understanding Governance, Buckingham, 1977, p. 93

Roper, B., A Level Playing Field, Business Political Activism and State Policy Formulation, in: *Roper, B./ Rudd, C. (eds.)*, State and Economy in New Zealand, Auckland 1993

Sanford, B., What the New Public Management is Achieving, A Survey of Commonwealth Experience, in: *Jones, L. R./ Schedler, K. and Wade, S. W.*, International Perspectives on the New Public Management, Advances in International Comparative Management, Supplement 3, London 1997, pp. 49-70

Saward, M., In Search of the Hollow Crown, in: *Weller, P./ Bakvis, H. and Rhodes R.A.W. (eds.)*, The Hollow Crown, London, S. 16-36

Schick, A., The Spirit of Reform Managing the New Zealand State Sector in an Time of Change, Wellington 1996, S. 2

Self, P., Government by the Market?, The Politics of Public Choice, London 1993

Schröter, E., Staats- und Verwaltungsreformen in Europa, Internationale Trends und nationale Profile, in: *Schröter, E. (Hrsg.)*, Empirische Policy- und Verwaltungsforschung, Opladen 2001, S. 415-495

Spencer Z., New Managerialism, Administrative Reform in Whitehall and Canberra, Buckingham 1994, pp. 7

Stoker, G.(ed.), The Unintended Costs and Benefits of New Management Reform for British Local Government, in: *Stoker, G. (ed.)*, The New Management of British Local Governance, London, 1999, S. 5

Stoker, G. (ed.), The New Management of Britisch Local Governance, London 1999

Task Force on Management Improvement, The Australian Public Service Reformed, An Evaluation of a Decade of Management Reform, Canberra 1993, pp. 60

The Treasury, Government Management, Brief to the Incoming Government 1987, Vol. 1, Wallington 1987, p. 3

Treasury, Executive Agencies, A Guide to Setting Targets and Measuring Performance, London, 1992

Walsh, K., Public Services and Market Mechanisms, Competition, Contracting and the New Public Management, London 1995, pp. 29, 81, 223

Warrington, E., Introduction, Three Views of the "New Public Administration", in: *Collins, P./ Warrington, E. (eds.)*, The New Public Administration, Global Challenges – Local Solutions, Special Issue, in: *Public Administration and Development*, Vol. 17, No. 1, p. 4

Weller, P., The Universality of Public Sector Reform, Ideas, Meanings, Strategies, in: *Weller, P./ Davis, G. (eds.)*, New Ideas, Better Government, Singapore, 1996, pp. 1-10

Wollmann, H., Verwaltungspolitische Reformdiskurse und -verläufe im internationalen Vergleich, in: *König, K. (Hrsg.)*, Stand der Verwaltungsforschung, Baden-Baden, 2000, S. 489-525

Yeatman, A., Contract, Status and Personhood, in: *Davis, G./ Sullivan, B. and Yeatman, A. (eds.)*, The New Contractualism, South Melbourne 1997, pp. 39-56

STRUKTUR UND VERWALTUNGSREFORM ALS STRATEGIETHEMA

von Staatssekretär Dr. Alfred Finz

Bundesministerium für Finanzen, Wien, Österreich

STRUKTUR UND VERWALTUNGSREFORM
ALS STRATEGIETHEMA
von Staatssekretär Dr. Alfred Finz
Bundesministerium für Finanzen, Wien, Österreich

1. Ausgangssituation

Unterschiedlichste Initiativen (aus der jüngeren Vergangenheit der sogenannte Raschauer Bericht) und Vorhaben (VerwaltungsInnovationsProgramm - VIP) zur Durchführung von Verwaltungsreformen sind im Lauf der Jahre mehr oder weniger "integrierter" Bestandteil der Verwaltung selbst geworden.

Mit der Zielsetzung die Verwaltung vom Obrigkeitsstaat hin zum Dienstleistungsstaat zu entwickeln, haben diese Bemühungen in den vergangenen drei bis fünf Jahren an Qualität gewonnen. Einerseits orientierten sich die Reformvorhaben am strategischen Rahmen des New Public Management (NPM) – als ein wesentlicher Aspekt sei hier die Kundinnen- und Kunden- bzw. Bürgerinnen- und Bürger-Orientierung genannt. Andererseits wird die Vereinfachung der Prozessabläufe (Prozessmodellierung des Verwaltungshandelns) zunehmend als Reformmethode anerkannt. Dieser methodische Ansatz ist auch Voraussetzung für den effektiven und effizienten Ausbau des e-Government (elektronische Verwaltung).

Nicht zuletzt durch die Einrichtung des Österreich Konvents dokumentiert auch die Politik Interesse an einer nachhaltigen Staatsreform, welche die Basis für weitere Schritte in der Verwaltungsreform bilden wird.

Damit besteht aber auch die Möglichkeit, die unterschiedlichen Schwerpunkte der Reformvorhaben in den einzelnen Gebietskörperschaften aufeinander abzustimmen und wechselseitig die – bisweilen nicht vorhandene – Transparenz zu erhöhen.

Denn wie aus den Erfahrungen der Vergangenheit erkennbar, wird die Definition der Ausgangssituation, die Setzung der Schwerpunkte und das Ausmaß der Selbstverpflichtung der Maßnahmenumsetzung – und damit letztlich auch der Erfolg all der Aktivitäten – zwischen den einzelnen Gebietskörperschaften höchst unterschiedlich wahrgenommen.

Die Koordination der Verwaltungsreform obliegt dem Bundeskanzleramt. Das Bundesministerium für Finanzen hat im Hinblick auf seine Querschnittskompe-

tenz mehrere Rollen wahrzunehmen zum einen mit Fokus auf eine Gebietskörperschaften übergreifende Verwaltungsreform, zum anderen in Hinblick auf eine
Verwaltungsreform des Bundes und weiters in Blickrichtung Ressortreform.

2. Zielsetzungen

Generell setzt eine erfolgreiche Verwaltungs- und Strukturreform eine kritische
und intensive Auseinandersetzung über die Sinnhaftigkeit bzw. Notwendigkeit
der dem öffentlichen Bereich zugewiesenen Aufgaben voraus (Aufgabenkritik
als permanente Aufgabe). Basierend darauf sind entsprechende Schritte zu setzen, um einerseits eine etwaige Aufgabenreduktion im oben beschriebenen Sinne adäquat zu realisieren und um andererseits Rahmenbedingungen zu schaffen,
die für alle erbrachten Leistungen der öffentlichen Verwaltung Qualität auf
höchstmöglichem Niveau zulassen, fördern und idealerweise sicherstellen. Dazu
zählen auch eine einheitliche und zwischen den Gebietskörperschaften abgestimmte e-Government-Strategie und Umsetzung.

Für das Bundesministerium für Finanzen ist es Ziel einer Verwaltungsreform,
die notwendigen Aufgaben des öffentlichen Sektors effektiv und effizient, d.h.
möglichst kostengünstig bzw. zu einem sinnvollen Preis/Leistungsverhältnis zu
erbringen. Nur dadurch kann ein nachhaltiger Beitrag zur Sicherung der Finanzierbarkeit des öffentlichen Gemeinwesens geleistet werden. Dafür gilt es, eine
Strategie zu entwickeln und die verfügbaren Instrumente des Ressorts bestmög-
lich einzusetzen. Gleichzeitig ist das Bundesministerium für Finanzen im Zuge
der Ressortreform bemüht, die Effektivität dieser Instrumente im eigenen Bereich unter Beweis zu stellen.

Prozedural gilt es, den status quo zu identifizieren und zu analysieren, die Anforderungen an den öffentlichen Sektor klar zu definieren, darauf aufbauend
analytisch fundierte Zielsetzungen zu entwerfen und der Politik optimale Beratung zu bieten. Mehr oder weniger ausgeprägte Berührungspunkte finden sich
mit den anderen sechs Strategiefeldern, die gleichzeitig für eine Strategie des
Bundesministeriums für Finanzen erarbeitet werden. Auch in anderen Strategie-
vorhaben wie z.B. der "IT-Strategie" sind die entsprechenden Instrumente abgedeckt.

Für die Umsetzung der beabsichtigten Verwaltungsreformstrategie stehen dem
Bundesministerium für Finanzen folgende Instrumente zur Verfügung:

> ➤ Beeinflussung der makroökonomischen und für die Wirtschaft relevanten
> Rahmenbedingungen

➢ Haushaltsrecht und Haushaltssteuerung
➢ Budgeterstellung
➢ Budgetvollzug und Budgetcontrolling
➢ Steuerpolitik
➢ Finanzausgleich
➢ Finanzmarktpolitik
➢ Beteiligungscontrolling
➢ Human Resources Development
➢ IT-Strategie

Die dargestellten Instrumente dienen dazu, die Zielerreichung durch geeignete Maßnahmen zu unterstützen. Die Instrumente finden sich in den folgenden Zieldarstellungen wieder.

3. Konkrete Performanceziele für die kommenden Jahre

3.1. Ziel: Schaffung optimaler makroökonomischer Rahmenbedingungen

Zwischen der öffentlichen Verwaltung und dem privaten Sektor bestehen gegenseitige Wechselwirkungen. Dies zeigt sich insbesondere am Grad der Attraktivität des Wirtschaftsstandortes Österreich, der auch von der Effizienz und Effektivität der öffentlichen Verwaltung beeinflusst wird. Eine ökonomisch sinnvolle und zweckmäßige Verwaltungsreform muss darauf Bedacht nehmen.

3.1.1. Maßnahmen

➢ Abstimmung der Budgetziele mit den makroökonomischen Prognosen (Vermeidung pro-zyklischer Budgetpolitik)
➢ Berücksichtigung der Auswirkungen von Maßnahmen auf die Inflation
➢ Berücksichtigung der internationalen Wettbewerbsfähigkeit
➢ Beobachtung der internationalen Rahmenbedingungen (insbesondere Osterweiterung, Euro-Zone)

3.1.2. Instrumente des Bundesministeriums für Finanzen:

➢ Bundesbudgets; Abstimmung mit den Finanzausgleichspartnern; Abgabenstrategie
➢ Einbindung und Mitarbeit in internationalen Netzwerken (insbesondere EU, OECD, IWF)

3.2. Ziel: Verbesserung und Änderung der haushaltsrechtlichen Steuerungsinstrumente mit dem Focus der Zusammenführung von Ergebnis- und Ressourcenverantwortung

3.2.1. Maßnahmen:

➢ Verstärkung der Anreize für eine effiziente Verwaltung (Flexibilisierungsklausel)

➢ Ab 2005 schrittweise Einführung der Verknüpfung von Finanzierungs- und Ergebnisverantwortung im Rahmen der Haushaltsrechtsreform: Ab Herbst 2003 wird bis Anfang 2004 ein Vorschlag für die weitere Vorgangsweise erarbeitet und nach Entscheidung auf politischer Ebene operativ vorbereitet, um Anfang 2005 erste Umsetzungsschritte setzen zu können. Diese Haushaltsreform sollte gemäß Regierungsprogramm folgende wesentliche Elemente enthalten:

- Verknüpfung gewünschter Wirkungen anhand von Indikatoren mit dem Budget
- Einführung von positiven und negativen Sanktionen bei Erreichen oder Verfehlen der Budgetziele
- Delegieren der Budget- und Ergebnisverantwortung an nachgeordnete Dienststellen
- Erweiterung des Rechnungswesens des Bundes nach kaufmännischen Grundsätzen
- Verbesserung der mittel- bis langfristigen Planung durch Einführung eines integrierten Aufgaben- und Finanzplans

3.2.2. Instrumente des Bundesministeriums für Finanzen:
➢ Federführung BMF für Haushaltsrecht

3.3. Ziel: Aufgaben-, Organisations- und Strukturreform des öffentlichen Sektors

3.3.1. Maßnahmen:

➢ Vom Bundesministerium für Finanzen wird eine detaillierte Position zum Finanzausgleich (FAG) 2005 erarbeitet werden, der 2004 ausverhandelt werden soll. Die zu behandelnden Themen in diesem Zusammenhang sind
- Aufgaben-, Organisations- und Strukturreform der Gebietskörperschaften (Wechselspiel Bund, Länder und Gemeinden) insbesondere:
  - Definition der Ziele für die einzelnen Ebenen des öffentlichen Sektors und darauf aufbauend Bestimmung der dafür notwendigen Aufgabenverantwortlichkeiten

- Vereinfachung von Prozessabläufen
- Eliminierung von Doppelgleisigkeiten
- Schaffung von Synergieeffekten (z.B. im e-Government-Bereich)
- Standardisierung der Personaldaten (Herstellung der Vergleichbarkeit)
- Redimensionierung des öffentlichen Sektors wie im Regierungsprogramm festgelegt in Form eines substantiellen Personalabbaus auch für die Länder und Gemeinden von 20.000 Planstellen
- Einführung eines Maßnahmencontrollings und abschließender Evaluation der Projekte des öffentlichen Sektors

➤ Die konkreten Reformmaßnahmen (z.B. Aufgabenbereinigung im öffentlichen Sektor, Kompetenzbereinigungen) sind vor Beginn der FAG Verhandlungen zu definieren und auf höchster politischer Ebene zu vereinbaren.

Parallel dazu sollten diese Themen vom Konvent mit oberster Priorität behandelt werden, damit die Ergebnisse des Konvents zeitgerecht (d.h. spätestens Ende 2003) in Form eines Zwischenberichts als Grundlage für die Finanzausgleichsverhandlungen dienen können. Im Abschlussbericht des Konvents sollen die weiteren Schritte für Planungs- und Umsetzungsmaßnahmen verankert sein. Da das Bundesministerium für Finanzen im Konvent nicht vertreten ist, können die Beratungen nicht direkt unterstützt werden.

3.3.2. Instrumente des Bundesministeriums für Finanzen:

➤ Finanzausgleich

3.4. Ziel: Aufgaben- und Strukturreform des Bundes

3.4.1. Maßnahmen:

➤ Einsparungen durch Verwaltungsreformmaßnahmen kumuliert bis 2006 in Höhe von 1,3 Mio. € wurden im Regierungsprogramm festgelegt.
➤ Festschreibung eines Personalabbaus von 10.000 Planstellen bis 2006 im Regierungsprogramm
➤ Um den weiteren Personalabbau verträglich zu gestalten, sind auch für den Bund intern Maßnahmen zu entwickeln, um vorhandene Doppelgleisigkeiten zu beseitigen und Synergieeffekte zu schaffen, wie z.B.:
  - Zusammenführung der Wachkörper
  - Zusammenlegung der Wetterdienste

- Zusammenlegung von Rechenzentren
- einheitliche IT- und e-Government-Strategie und Umsetzung.
➢ Die Gewährleistung einer ausreichenden Planung und Umsetzung durch ausreichende Begleitinstrumente wie Maßnahmencontrolling im Rahmen des Budgetcontrollings und abschließende Evaluation wird die erfolgreiche Durchführung der vereinbarten Maßnahmen unterstützen.

3.4.2. Instrumente des Bundesministeriums für Finanzen:

➢ Im Rahmen der Budgeterstellung werden die Personalzielwerte je Ressort sowohl in Vollbeschäftigtenäquivalenten (VBÄ) als auch betraglich festgelegt.
➢ Im Rahmen des Budgetcontrollings und Budgetvollzugs erfolgt ein Personalcontrolling sowohl der Ausgaben als auch der VBÄ.
➢ Forcierung von Verwaltungsreformen mittels Budgeterstellung, Budgetvollzug und Budgetcontrolling

3.5. Ziel: Verwaltungsreform des Bundesministeriums für Finanzen Human Resources Development

Einzelne Mitarbeiterinnen und Mitarbeiter, Gruppen und damit letztlich die gesamte Organisation sind bei der Bewältigung der strategischen Herausforderungen für die unmittelbare und die fernere Zukunft zu unterstützen.

3.5.1. Maßnahmen:

➢ Fit für heute: Leistungsfähig für die Aufgaben in unmittelbarer Zukunft zu sein
➢ Fit für morgen: Jeder ist vorbereitet für die Erledigung der Aufgaben, die auf jeden Einzelnen/jede Einzelne in drei bis fünf Jahren zukommen werden.

Personalentwicklung kann in der Organisation nur verankert werden, wenn es zahlreiche Träger von Personalentwicklung im Unternehmen gibt. Jeder dieser Träger übernimmt unterschiedliche Aufgaben in der Entwicklung von Mitarbeiterinnen und Mitarbeiter.

Die Leistungen der Personalentwicklung sind für alle Mitglieder der Organisation relevant. Besonderes Augenmerk wird auf die zielgruppenspezifische Bearbeitung von Problemfeldern und die Initiierung von Veränderungsprozessen in der gesamten Organisation gelegt.

3.5.2. Instrumente des Bundesministerium für Finanzen:

> BMF-Strategie festlegen
> Querschnittsthema Management by Objectives (MbO)
> Laufbahnplanungen und Kompetenzzuordnungen samt spezifiziertem Trainingsangebot
> Netzwerk von Themenführern
> Schlüsselpositionen herausfiltern, Bedarfe klären, Aktionsprogramme starten
> neue Lernformen
> Flexibilisierung des Personaleinsatzes: Teleworking, Teilzeit, Flexzeit, Zeitkonten
> Coaching von Führungskräften
> Erarbeitung von Führungsgrundsätzen und -standards
> Managementlehrgänge
> Pool von potenziellen Führungskräften aufbauen
> Job-Rotation-Maßnahmen
> Positionierung des Bundesministeriums für Finanzen als attraktiver Arbeitgeber
> karrierefördernde Maßnahmen

3.6. Aufgaben- und Strukturreform

3.6.1. Maßnahmen:

> Dezentralisierung der Verantwortlichkeiten, Zusammenführung der Leistungs- und Ressourcenverantwortung
> Aufbau einer modernen betriebswirtschaftlichen Steuerung (Balanced Score Card – BSC, MbO, Managementinformationssystem – MIS)
> Konsequenter Abbau der Mittelinstanz durch Abschöpfung regionsübergreifender Synergiepotentiale
> Straffung der verzettelten Aufgabenstruktur und Einsparung verzichtbarer Strukturstellen
> Rationalisierung interner Abläufe

3.6.2. Instrumente des Bundesministeriums für Finanzen:

> Reform der Aufbauorganisation
> Geschäftsprozessoptimierung (GPO)
> MIS (Management Informationssystem)
> Ziel- und Leistungsvereinbarung

➢ Flexibilisierungsklausel

3.7. Ziel: BMF als e-Government-Innovationsmotor

3.7.1. Maßnahmen:

➢ Positionierung der IT-Unterstützung der österr. Finanzverwaltung im internationalen Spitzenfeld:
- Unterstützung der Verwaltungsprozesse über Verfahrens- und Organisationsgrenzen hinweg
- Optimale Erfüllung externer Vorgaben (z.B. EU, zwischenstaatliche Verträge, OECD)
- Bestmögliche IT-Unterstützung für die Führungskräfte
- Gewährleistung von Arbeitseffizienz und Arbeitszufriedenheit der Mitarbeiterinnen und Mitarbeiter durch bestmögliche IT-Verfahren sowie durch vollständige und aktuelle Arbeitsplatzausstattung inklusive der Möglichkeit zur Telearbeit (Workflowmanagement-Systeme, Data Warehouse, Dokumenten- und Wissensmanagementsysteme)
➢ Forcierter Ausbau von e-Government für Bürgerinnen und Bürger/Wirtschaft und Mitarbeiterinnen und Mitarbeiter, wie z.B.:
- Generelle e-Services (elektronische Signatur, Portale, Multi-Channel-Access, elektronische Antragsabwicklung, elektronische Bescheidzustellung)
- Wohnortsungebundene Erledigung von Behördenwegen und One-Stop-Prinzip (Vernetzung der Verwaltung, Vernetzung von Datenregistern)
- Self-Service-Funktionen (z.B. im Personalmanagement – PM-SAP)
- Finanz*Online* (Unternehmer- und Bürgerpaket)
➢ Laufende Aktualisierung und Durchsetzung einer umfassenden und vollständigen
IT-Sicherheitspolicy sowohl nach außen als auch nach innen

3.7.2. Instrumente des Bundesministeriums für Finanzen:

➢ Zeitgemäße Vorgehensweise, Technologien und Schnittstellen:
- Partnerschaftliches Verhältnis zwischen Fachsektionen und IT-Sektion
- Konsequenter Einsatz von Projektmanagement bei der (Weiter-)Entwicklung von IT-Verfahren

- Orientierung an den Zielen von e-Europe, e-Austria und der IKT-Strategie des Bundes
- Einsatz von Standardsoftware soweit wirtschaftlich
- Bundesrechenzentrum GmbH als Konzernrechenzentrum des BMF
- ➢ Unterstützung anderer Ressorts bei IT-Management und Verfahrensorganisation, wenn die IT-Anwendungen der Abwicklung von Auszahlungen dienen
- ➢ Aktive Mitwirkung und Mitgestaltung im IKT-Board durch Vertreter des BMF

VERWALTUNGSREFORM –
EINE POLITISCHE HERAUSFORDERUNG

von Landeshauptmann Dr. Josef Pühringer

Oberösterreichische Landesregierung, Linz, Österreich

**VERWALTUNGSREFORM –
EINE POLITISCHE HERAUSFORDERUNG**
von Landeshauptmann Dr. Josef Pühringer
Oberösterreichische Landesregierung, Linz, Österreich

1. Einleitung

In unserer heutigen globalisierten Welt sind nicht nur Unternehmen international vergleichbar geworden, sondern auch die drei Ebenen der nationalstaatlichen Politik. Das bedeutet, dass Bund, Länder und Gemeinden lernende, sich rasch verändernde, reformbereite Organisationen sein müssen, die sich laufend weiterentwickeln.

Das heißt natürlich nicht, dass unsere Verwaltungen nicht funktioniert oder die Mitarbeiter im öffentlichen Dienst ihre Aufgaben nicht erledigt hätten. Im internationalen Vergleich verfügt die Republik Österreich über eine gute und leistungsstarke Verwaltung. Aber wer gut bleiben will, muss bereit sein, sich laufend zu verändern. Das ist ein Grundgesetz in der globalisierten Welt geworden, das auch vor den öffentlichen Verwaltungen und vor der Politik nicht haltgemacht hat.

Am 1. Oktober 2002 ist das Oberösterreichische Verwaltungsreformgesetz in Kraft getreten. Mit diesem Gesetz wird die Verwaltungsmodernisierung in Oberösterreich fortgesetzt. Diese Reform ist gleichzeitig eine Herausforderung für die bürgernahe Verwaltung. Zudem hat die Oö. Landesregierung im März 2003 ein langfristiges Management- und Unternehmenskonzept mit dem Titel WOV 2015 beschlossen, das die weitere Ausrichtung der oö. Landesverwaltung am Konzept der wirkungsorientierten Landesverwaltung sicherstellen soll.

2. Politische und wirtschaftliche Ziele der Verwaltungsreform

Das Projekt Verwaltungsreform wird von Bund, Ländern und Gemeinden gemeinsam getragen. Der Kerninhalt dieser Verwaltungsreform ist die Verlagerung von behördlichen Zuständigkeiten von den Zentralen (Bundesminister, Landeshauptmann und Landesregierung) auf die Bezirkshauptmannschaften. Keinen Sinn würde eine derartige Kompetenzverlagerung bei Materien machen, wo es aufgrund der geringen Quantität der Anlassfälle nicht sinnvoll ist, alle Bezirkshauptmannschaften mit entsprechendem Expertenwissen auszustatten. Dies wäre kontraproduktiv, kostenintensiver und wahrscheinlich auch ein Rückschritt in der Qualität des Verfahrens.

Die Berufungs-Zuständigkeiten dieser Behörden werden auf den Unabhängigen Verwaltungssenat (UVS) übertragen.

Ziele dieser Reform sind die Verkürzung von Wegen und Aufwand für den Bürger als Kunden der Verwaltung im Sinn des One-Stop-Shop-Prinzips, die Beschleunigung von Verfahren sowie damit verbunden eine Wirtschaftlichkeitssteigerung.

Für die einzelnen Bürgerinnen und Bürger und vor allem auch für die Unternehmen bringt dieses Projekt wesentliche Vorteile: Es schafft übersichtliche Behördenstrukturen und gewährleistet in allen Fällen einen orts- und bürgernahen Rechtsschutz. Dies steht auch mit den Vorgaben der Europäischen Bürgerrechtskommission im Einklang.

Durch die Verwaltungsreform sollen die Bezirkshauptmannschaften zu Bürgerbehörden aufgewertet werden. Alles, was der Bürger mit dem Land zu tun hat, soll bei den Bezirkshauptmannschaften erledigbar sein. Die Bezirkshauptmannschaften steigen damit zu einer zentralen, ersten Instanz auf. In fast zwei Drittel der Staaten Europas ist ein zweigliedriges Verwaltungsverfahren zu finden, in Österreich ein dreigliedriges. Deshalb muss es auch in Österreich möglich sein, die zweite Instanz zu überspringen, das heißt von der Bezirkshauptmannschaft sollen die Rechtsmittel sofort an den Verwaltungssenat oder an das Landesverwaltungsgericht gelangen.

2.1. Optimierung der Verwaltungsaufgaben ist das oberste Ziel

Weitere Zielsetzungen sind auch noch die Erarbeitung von Vorschlägen für die Optimierung der rechtlichen Rahmenbedingungen einschließlich einer Entbürokratisierung und einer Entrümpelung von Vorschriften, um durch diese optimierten rechtlichen Rahmenbedingungen einen sicheren und gesunden Wirtschaftsstandort Oberösterreich für die Zukunft zu gewährleisten. Um diese Zielsetzungen zu erreichen, ist ein Optimierungskommission eingesetzt worden, die diese Vorschläge erarbeitet. Diese sollen aber nicht allein auf das oberösterreichische Landesrecht beschränkt sein, sondern auch Bundes- und EU-Recht betreffen.

In größtmöglichem Umfang soll die Streichung von Vorschriften, die Abschaffung und Abkürzung von Genehmigungsverfahren sowie der Verzicht auf Statistiken, Melde- und Anzeigenpflichten, etc. geprüft werden. Die Zeit, die von Unternehmen pro Monat für Bürokratie im Auftrag der Verwaltung aufgewendet werden muss, soll massiv reduziert werden, was den Mut zur Lücke mit einschließen muss.

2.2. Verwaltungsreform als Signal an den Wirtschaftsstandort Oberösterreich

In erster Linie ist daher die Optimierung der für die Wirtschaft relevanten Rahmenbedingungen angesprochen, wobei sicherlich nicht die übrigen Zielsetzungen der einschlägigen Rechtsvorschriften (nachhaltiger Umweltschutz,...) gefährdet werden dürfen. So werden beispielsweise die Förderungsbestimmungen auf Verbesserungsmöglichkeiten, Neustrukturierung oder Systematisierung der Förderungen zu durchleuchten sein.

Die Einsetzung dieser Optimierungskommission soll daher auch ein Signal für die Wirtschaft sein, dass die Landespolitik pro-aktiv an der Sicherung und Gewährleistung des Wirtschaftsstandortes Oberösterreich arbeitet. Allerdings muss es aber eine Abgrenzung zu anderen Maßnahmen geben.

2.2.1. Standortpartnerschaft:

In der sogenannten Standortpartnerschaft gibt es seit einigen Jahren eine gemeinsame Initiative der Wirtschaft und der Gewerkschaft öffentlicher Dienst für den Wirtschaftsstandort Oberösterreich. Mit der Initiative der Optimierungskommission soll einerseits auch auf diese bewährte Struktur zurückgegriffen werden, was auch in der Zusammensetzung der Optimierungskommission zum Ausdruck kommt, andererseits könnte diese Standortpartnerschaft dadurch wieder ein deutliches Lebenszeichen geben, das im Interesse der Kooperation zwischen Verwaltung und Wirtschaft auch in den öffentlichen Medien "ein Miteinander" und nicht "ein Gegeneinander" signalisiert.

2.2.2. Wechselwirkung zur Aufgabenreform

Die Vorschläge einer Optimierungskommission müssten in erster Linie aufgabenkritischer Natur sein. Dies ergibt sich bereits aus der Zielsetzung der Optimierungskommission. Wenn aber die Optimierungskommission der einzige aufgabenkritische Ansatz des Landes in der nächsten Zukunft wäre, bestünde die Gefahr, dass diese Aktivitäten als zu einseitige Forcierung der Wirtschaftsstandpunkte interpretiert werden könnten.

Es ist aber beabsichtigt, für das gesamte Leistungsspektrum der Landesverwaltung eine neuerliche Aufgabenreform (Aufgabenkritik) durchzuführen. Die vorgesehene neuerliche Aufgabenreform wird sicherlich auch der allgemeinen Akzeptanz der Vorschläge der Optimierungskommission dienlich sein. Zudem können die Ergebnisse der Optimierungskommission (Vorschläge zur Entbürokratisierung) in einem großen Aufgabenreformprojekt (im Teilbereich Wirtschaft und Gewerbe) zusätzlich nochmals dargestellt werden und auch über die Schiene der Gesamtaufgabenreform zusätzlich Richtung Bund transportiert werden.

Im Hinblick auf die Zielsetzungen der Optimierungskommission ist in diesem Zusammenhang noch zu erwähnen, dass der größte Teil der Vorschläge auf die Änderungen von Bundesnormen (sogar bis hin zu EU-Normen) beziehen wird. Damit ist aber auch klar, dass die unmittelbaren Umsetzungsmöglichkeiten für die Landespolitik eingeschränkt sind, sodass das Ergebnis der Optimierungskommission als Forderungspaket von der Landespolitik nur unterstützt werden und nicht zur Gänze bzw. nur zu einem kleinern Teil unmittelbar realisiert werden kann. Auch aus diesem Grund sollen die Ergebnisse in ein großes Aufgabenreformprojekt einfließen.

Mit der Bezeichnung "Kommission zur Optimierung der rechtlichen Rahmenbedingen für den Wirtschaftsstandort Oberösterreich" (Kurzform: "Optimierungskommission") wird auch zum Ausdruck gebracht, dass Oberösterreich zur Zeit ohnedies ein guter Wirtschaftsstandort ist, dass sich die Politik aber proaktiv für eine weitere Optimierung einsetzt.

3. Politische Umsetzung der Verwaltungsreform in Oberösterreich

In Oberösterreich wurde die Verwaltungsreform entsprechend den Beschlüssen der Oberösterreichischen Landesregierung in einem dreistufigen Verfahren zügig umgesetzt.

3.1. 1. Stufe

Auflistung aller Gesetzesmaterien, die von der Verwaltungsreform erfasst werden konnten durch die Experten der Beamtenschaft der Oberösterreichischen Landesregierung. Die Bewertung erfolgte ausschließlich aus der Sicht der Verwaltung

3.2. 2. Stufe:

Diskussionsphase zwischen dem jeweiligen politischen Referenten der Oberösterreichischen Landesregierung mit den Verwaltungsbeamten der Fachabteilungen seines Ressorts.

3.3.   3. Stufe:

Politische Entscheidung auf Ebene der Landesregierung unter Einbeziehung der
Landtagsklubs und Erstellung einer gemeinsamen Regierungsvorlage.

4.   Verwaltungsreform konkret: Erste praktische Umsetzungen

Gerade in Zeiten der elektronischen Kommunikation gibt es viele Möglichkeiten
der länderüberschreitenden Zusammenarbeit. Zahlreiche Verwaltungsaufgaben
ohne spezielle Gestaltungsmöglichkeiten oder regionale Besonderheiten könnten
so effizienter wahrgenommen werden.

Zur Unterstreichung des Zieles der Verwaltungsreform, nicht auf Kosten der
Bürger, sondern innerhalb der Verwaltungsstrukturen zu sparen, haben Oberösterreich und Niederösterreich eine intensive Zusammenarbeit zwischen den Landesverwaltungen vereinbart.

Seit einiger Zeit gibt es schon eine länderübergreifende Zusammenarbeit zwischen Oberösterreich und Niederösterreich, aber auch mit anderen Bundesländern. Unter anderem in folgenden Bereichen:

- Sachverständige (Austausch von Sachverständigen, gemeinsame
  Aus- und Weiterbildung)
- Personalwesen (Besoldung Neu, Austausch von Experten für
  Hearings,...)
- Straßenerhaltung und Winterdienst in den Grenzgebieten
- Informationstechnologien (Erfahrungsaustausch, Workshops zu
  IT-Entwicklung und -betreuung, um Zukauf von teurem Exper-
  ten-Know-How zu vermeiden,...)

Einen Meilenstein haben Oberösterreich und Niederösterreich in der gemeinsamen Nutzung von EDV-Leistungen gesetzt. Beide Länder haben ihre Großrech-
nerkapazitäten zusammengelegt; der gesamte Großrechnerbetrieb beider Bundesländer läuft nun erfolgreich in Oberösterreich.

Sämtliche EDV-Produktionsabläufe am Großrechner sind vollständig übernommen worden. Teilweise ist es sogar gelungen, die Performance von EDV-
Anwendungen gegenüber dem bisherigen Zustand zu optimieren. Niederösterreich und Oberösterreich betreiben damit nun eine gemeinsame EDV-Basis für
die gesamte Personalentwicklung beider Länder, für große Förderungsanwen-
dungen (Wohnbauförderung, Sportförderung,...), für die Buchhaltung und für

die Großrechner-Anwendungen aller niederösterreichischen und oberösterreichischen Bezirkshauptmannschaften. Auch die Auswertung der niederösterreichischen Landtagswahl ist über diesem gemeinsamen Großrechner gelaufen.

Durch die Zusammenlegung des Betriebes erzielen beide Länder gemeinsam gegenüber den bisherigen Kosten einen Kostenvorteil von rund 2,54 Millionen Euro pro Jahr.

Der nun realisierte gemeinsame Großrechnerbetrieb ist ein Baustein bei der Bemühung der Länder in allen Bereichen der Landesverwaltung durch intensive Zusammenarbeit Synergieeffekte zu erzielen.

Aus diesem Projekt zeigt sich anschaulich, wie Verwaltungsreform konkret funktionieren kann:

- gemeinsam Ressourcen nutzen
- die Verwaltung schneller machen
- ordentliche Einsparungen erzielen
- dabei das Service nicht schmälern

Neben diesem Erfolg durch die Zusammenlegung von Großrechnern bemüht sich Oberösterreich weiterhin intensiv um EDV-Kooperationen mit anderen Bundesländern. So gibt es zu Beispiel im Bereich der Verwaltungsstrafen eine enge Zusammenarbeit mit dem Land Tirol. Die bevorstehenden eGovernment-Initiativen sind ohne gemeinsame Lösungen zwischen Bund, Ländern und Gemeinden überhaupt undenkbar.

5. Politische Maßnahmen der Oberösterreichischen Verwaltungsreform

Konkret sind mit dem Oberösterreichischen Verwaltungsreformgesetz 2002 folgende Maßnahmen gesetzt worden:

- Neun Landesgesetze wurden in dem Sinn geändert, dass die Zuständigkeiten in erster Instanz auf die Bezirkshauptmannschaften verlagert wurden und/oder der Unabhängige Verwaltungssenat als Berufungsbehörde eingesetzt wurde.

- Ergänzend wurde in sechs weiteren Landesgesetzen auch inhaltliche Deregulierungsschritte gesetzt. (z.B. keine verpflichtenden jährlichen Berichte, sondern Berichte nach Bedarf, jedenfalls aber alle drei Jahre). Dadurch soll konkret Bürokratie eingespart werden.

• Dazu sind in diesem Zeitraum schon einige weitere Landesgesetze im Sinne der Verwaltungsreform beschlossen worden. Ein Beispiel dafür ist das Oberösterreichische Grundverkehrsgesetz, in dem die erstinstanzlichen Zuständigkeiten auf der Ebene der Bezirkshauptmannschaft konzentriert wurden. In diesem Gesetz sind die Maßnahmen der Verwaltungsreform bereits verwirklicht.

• Drei Landesgesetze wurden unmittelbar ersatzlos aufgehoben:

-   das oberösterreichische Motorschlittengesetz
-   das Gesetz über die Hochwassererinnerungsmedaille von 1954
-   das oberösterreichische Kinder- und Jugendspielplatzgesetz

Mit der Verlagerung von Zuständigkeiten auf die Bezirkshauptmannschaften und den Unabhängigen Verwaltungssenat durch die Reformen auf Bundes- und Landesebene kommt es zu Mehrbelastungen bei diesem Dienststellen. Dem stehen aber Entlastungen im Bereich der Bundes- und Landesvollziehung gegenüber. Nachdem parallel zur Verwaltungsreform auch maßgebliche Deregulierungsmaßnahmen gesetzt wurden, konnten auch beachtliche Personaleinsparungen erzielt werden.

6. Weitere Umsetzung des Konzeptes der "wirkungsorientierten Verwaltungsführung"

Alle Verwaltungsaktivitäten sollen noch stärker auf eine bestmögliche Kundenorientierung und auf eine geplante Ziel- und Wirkungsorientierung ausgerichtet werden. Dazu gehören vor allem auch die intensive Schulung von Führungskräften und Mitarbeitern zur bestmöglichen Qualifikation der Beschäftigten in der öffentlichen Verwaltung. Eine weitere Erleichterung von "Amtswegen" wird für die Menschen in unserem Land das bereits in Bau befindliche "Landesdienstleistungszentrum" beim Linzer Hauptbahnhof als zentrale Anlaufstelle bringen.

In den nächsten Jahren werden daher Politik und Verwaltung in Oberösterreich viele weitere Reformprojekte zur Umsetzung des Konzeptes "WOV 2015" in Angriff nehmen.

E-GOVERNMENT –
VON DER VISION ZUR REALITÄT

von Landeshauptmann Dr. Franz Schausberger

Salzburger Landesregierung, Salzburg, Österreich

E-GOVERNMENT – VON DER VISION ZUR REALITÄT

von Landeshauptmann Dr. Franz Schausberger
Salzburger Landesregierung, Salzburg, Österreich

1. Einleitung

Wie auch die Wirtschaft im vergangenen Jahrzehnt begonnen hat, ihre Vertriebskanäle und ihre Absatzmärkte auf das neue Kommunikationszeitalter umzustellen, haben auch die Verwaltungen die Notwendigkeit erkannt, sich den neuen Möglichkeiten anzupassen. Das Internet stellt die Gesellschaft und damit auch die Verwaltungen vor die Herausforderung ihre bisherigen Managementmethoden an die modernen Medien anzupassen.

Im Zeitalter der elektronischen Kommunikation sollen nicht die Menschen zur Abwicklung ihrer Verfahren, sondern ihre Anträge „laufen". Das bedeutet, dass die zukünftige Verwaltung ein Management benötigt, das rund um die Uhr funktioniert und von überall genutzt werden kann. Technische Barrieren müssen abgebaut werden, die Nutzbarkeit muss intuitiv und einfach sein.

Trotzdem darf – bei aller Euphorie – nicht auf den Menschen vergessen werden. Unsere Verwaltung arbeitet schließlich für unsere Bürger. Das heißt, dass trotz der Technik, die persönlichen Anliegen des Einzelnen im Mittelpunkt stehen müssen. Der Bürger muss als Mensch wahrgenommen und nicht zur „Nummer" reduziert werden. Daher werden wir alles unternehmen, um unsere Kunden im Zeitalter der Telekommunikation persönlich anzusprechen. Letztlich bietet das Internet nur eine weitere Möglichkeit – neben dem herkömmlichen, papiergebundenen Antrag bzw. persönlichen Erscheinen – Anliegen der Bürger und der Wirtschaft verwaltungsökonomisch abzuwickeln.

Die Bedenken jener, die den neuen Technologien skeptisch gegenüber stehen, werden durch einfache und klare Konzepte, sowie durch die Verwendung offener Standards und höchster Sicherheitsvorkehrungen entkräftet.

Letztlich dürfen Teile unserer Bevölkerung durch die fortschreitende Technisierung – aus welchen Gründen auch immer – nicht an den Rand der Gesellschaft gedrängt werden. Es wird daher auch weiterhin möglich sein, dass alle – auch ohne entsprechende Kenntnisse und Möglichkeiten – jederzeit ihre Anliegen und Anträge an die Verwaltungen herantragen können.

Daher bedeutet e-Government für mich nicht einen Wandel der Verwaltung, sondern vielmehr eine weitere Methode hin zu neuen Möglichkeiten der Kommunikation und Verwaltungsarbeit. Die Verwaltung bleibt aber wie bisher den Menschen für persönliche Anliegen offen, der Ansprechpartner ist persönlich erreichbar, jedoch werden zur rascheren Abwicklung und zur erweiterten Erreichbarkeit die neuen Medien genutzt. In Salzburg habe ich in meinem Zukunftsressort den Bereich e-Government sowie den gesamten Internetbereich zur Chefsache gemacht.

2.   Definition und Abgrenzung

Das Forschungsinstitut für öffentliche Verwaltung in Speyer, Deutschland, hat für e-Government folgende Definition[1] vorgeschlagen:

Unter e-Government versteht man die Abwicklung geschäftlicher Prozesse im Zusammenhang mit Regieren und Verwalten (Government) mit Hilfe von Informations- und Kommunikationstechniken über elektronische Medien. Weiters heißt es: Bei e-Government geht es sowohl um Prozesse innerhalb des öffentlichen Sektors, als auch um jene zwischen Verwaltung und der Bevölkerung, der Wirtschaft und den Non-Profit und Non-Government Organisationen.

Unter e-Government wird also die Unterstützung der Geschäftsprozesse oder der Abläufe der Verwaltungen durch die Informations- und Kommunikationstechnologie verstanden. Somit würde diese Definition neben dem Frontend bzw. den Schnittstellen zum Bürger oder zur Wirtschaft, auch die internen Fachapplikationen und behördenübergreifenden DV-Lösungen umfassen. Oder allgemein gesagt, e-Government wird als die Umstellung der herkömmlichen – am Papier orientierten – Abläufe auf moderne IT unterstützte Prozesse gesehen.

Diese Sichtweise ist meines Erachtens zu allgemein. Orientieren wir uns doch daran, was sich in den letzten Jahren bspw. im Bereich der Wirtschaft entwickelt hat. Was bedeutet dort der Begriff „e-Commerce"?

---

[1] Von Lucke und Reinermann, 2002

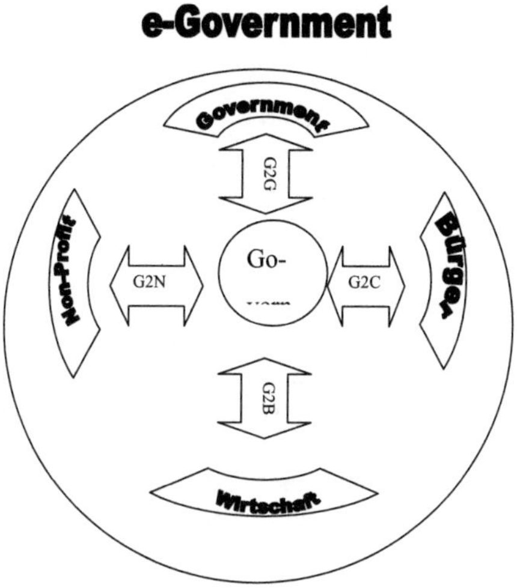

e-Government

Abbildung 1: Beziehungen von e-Government

2.1. Von e-Commerce zu e-Government

e-Commerce entstand zeitgleich mit der Öffnung der elektronischen Geschäftsprozesse in Richtung zum Kunden über das Internet und er wird nicht zur Bezeichnung der Entwicklung interner DV Unterstützung verwendet.

Die Christian-Albrechts-Universität[2] in Kiel definiert den Begriff „e-Commerce"
wie folgt: e-Commerce ist die digitale Anbahnung, Aushandlung und/oder Abwicklung von Transaktionen zwischen Wirtschaftssubjekten[3].

Davon abgeleitet und auf den Bereich der Verwaltungen transformiert, bedeutet
es daher, dass e-Government die digitale Anbahnung und Abwicklung von
Transaktionen zwischen dem Bürger und der Wirtschaft einerseits und den Organen des Staates andererseits ist.
Daher ist unter dem Begriff e-Government die Öffnung der internen Abläufe
über das Internet hin zum Bürger und zur Wirtschaft zu verstehen, und zwar

---

[2] Lehrstuhl für Innovation, neue Medien und Marketing, Kiel
[3] Clement, Peters und Preiß, 1998

nicht eingeschränkt auf den Verwaltungsapparat, sondern auch im Bereich der politischen Willens- und Meinungsbildung.

2.2. Das 3-Säulen Modell

Somit umfasst e-Government im Internet neben reinen Informationsangeboten auch neue Kommunikationswege (Chat- und Diskussionsforen, Email, e-Voting, etc .) sowie die Abwicklung von Transaktionen („3-Säulen" – Modell von e-Government).

Dagegen sind die Umstellungen der internen Abläufe des Verwaltungsapparates auf neue Medien, integrierte Verfahren und zeitgemäße Methoden (bspw. der „elektronische Akt") ausschließlich als notwendige und unverzichtbare Begleit-maßnahmen für e-Government zu sehen. Erst dann können Verfahren medien-bruchfrei von der Antragsstellung bis hin zur Erledigung abgewickelt werden. Solche Maßnahmen sind jedoch nicht als eigentliches e-Government zu verste-hen, sondern unter dem Begriff „Verwaltungsinformatik" zu subsumieren.

3. Herausforderungen

3.1. Nutzen

Warum ist es notwendig, dass sich eine moderne Verwaltung den elektronischen Medien öffnet? Argumente, wie das „Internet ist trendig" und „e-Mails sind mo-dern", können bei weitem nicht ausreichen, um den für den Aufbau und den Be-trieb von e-Government notwendigen Einsatz von Ressourcen zu rechtfertigen. e-Government muss in jedem Fall einen gesellschaftlichen Nutzen und langfris-tig eine Kostenreduktion im Bereich der Verwaltungen mit sich bringen. Dabei darf nicht vergessen werden, dass durch e-Government nicht notwendigerweise neue „Produkte" der Verwaltung entstehen, sondern dass das Angebot, das über das Internet abgerufen werden kann, sich von den bestehenden Aufgaben ablei-tet. Daher wird sich durch e-Government nicht der Aufgabenbereich der Verwal-tung vergrößern, sondern die Verwaltung bietet zusätzlich mit e-Government über eine weitere Managementmethode ihre bisherigen Leistungen an.
Durch e-Government müssen diese Leistungen näher und transparenter zum Bürger und zur Wirtschaft gebracht werden. Viele einfache Anliegen der Bürger lassen sich nur durch e-Government voll- oder zumindest teilautomatisiert abwi-ckeln. So können wertvolle Ressourcen für die Bearbeitung von komplexen Aufgaben zum Wohl unserer Bürger und ihrer Anliegen genutzt werden. Da-durch wird das Service unserer Verwaltungen noch besser.

Durch die Vernetzung der vorhandenen Datenbanken[4] lassen sich unnötige Verfahrensschritte vereinfachen oder gar einsparen. Es ist in der heutigen Zeit des Internets und der Vernetzung nicht nachvollziehbar, warum ein Bürger immer wieder Urkunden seinen Anträgen beilegen muss, wenn doch die Behörden den Zugriff auf die einschlägigen Datenbanken haben.

Aber auch volkswirtschaftlich kann e-Government einen positiven Effekt mit sich bringen. Behördenwege können unterbleiben, Verfahren rascher und unmittelbarer abgewickelt werden. Beispielsweise werden Gewerbeanmeldungen dadurch schneller und besser als die der „Konkurrenz". Der Wirtschaftsraum Salzburg erhält dadurch einen Startvorteil, der für Entscheidungen der Unternehmen von Bedeutung sein kann. Eine Zusammenarbeit mit Wirtschaftskammer, Industriellenvereinigung und anderen Interessensvertretungen kann diesen Effekt noch weiter verbessern.

Zu guter Letzt dürfen wir nicht vergessen, dass die heutige Jugend mit dem Medium Internet aufwächst. Emails, Webshops, Internetauktionen oder -tauschbörsen werden täglich genutzt, um persönliche Wünsche zu erfüllen und Probleme zu lösen. Sie sind es gewohnt, das Internet zu verwenden und vor allem junge Menschen erwarten selbstverständlich auch, dass sie ihre Anliegen an die Verwaltung in gleicher Weise artikulieren können. Sie sind unsere Kunden von morgen. e-Government ist daher eine wichtige Investition für eine zukunftsfähige innovative Verwaltung.

3.2. Gefahren

Jedem von uns sind die fast täglichen Meldungen über neue Computerviren, Hacker- oder Crackerangriffe bzw. Diebstahl von Daten ein Begriff. Zu Recht können wir uns fragen, was mit unseren Daten passiert, die wir zur Abwicklung elektronischer Verfahren über das Internet schicken. Wie sorgsam gehen die Verwaltungen mit diesen Daten um? Wir reden von der transparenten, offenen Verwaltung, aber droht nicht eigentlich der „gläserne Bürger"? Auf welche Daten hat die Behörde Einblick? Was wird zum Schutz unserer Daten und zum Schutz der Bürgerrechte getan?

Die Verwaltungen sind selbstverständlich – wie die Wirtschaft im Bereich von e-Commerce – nicht davor gefeit, dass Unberechtigte versuchen, Daten auszuspähen oder zu manipulieren. Alles technisch und rechtlich Denkbare muss daher unternommen werden, um das zu verhindern. Die dafür in den letzten Jahren

---

[4] bspw. das zentrale Melderegister (ZMR), www.zmr.at, Firmenbuch, etc.

in Österreich geschaffenen Gesetze und Verordnungen[5] sind natürlich für e-Government wichtige und notwendige Rahmenbedingungen.

Im Bereich der Technik muss uns das Beste gut genug sein. Die Daten der Bürger sind ein Wert, den es zu schützen gilt. Unsere Techniker müssen die internationalen Entwicklungen verfolgen, und sobald neue Sicherheits- und Schutzmechanismen verfügbar sind, müssen wir sie unseren Bürgern zur Verfügung stellen. Sich zurück lehnen, und nichts tun, wäre jedenfalls genauso falsch, wie solange zu zuwarten, bis der erste „Missbrauch" erfolgt ist. Dann würde das Vertrauen der Kunden verspielt, und der erhoffte Erfolg von e-Government in weite Ferne gerückt.

In einem Rechtsstaat dürfen die Organe der Staatsgewalt die Daten ihrer Bürger nur für die Abwicklung der konkreten Verfahren verwenden. Querabfragen und Verknüpfungen verschiedener Daten auf Grund gemeinsamer Merkmale sollen nicht erlaubt sein. Aber auch hier gilt: Gesetzestexte und Normen, die wir zum Schutz unserer Bürger erlassen, müssen im Interesse unserer Bürger transparent und nachvollziehbar sein. Bestimmungen, die technische Belange regeln, haben in Gesetzestexten nichts verloren. Solche Belange sind allenfalls in Durchführungsbestimmungen festzulegen. In diesem Zusammenhang appelliere ich nochmals eindringlich an den Bundesgesetzgeber, im geplanten e-Government Gesetz die Nähe zum Bürger und damit bürgernahes e-Government nicht zu verhindern.

Denn es darf nicht vergessen werden, dass die Verwaltung für alle Bereiche unserer Gesellschaft – auch elektronisch – zugänglich sein muss. Es muss daher vermieden werden, dass e-Government nur von der mit dem Internet und den modernen Medien vertrauten Teil unserer Gesellschaft angenommen wird. Die elektronischen Dienstleistungen unserer Verwaltung werden daher möglichst einfach und ohne ein hohes technisches Verständnis voraussetzend aufgebaut sein. Dabei sind auch die speziellen Ansprüche unserer Menschen mit Beeinträchtigungen zu beachten[6]. E-Government Lösungen müssen einfach sein und den Bürger ansprechen. Nur dann wird er auch die neuen Kommunikationsmöglichkeiten verwenden.

---

[5] bspw. Datenschutzgesetz 2000 oder das Signaturgesetz
[6] Web Accessibility Initiative (WAI)

3.3. Rahmenbedingungen

3.3.1. Ein elektronisches Netzwerk

Bevor Verwaltungen mit einem derart großen Vorhaben, wie e-Government, beginnen können, sind die notwendigen Voraussetzungen und Rahmenbedingungen, sowohl in der Verwaltung als auch in den Schulen, in der Wirtschaft sowie bei der Bevölkerung zu schaffen. Dazu hat bereits frühzeitig der Rat und die Europäische Kommission mit der Initiative „eEurope 2002" bzw. mittlerweile erweitert auf „eEurope 2005" die politischen Weichen gestellt: „Europa soll die wettbewerbsstärkste und dynamischste Wirtschaft der Welt werden."
Noch vor diesen Initiativen wurde in Salzburg über meine Initiative hin mit den Vorarbeiten für e-Government begonnen.

So wurde innerhalb der Salzburger Verwaltung ab Mitte der 90er Jahre die Internettechnologie eingeführt und die Vernetzung aller Standorte und Arbeitsplätze durchgeführt. Mit der derzeitigen Einführung des „elektronischen Aktes" wird die letzte Voraussetzung für ein vollständiges und medienbruchfreies e-Government geschaffen.

Auf Grundlage dieser Technologie wurde auch der Internetauftritt des Landes aufgebaut. Mittlerweile wird auf mehr als 60.000 Seiten der Bürger und die Wirtschaft über die Leistung unserer Landesverwaltung informiert. Etwa 4,5 Mio Zugriffe pro Monat belegen, dass dieses Service von den Bürgern auch angenommen wird.

Parallel dazu wurde das Projekt „Salzburger Bildungsnetz" umgesetzt. Dadurch wurde eine kostengünstige und flächendeckende Infrastruktur zur Nutzung des Internets durch die Erwachsenenbildungseinrichtungen und Schulen in Salzburg aufgebaut.
Im Anschluss daran wurden durch die von mir initiierte Aktion „Internet für jederm@n" mit großem Erfolg weitere fast 10.000 Internetzugänge im privaten Umfeld im Land Salzburg durch Förderung der Anschaffung von Settopboxen, Modems u. dgl. geschaffen.

Als Folgeaktion haben „Internettrainer" in Einkaufszentren, Seniorenheimen etc. die Salzburger Bevölkerung – unabhängig von Alter und sozialer Schicht – in das Internet eingeführt und dadurch das neue Medium vertrauter gemacht. Die Internettrainer sollen den „Respekt" vor dem Internet abbauen helfen und gleichzeitig die Menschen zum Einstieg in die virtuelle Welt animieren.

Mittlerweile benützen laut einer erst kürzlich veröffentlichten Umfrage der Statistik Austria insgesamt 37 Prozent der in österreichischen Haushalten lebenden Personen im Alter zwischen 16 und 74 Jahren das Internet - sei es zu Hause, am Arbeitsplatz, am Ausbildungsort oder an anderen Orten, Tendenz steigend. Es zeigt sich, dass es notwendig war, vorzudenken und ein elektronisches Netzwerk zu schaffen und damit auch den Boden für e-Government in Salzburg aufzubereiten.

3.3.2. Zentrale Infrastrukturen

e-Government soll in Zukunft die Behördenwege der Bürger und der Wirtschaft weitestgehend vereinfachen. Derzeit sind in vielen Verfahren Originaldokumente bzw. Kopien davon beizulegen. Diese Dokumente sind jedoch oftmals nicht mehr als Auszüge aus diversen zentralen Datenbanken der Behörden[7].

Damit e-Government den erwarteten positiven Effekt bringt, ist auch ein Paradigmenwechsel innerhalb der Verwaltung notwendig. Wie eingangs festgestellt, sollen „die Anträge der Bürger laufen und nicht die Menschen". Daher sind die zukünftigen Verwaltungsprozesse so festzulegen, dass die Behörden, die Zugriffe auf zentrale Online-Datenbanken ohnehin heute schon besitzen, auf die Vorlage von (Original-) Dokumenten verzichten, und allfällige für das Verfahren notwendige Informationen direkt aus diesen Datenbanken beziehen. Die dafür notwendigen rechtlichen und technischen Voraussetzungen werden unter Wahrung der Datensicherheit zu schaffen sein.

3.3.3. Kooperationen

Seit gut 20 Jahren versucht die Wirtschaft durch Globalisierung ihrer Prozesse und durch Vernetzung ihrer Wertschöpfungsketten Kosten zu sparen und Vereinfachungen durch Standardisierungen herbeizuführen. Die Zeit der gegenseitigen Abschottung ist zumindest im Bereich der Logistik und des Managements vorbei.

Genauso müssen im Bereich des e-Government die Möglichkeiten, die das Internet bietet, nicht nur im Sinne der Lösung für den Bürger, sondern bereits bei der Lösungsfindung genutzt werden. Bereits frühzeitig wurde sowohl vom Bund als auch von den Ländern erkannt, dass e-Government ein Thema ist, dass gemeinsame Strategien sinnvoll macht.

---

[7] bspw. Meldebestätigung oder Gewerbeschein

3.3.3.1. Länderarbeitsgruppe e-Government

Daher wurde in Österreich bereits Ende 2000 eine Arbeitsgruppe der Bundesländer geschaffen, der mittlerweile auch der Bund, die Städte und die Gemeinden angehören. Ihr Zweck ist es, eine gemeinsame und abgestimmte Strategie im Bereich des e-Government zu erarbeiten.

Ein Ideen- und Informationsaustausch[8] zwischen den beteiligten Gebietskörperschaften findet statt. Die technischen Schnittstellen und Standards werden beschrieben, die auch von interessierten Firmen oder Partnerorganisationen eingesehen werden können. So kann garantiert werden, dass bereits zu einem sehr frühen Zeitpunkt gemeinsame Ideen konzentriert werden. Das spart Zeit und Kosten, da nicht jede Gebietskörperschaft das gesamte e-Government neu erfinden muss, sondern Schnittstellen und Standards sinnvollerweise definiert werden.

3.3.3.2. IKT-Board des Bundes / CIO

Mitte 2001 wurde vom Bund die Neustrukturierung der IT Strategie des Bundes beschlossen. Erstmals wurde im Bund mit dem sog. „IKT-Board" eine ressortübergreifende Struktur geschaffen, damit die IT Strategie zwischen den einzelnen Ministerien abgestimmt werden kann. Gleichzeitig übernahm die Leitung dieses IKT-Boards – der Chief Information Officer (CIO) des Bundes – die Koordination mit den Interessen der Länder, Städte und Gemeinden in den durch das „IKT-Board" wahrgenommenen Bereichen. Somit werden seit Ende 2001 die Interessen der Länder, Städte und Gemeinden mit denen des Bundes in der nunmehr als „Arbeitsgruppe Bund-Länder-Gemeinde" bezeichneten Plattform abgestimmt und Festlegungen dazu getroffen[9].

---

[8] siehe http://reference.e-government.gv.at

[9] In dieser gemeinsamen Arbeitsgruppe „e-Government Bund-Länder-Gemeinden" wurde unter Federführung des Landes Salzburg der Styleguide für e-Government Onlineformulare geschaffen. Damit ist es in Österreich erstmals möglich, dem Bürger und der Wirtschaft in den verschiedensten e-Government Lösungen ein einheitliches Look&Feel im Bereich der Onlineformulare anzubieten. Als weitere wesentliche Ergebnisse dieser Arbeitsgruppe sind die „Portalverbundvereinbarung" und weitere technische Standardisierungen wie im Bereich LDAP und XML zu erwähnen. Zusätzlich wurden die rechtlichen Anpassungen des AVG im Rahmen des Verwaltungsreformgesetz nicht unwesentlich von dieser Arbeitsgruppe geprägt.

3.3.3.3.   e-Government wurde auch beim Bund Chefsache

Mittlerweile hat der Bundeskanzler e-Government zur Chefsache erklärt. Im Regierungsübereinkommen der Bundesregierung von 2003 wurde die Forcierung des e-Government zum strategischen Ziel dieser Regierungsperiode erklärt. Neue Strukturen wie die e-Government Plattform, das e-Cooperation Board und der Executive Sekretär wurden geschaffen, um Österreich in Sachen e-Government in Europe an die Spitze zu bringen. Es bleibt abzuwarten, ob diese Strukturen dafür den notwendigen Schub erzeugen.

3.3.3.4.   Private Public Partnership

Darüber hinaus muss zur weiteren Forcierung und Nutzung von e-Government auch die Zusammenarbeit mit anderen Organisationen – wie Wirtschaftskammer, Industriellenvereinigung, anderen Gebietskörperschaften, etc. – intensiviert werden. Neben dem Bürger erhoffen sich alle Organisationen eine weitere Rationalisierung durch e-Government, da sie tagtäglich mit den Verwaltungen interagieren. Auch hier wird an neuen Wegen für die Zusammenarbeit gearbeitet.

4.   Die e-Government Strategien

4.1.   eEurope - Die Europäische e-Government Initiative

Der Europäische Rat hat sich in Lissabon im März 2000 ein ehrgeiziges Ziel gesetzt: Europa soll die wettbewerbsstärkste und dynamischste Wirtschaft der Welt werden. Dazu sei es dringend erforderlich, dass Europa die Möglichkeiten der Informationswirtschaft, insbesondere des Internet, schnellstens nutze.

4.1.1. eEurope 2002

Bereits im Dezember 1999 hat die Europäische Kommission die Initiative *e*Europe gestartet, um Europa ans Netz zu bringen. Diese Initiative stieß bei den Mitgliedstaaten und dem Europäischen Parlament auf ein positives Echo, so dass bereits anlässlich der Tagung des Europäischen Rates am 19./20. Juni 2002 in Feira der Aktionsplan *e*Europe 2002[10] beschlossen wurde.

Dieser Aktionsplan sieht drei Ziele vor:
1. Billigeres, schnelleres und sichereres Internet
2. Investitionen in Menschen und Fertigkeiten

---

[10] siehe Europäische Kommission, 2000

3. Förderung der Nutzung des Internet

Während die beiden ersten Punkte vor allem Aufbau und Stärkung der Infrastruktur und der Bildung zum Ziel haben, geht es im dritten Ziel darum, durch Verbesserungen der Inhalte die Nutzung des Internets für den Europäischen Bürger und Wirtschaft zu forcieren. Dabei spielen die e-Government Bestrebungen eine wesentliche Rolle. Sie stellen einen einfachen Zugang der Bürger zu den öffentlichen Informationen sicher und fördern die Interaktion zwischen Bürgern und Verwaltungen über das Netz.

4.1.2. eEurope 2005

Noch stärker als eEurope 2002 legt der am 21./22. Juni 2002 vom Europäischen Rat in Sevilla beschlossene Aktionsplan eEurope 2005[11] fest, dass in Europa bis 2005 folgende Ziele erreicht sein sollten:
1. Moderne öffentliche online Dienste für e-Government, e-Learning und e-Health
2. Ein Umfeld für ein dynamisches e-Business

Gleichzeitig wurden Indikatoren für den Leistungsvergleich[12] von der Europäischen Kommission festgelegt, um den Fortschritt in den einzelnen Mitgliedstaaten zu bemessen. Darüber hinaus wird der Wettbewerb innerhalb der Mitgliedstaaten durch verschiedenste Aktivitäten[13] und Veranstaltungen[14] [2]im europäischen Kontext gefördert.

4.2. e-Government in Österreich

Mitte des Jahres 2001 wurde zur besseren Koordinierung der Bundesdienststellen und Ministerien ein Chief Information Office (CIO) des Bundes eingerichtet.

---

[11] siehe Europäische Kommission, 2002a

[12] siehe Europäische Kommission, 2002b

[13] siehe dazu www.e-europeawards.org bzw. www.topoftheweb.net

[14] Erwähnenswert ist jedenfalls die am 7./8. Juli 2003 in Como (Italien) durchgeführte Government Konferenz. Dabei wurden die besten 65 europäischen e-Government Lösungen gezeigt, die zuvor von einer unabhängigen Jury aus fast 360 verschiedenen Bewerbungen ermittelt wurden. Das Land Salzburg war eines von drei österreichischen Finalisten die ihre hervorragenden Leistungen in Como präsentieren konnten. Das enorme Interesse der fast 2500 Besucher dieser Konferenz hat gezeigt, dass der Salzburger Weg, ein vollständiges und umfassendes e-Government Angebot seinen Bürgern und seiner Wirtschaft anzubieten, richtig ist.

Nach fast 2 Jahren wurde nun eine erste Version einer Bundesstrategie für e-Government[15] vorgelegt.

4.2.1. Das „Österreichische e-Government Haus"

Die Österreichische e-Government Strategie umfasst neben Aussagen zu den Bereichen „Gesetze", „Technologie" und „offene Standards", auch Vorstellungen, wie das „e-Government Haus Österreich" funktionieren soll. Der zukünftige „Empfangsbereich" mit „Informationsschalter" und „Wegweisern" soll das bestehende Behördenportal „Amtshelfer online[16]" werden. Es soll die zentrale Drehscheibe, der virtuellen Verwaltung der Zukunft in Österreich entstehen. Hier soll der Bürger nicht nur jene Information finden, die er für seine Behördenwege benötigt, hier soll er auch die Behördenwege elektronisch abwickeln können, egal ob es sich dabei um Bundesverfahren handelt, oder um Verfahren der Länder und Gemeinden.

Durch diese Strategie soll ein einheitliches und zentralistisch ausgerichtetes e-Governmentgebäude aufgebaut werden. Unterschiede in rechtlicher und struktureller Sicht in den Kommunen und Regionen sollen keine Rolle spielen, sie werden nivelliert.

4.2.2. Die Bürgerkarte

Eine wesentliche und zentrale Rolle in den Bemühungen des Bundes zur Forcierung von e-Government nimmt die Bürgerkarte ein. Sie soll in allen elektronischen Verfahren die Identifizierung des Antragstellers und die Authentifizierung der übermittelten Daten sicherstellen.

Bereits 2000 wurden die ersten technischen Festlegungen zur Schaffung der Bürgerkarte in Österreich getroffen. Bis heute konnte diese Initiative keine Antwort darauf geben, wie die notwendige Marktverbreitung erreicht wird.

Mittlerweile wird eine Übergangslösung[17] für die Bürgerkarte überlegt – der Einsatztermin ist auch hier ungewiß.

4.2.3. Das e-Government Gesetz

Durch das im Regierungsübereinkommen festgelegte e-Government Gesetz soll auf Bundesebene rasch der rechtliche Rahmen für e-Government geschaffen werden. Die Materien wie „Zustellung", „Bürgerkarte", „Standarddokumenten-

---

[15] siehe Bundeskanzleramt, 2003
[16] siehe Bundeskanzleramt, Amtshelfer Online
[17] Siehe Stabsstelle IKT-Strategie des Bundes, 2003

register" u. dgl. sollen durch ein Artikelgesetz Anfang 2004 novelliert bzw. geregelt werden.

Diese Änderungen werden auch Auswirkungen auf die e-Government Bestrebungen der Länder, Städte und Gemeinden haben. Nach den ersten bekannt gewordenen Rohentwürfen würde das Gesetz ein bürgernahes, rasches e-Government und damit derzeitige Angebote erschweren und verkomplizieren, dagegen werden sich vor allem die Länder positionieren.

4.3. Die e-Government Strategie Salzburgs

Die e-Government Strategie Salzburgs geht hier einen anderen Weg. Während rund um uns, noch Konzepte und mancherorts erste Lösungen entstehen, haben wir in Salzburg bereits im Jahr 2000 damit begonnen, uns über die moderne Verwaltung den Kopf zu zerbrechen, um für die Herausforderungen der Zukunft zukunftsweisende aber pragmatische Lösungen anzubieten.

4.3.1. Einfacher Zugang für alle

Alle Bürger und Unternehmen sollen den Zugang zu den Leistungen der Salzburger Verwaltung, einfach und rasch, sowie ohne technische Spezialkenntnisse, elektronisch erhalten. Dabei können sie die Lösung ohne Eingehen besonderer Verträge oder vertragsähnlicher Bedingungen nutzen.

Ihre Rechtsstellung darf sich durch den Umstand, dass sie eine Verwaltungsleistung über e-Government in Anspruch nehmen, keinesfalls verschlechtern. Es werden nur solche Verfahren im e-Government angeboten, die auch sinnvoll über das Internet abgewickelt werden können. Das bedeutet, dass vorerst Verfahren, wo das persönliche Erscheinen bei einer Behörde notwendig ist, oder Verfahren, bei denen mehrere Personen Parteienrechte haben, nicht angeboten werden.

4.3.2. One Stop Shop – Subsidiarität statt Zentralismus

Darüber hinaus bietet das Salzburger e-Government Portal den Zugang nur zu jenen e-Government Verfahren an, für die die Bezirkshauptmannschaften bzw. und die Salzburger Landesverwaltung zuständig sind. Durch Vereinbarungen mit anderen – geeigneten – Portalbetreibern soll erreicht werden, dass über dortige Informationsseiten zur eigentlichen Verfahrensabwicklung auf das Salzburger e- Portal verlinkt wird. Der Bürger soll nicht auf zahlreichen verschiedenen – und damit unzuständigen – Portalen seine Anträge einreichen, sondern nur unter der einprägsamen Webadresse www.salzburg.gv.at alle Verfahren finden, die er auch bisher in Papierform bei der Salzburger Verwaltung eingereicht hat.

Elektronische Verfahren müssen einfach und nachvollziehbar durchführbar sein. Die zuständigen Ansprechpartner – sowohl für fachlich – inhaltliche als auch technische Fragen – müssen kompetente Auskunft über die Verfahren geben können. Da reicht es auch nicht, allgemeine Informationen zu geben, sondern es muss auf die regionalen Besonderheiten der unterschiedlichen Gebietskörperschaften eingegangen werden können. Daher sollen sinnvollerweise nur dezentrale Portale e-Government Verfahren abwickeln, denn nur dort erhalten die Antragsteller kompetente und rasche Auskunft. Nur dadurch lässt sich im Sinne des Bürger wirklich ein One-Stop-Shop errichten, egal ob der Bürger persönlich vorbeikommt oder sein Anliegen per Internet abwickeln will, er ist immer bei der zuständigen Stelle. Einfache und klare e-Government Lösungen werden von den Bürgern und der Wirtschaft auch angenommen[18].

4.3.3. 24 Stunden – Rund um die Uhr

e-Government Lösungen sollen auch außerhalb der „Amtsstunden" verfügbar sein. Selbstverständlich kann sich eine Verwaltung einen „24 Stunden Betreuungsdienst" aus Kostengründen nicht leisten. Daher ist es notwendig, eine ausgereifte Architektur auf Grundlage offener Technologiestandards zu verwenden. Hier ist offenen Lösungen der Vorzug vor proprietären Produkten zu geben. Auch der Einsatz von Open Source, wie bspw. der Linux Betriebssystem ist dabei aus Performance- und Stabilitätsgründen zu forcieren.

4.3.4. Mustermann – Testen ohne Folgen

Ein einheitliches und vor allem ansprechendes Design und Layout über alle Verfahren und ein e-Government im Sinne des One-Stop-Shop Prinzips ist ebenfalls notwendig, um den Bürgern und der Wirtschaft in klarer und strukturierter Art und Weise, die Dienstleistungen der Verwaltung anzubieten. Durch so genannte „Mustermann" – Lösungen können Ängste und Unsicherheiten im Umgang mit der Technologie und mit der Behörde abgebaut werden. Daher ist es wichtig, dass alle Funktionen spielerisch – natürlich ohne weitere Folgen – ausprobiert werden können. Die e-Government Lösung muss immer intuitiv und einfach in der Bedienung bleiben.

---

[18] Hedra, 2002

4.3.5. Reduktion der Beilagen

e-Government bringt nur dann wirklich einen Nutzen, wenn alle für das Verfahren notwendigen Informationen elektronisch eingebracht werden können. Überall dort, wo diese Daten bereits vorhanden sind, ist auf die Beilage zu verzichten. In allen anderen Fällen sollte eine Kopie – und damit auch ein elektronisches, gescanntes Dokument ausreichen. Solche elektronischen Dokumente können mit dem eigentlichen Antrag elektronisch mitgeschickt werden.

4.3.6. Rundum Service

Die e-Government Lösung muss ein vollständiges Service bieten. Neben der eigentlichen Antragsstellung wird auch die Zustellung von Erledigungen und das Bezahlen von Gebühren und Abgaben angeboten werden. Eine automatisch generierte Empfangsbestätigung für den Antragsteller, dass sein Antrag auch wirklich bei der Behörde eingelangt ist oder dass automatische Zuteilen zur zuständigen Behörde sind weitere Ergänzungen, die den Servicegedanken abrunden.
Der Bürger ist in den Entwicklungsprozess einzubeziehen. Seine Ideen und Anregungen sind bei der Entwicklung und im Aufbau von e-Government zu berücksichtigen.

4.3.7. Sicherheit

Datenschutz und Sicherheit im Internet hat höchste Priorität. Solange als Identifikationsmittel die Bürgerkarte[19] noch nicht die notwendige Verbreitung hat, um sinnvoll eingesetzt werden zu können, müssen herkömmliche Methoden – bspw. Benutzerkennung und Kennwort – angeboten werden. Die im Internet für die Verschlüsselung von Datentransfer verwendeten sicheren Übertragungsprotokolle sind dabei zu verwenden.

4.4. Ein Vergleich

Es stellt sich die Frage, welchen Weg die Österreichischen e-Government Initiative gehen soll? Sollen wir einen zentralistischen e-Government Komplex wie bspw. in Großbritannien errichten, oder sollen wir eine übersichtliche Siedlung unterschiedlicher, aber vergleichbarer e-Government Häuser schaffen? Die Vor- und Nachteile der beiden Lösungen möchte ich gegenüber stellen:

---

[19] siehe dazu www.buergerkarte.at

4.4.1. Zentrale Strategie

⇨ Der zentrale Weg hat zur Fiktion, dass der Bürger kein Wissen über die zugrunde liegende Zuständigkeitsstruktur der Verwaltungen benötigt. Er wendet sich mit all seinen Anliegen an ein zentrales Behördenportal, und wickelt dort sein Verfahren ab. Dieser Weg widerspricht sowohl den Grundsätzen der Bürgernähe als auch der Forcierung der Transparenz der Leistungen der Verwaltung der verschiedenen Ebenen. Darüber hinaus ist die Technik nicht im Stande, die Vielfalt von tausenden Verwaltungsleistungen und mehreren tausend Verwaltungseinheiten transparent und bürgernah abzubilden.

⇨ Die Strategen des zentralen e-Government Weges werden argumentieren, dass selbstverständlich neben dem zentralen „Empfangsbereich" des „Österreichischen e-Government Hauses" weitere kleinere Lösungen existieren können, die dem Bürger die einzelnen regionalen Unterschiede erklären können. So sollen die einzelnen Internetportale und e-Government Lösungen der Länder, Städte und Gemeinden neben einem zentralen Portal existieren.

⇨ Dagegen spricht, dass zentrale Systeme auf Grund ihrer Komplexheit und auf Grund ihrer gegenseitigen Abhängigkeit, fehleranfällig sind. Da trotz aller zentralen Vorgaben die dezentralen Verwaltungskörper nicht gleich geschaltet werden können und sollen, bedeutet dieser Ansatz die Schaffung eines Kommunikationsnetzes, um unterschiedliche Leistungen zu vergleichbaren Anliegen den Bürgern und der Wirtschaft anbieten zu können. Subsidiarität, Individualismus und begründete regionale Unterschiede verkommen zu Schlagworten.

⇨ Bei einem zentralen Modell wird erwartet, dass die Leistungen der öffentlichen Verwaltung in Österreich gleich sind. Informationen zu Leistungen in einem Bundesland oder in der einen Gemeinde gleichen denen in anderen. Aber die Realität belehrt uns eines Besseren, etwa durch unterschiedliche Regelungen und Geschäftseinteilungen in den Landesgesetzen, die idente Lebensbereiche in den Bundesländern unterschiedlich regeln (z.B. Naturschutz, Wohnbauförderung ect.). Der Bürger will nicht Einheitsbrei, der Bürger will individuelle Lösungen für seine Probleme. Lösungen, die er bisher gewohnt war zu bekommen. Lösungen, die ein zentrales e-Government nicht schaffen kann.

⇨ Andererseits verleitet der zentrale Ansatz, dass Investitionen in Richtung e-Government von den dezentralen Organisationen gar nicht oder sehr spät getroffen werden können, da zuvor der Aufbau des zentralen Gebäudes abgewartet werden müsste. So werden Bürger und Wirtschaft vertröstet, und es vergeht weiterhin wertvolle Zeit, ohne letztlich Lösungen zur Sicherung des Standortes Österreich zu entwickeln.

Es zeigt sich also, dass ein Gebäude nicht nur nach den strategischen Wünschen eines Baumeisters geplant werden kann, es müssen auch jene beteiligt werden, die in diesem Gebäude leben und arbeiten müssen. Hier orte ich noch massives Defizit. Der Bund darf keine Strategie entwickeln, die eine österreichische Verwaltung nach dem Muster von zentralistischen Staaten wie Frankreich oder Großbritannien vorsieht. Ob es sich hierbei um eine Verkennung der Österreichischen Situation oder um eine Wunschvorstellung handelt, sei dahin gestellt. Fakt ist jedoch, dass in einem zentralen e-Government Modell nicht die regionale Vielfalt, sondern die zentralistische Einheit und Gleichheit von Bedeutung ist. Ich denke, wir sind über diese Diskussion hinaus auf gutem Weg die föderale Struktur Österreichs zu stärken.

Doch wie erfolgreich sind zentralistische e-Government Systeme in Europa?

Eine Studie von Hedra[20] zeigt, dass das in den letzten Jahren vielerorts gepriesene UK Online – das e-Government Portal der britischen Verwaltung – trotz hoher Investitionen – von den britischen Bürgern und der britischen Wirtschaft deswegen kaum angenommen wird, da dieses zentrale Portal zu komplex, anonym und zu wenig nutzerfreundlich ist.

Was verspricht uns dagegen der dezentrale, föderale Weg?

4.4.2. Dezentrale Strategie

⇨ Dezentrale Lösungen bedeuten, dass sie den Menschen auf Basis abgestimmter, einheitlicher Standards und Schnittstellen individuelle, bürgernahe Möglichkeiten bieten, direkt Anträge und Wünsche an die Verwaltung heran zu tragen. Bei Rückfragen stehen kompetente Ansprechpartner ebenso zur Verfügung, wie technische Probleme auf Grund der Überschaubarkeit rasch lösbar sind.

⇨ Dezentrale Lösungen können damit aber auch nicht, wie zuvor gesagt, unabhängig von ihrer Umgebung entstehen, im Gegenteil, je dezentraler und unabhängiger e-Government Lösungen sind, desto wichtiger ist es, dass sie miteinander über klare und offen gelegte Schnittstellen interagieren können. Das macht dezentrale Lösungen kommunizierbar, und erlaubt jeder einzelnen Gebietskörperschaft die Handlungsfähigkeit, die benötigt wird, um für die Bürger und Wirtschaft direkte und unmittelbare Lösungen anbieten zu können[21].

---

[20] siehe Hedra, 2002

[21] Vgl. dazu auch die aktuelle Diskussion zwischen der Open Source Community und de-facto Monopolisten. Auch hier sind die Vorteile integrativer Lösungen aus einer Hand, die zumindest in ihrer Anschaffung dafür sprechen, den Vorteilen unabhängiger auf der Grundlage offener Standards und offen gelegter Source Codes entwickelter Applikationen gegenüber zu

⇨ Dezentrale Lösungen entstehen rascher, sind am Kunden orientiert und bringen dem Bürger im Sinne des Pareto Prinzips früher positive Effekte. Durch die gemeinsamen Kooperationen zwischen Bund, Gemeinden und anderen Ländern wird gewährleistet, dass unsere dezentralen Lösungen miteinander kommunizieren und interagieren können.

⇨ Durch die Entstehung vieler dezentraler Lösungen entwickelt sich ein Wettbewerb der Ideen. Und durch Ideen schaffen wir wiederum einen Wettbewerb der Lösungen, der den notwendigen Schub für e-Government in Österreich erst mit sich bringt. Wieso sonst hat die Europäischen Kommission damit begonnen, einen Wettbewerb der besten europäischen e-Government Lösungen durchzuführen und die Aktivitäten der Mitgliedstaaten durch Benchmarking und Ranking zu vergleichen? Nur durch Wettbewerb kurbeln wir den „e-Government Motor" zu Höchstleistungen an und erreichen dadurch früher bessere Lösungen für unserer Bürger und unserer Wirtschaft.

4.4.3. Schlussfolgerungen

Für mich überwiegen die Vorteile des dezentralen Weges. Wir schaffen damit rascher und direkter Lösungen für den Bürger und die Wirtschaft, durch Abstimmung mit unseren Partner verhindern wir Insellösungen, und durch die Direktheit des e-Government Portals gelingt es uns, die Unterschiedlichkeiten der einzelnen Regionen darzustellen. Nur mit dezentralen Lösungen sind wir beim Bürger. Auch hier gilt das Prinzip der Subsidiarität.

Bei aller Klarheit und Gegensätzlichkeit dieser Argumente möchte ich aber darauf hinweisen, dass die verschiedenen Strategien auch vieles gemeinsam haben:

1. Das Land Salzburg hat sich bereits frühzeitig zur Zusammenarbeit auf strategischer und technischer Ebene bekannt. Nur durch frühzeitige Festlegung gemeinsamer Standards und Schnittstellen kann ressourcenschondend e-Government geplant und aufgebaut werden.

2. Die Abstimmungsergebnisse der gemeinsamen Arbeitsgruppen werden nicht nur in Salzburg umgesetzt, sondern wurden teilweise federführend[22] von uns entwickelt.

3. Das Land Salzburg bekennt sich ganz klar zu den geforderten Sicherheitsstandards. Nur durch den Einsatz der sicheren elektronischen Signatur bzw. der Verwaltungssignatur lässt sich das Thema „Sicherheit" lösen. Gleichzei-

---

stellen. Je integrativer und komplexer Lösungen werden, desto schwieriger wird es, Alternativen einzusetzen, da das Risiko eines Misserfolges schwer abzuschätzen ist. Andererseits erfordert der Einsatz offener modularer Systeme oft ein Wissen über sie, das wir in unseren Verwaltungen kaum haben und somit zukaufen müssen.

[22] Der Styleguide der e-Government Formulare.

tig müssen wir aber verhindern, dass die Eintrittsschwelle für den Bürger durch technische Barrieren – wie ein zwingender Einsatz der elektronischen Signatur – zu hoch wird.

4. Durch Vereinbarungen mit Partnern soll zur leichteren Auffindbarkeit der einzelnen Verfahren von zentralen Informationsportalen auf die dezentralen e-Government Anwendungen verlinkt werden.

Dazu habe ich im Frühjahr 2003 die mehrfach ausgezeichnete e-Government Lösung des Landes Salzburg meinen Kollegen in den anderen Bundesländern zur Nutzung angeboten.

5.   Der Salzburger Weg

5.1.   Das Projekt

Das Land Salzburg hat im Herbst 2000 begonnen, ein Konzept für den Salzburger e-Government Weg zu entwickeln und hat damit als eines der ersten Bundesländer die Bedeutung von e-Government erkannt. Da hier ein Neuland für Verwaltungen betreten wurde, gab es für viele rechtliche und organisatorische Fragen keine vergleichbaren Antworten.

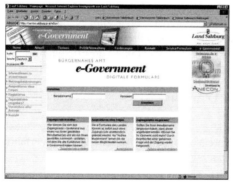

Abbildung 2: Die Salzburger e-Government Lösung

Daher war es von Beginn an wichtig, e-Government evolutionär zu entwickeln. Die betroffenen Dienststellen mussten von Beginn an eingebunden sein, Verfahrensfragen mussten – selbstverständlich im rechtlichen Rahmen – interpretiert werden.

Daraus abgeleitet wurde das Projekt e-Government in 3 Phasen entwickelt.

5.1.1. Phase I – Realisierung

In dieser Phase wurde das e-Government Portal mit seinen Grundfunktionen aufgebaut. Die Salzburger Bürger können seit Herbst 2001, elektronisch Anliegen an die Bezirks- und Landesverwaltung über das e-Government Portal stellen.
Die wichtigsten Funktionen, die mit dieser Phase aufgebaut wurden, sind:
- 10 Online Formulare als Pilotversuch
- Einheitliches Layout über alle Formulare
- Mustermann Funktion
- Umfangreiche Onlinehilfe
- Empfangsbestätigung

5.1.2. Phase II – Konsolidierung

In dieser Phase wurde das Angebot für den Bürger im e-Government Portal verbessert und vervollständigt. Seit Ende 2002 können somit ca. 70 verschiedene Verfahren elektronisch über das Internet abgewickelt werden. Im Laufe des Jahres 2003 werden weitere Verfahren im e-Government Portal folgen.
Zusätzlich zu den Funktionen nach der ersten Phase kamen die folgenden hinzu:
- Ausbau der Online Formulare, Ende 2002 waren es bereits 70
- Bequemes Bezahlen von Gebühren und Abgaben über www.bezahlen.at
- Gesicherte elektronische Zustellung von Erledigungen über einen Zustellserver

5.1.3. Phase III – Vernetzung[23]

In dieser vorerst letzten Phase des Projektes e-Government im Land Salzburg geht es um die Durchgängigkeit der e-Government Verfahren ohne Medienbrüche mit den internen DV-unterstützen Prozessen.

---

[23] Parallel zum e-Government Projekt, welches bereits im Jahr 2000 begonnen wurde, wird im Land Salzburg der sog. „elektronische Akt" eingeführt. Als Grundlage für die Auswahl eines Produktes waren das deutsche Domea Konzept und das ELAK Konzept des Bundes, welches durch die enge Mitarbeit von Salzburg entsprechend erweitert wurde.
Die Konzeption von e-Government sah von Beginn an eine Kopplung der beiden Systeme – Bürgerfrontend / ELAK System – über Standard XML Schnittstellen vor. Damit soll einerseits die medienbruchfreie Antragseinreichung und eine Statusabfrage bzw. Akteneinsicht ermöglicht werden.

5.1.4. Der Erfolg gibt recht

Nach nunmehr fast 2 Jahren Betrieb konnte die e-Government Lösung Salzburgs bereits einiges an Aufsehen erreichen.

⇒ **eDay der Wirtschaftskammer**[24]
Die Wirtschaftskammer Österreich veranstaltet seit 2000 jedes Jahr am 1. März den sog. " eDay". Unter dem Titel "eGovernment- das 24h Amt" wurde das Salzburger E-Government als BestPractice für e-Government Lösungen am 1.3.2002 vorgestellt.

⇒ **Österreichische e-Government Konferenz**[25]
Erstmals tagten 2002 e-Government Spezialisten des Bundes, der Länder, der Städte und Gemeinden Österreichs auf Einladung der Länderarbeitsgruppe eGovernment und des Städtebundes im Wiener Rathaus zu Fragen der elektronischen Abwicklung von Verwaltungsverfahren.
In der Themengruppe "Good Practices - Anwendungsberichte öffentlicher Stellen mit Zielsetzung Wirtschafts- und Bürgerorientierung" wurde das Projekt "E-Government Land Salzburg" am 14.3.2002 vorgestellt.

⇒ **eMedia Bericht**[26]
Im April 2002 berichtete das österreichische Computermagazin vergleichend über die Situation von e-Government in Österreich, wobei die Lösungen von Wien und Land Salzburg als die besten Lösungen der Bundesländer bewertet wurden.

⇒ **eEurope Award für e-Government**[27]
Die e-Government Lösung des Landes Salzburg wurde als eines von 65 europäischen Best Practice Projekten am 7. - 8.7.2003 im Rahmen des eEurope Award für e-Government in Como (Italien) präsentiert. Eine unabhängige internationale Expertenrunde hat im Vorfeld die Salzburger Lösung aus fast 360 eingereichten Projekten ausgewählt.

6. Resumee und Ausblick

Begleitende Maßnahmen sind für die Akzeptanz und die Nutzung von e-Government unausweichlich. Hier muss noch einiges getan werden, um die Nutzungszahlen weiter zu steigern. Neben Marketingmaßnahmen wird auch durch Bürgerbefragungen der Bedarf für e-Government Angebote analysiert werden.

---

[24] siehe www.eday.at
[25] siehe www.egov2002.at
[26] siehe e-Media, 2002
[27] siehe www.e-europeawards.org

Neben den Einparteienantragsverfahren wird es notwendig sein, durch Kooperationen mit öffentlichen oder privaten Organisationen weitere Betätigungsfelder für e-Government zu erschließen. Technische Schnittstellen und offene Standards erleichtern und fördern die Zusammenarbeit mit diesen Organisationen.

Die Zusammenarbeit der Verwaltungen Österreichs muss klar und verständlich strukturiert werden. Ihre e-Government Aktivitäten und Aufgaben müssen partnerschaftlich gegenseitig abgegrenzt werden. Neben den zahlreichen e-Government Portalen der einzelnen Gebietskörperschaften, auf denen die Antragsverfahren abgewickelt werden, existieren Informationsportale, die allgemeine und übergeordnete Informationen zu den Verfahren bieten. Detailinformationen können nur – alleine schon auf Grund der regionalen Verschiedenheiten in den Aufgaben der Gebietskörperschaften – auf den dezentralen Portalen liegen. Für die eigentliche Verfahrensabwicklung ist auf Grund der in der Österreichischen Bundesverfassung festgelegten Bundesstaatlichkeit immer die zuständige Behörde verantwortlich, und daher jene „zuständige" Gebietskörperschaft, die das Portal betreibt.

Salzburg hat als Vorreiter in Sachen e-Government in Österreich Einiges bewegt. So entstand der mittlerweile für ganz Österreich gültige Styleguide[28] für e-Government Lösungen. Mittlerweile wird dieser Formularstandard auch von anderen Verwaltungen[29] und Portalen verwendet. Darüber hinaus erlangte e-Government in Österreich durch die Entscheidung Salzburgs, hier etwas zu tun, einen massiven Schub nach vorne. Nicht zuletzt deshalb stellt das Land Salzburg seine Lösung den anderen Ländern zur Verfügung, um dadurch auch anderen Bürgern und der Wirtschaft rasch ein ausgezeichnetes e-Government Portal anbieten zu können.

Wie wird sich e-Government in Österreich entwickeln? Die Bundesregierung plant für 2004 „e-Government Gesetz". Dabei werden viele Normen, die für die Entwicklung eines zentralistischen e-Government Modells notwendig sind, formuliert. Normen, die auch für den Aufbau föderaler Plattformen von Bedeutung sind, die jedoch im Zusammenhang mit dem ersten Versuch einer Bundesstrategie für e-Government kritisch hinterfragt werden müssen. Wir, Länder und Gemeinden, müssen gegenüber dem Bund als starker Partner auftreten, wir müssen die Vorstellungen und Wünsche unserer Mitbürger und unserer regionalen Bedeutung gerecht werden. Wir müssen klar formulieren, dass e-Government Haus in Österreich auch ohne unserer Mitarbeit zwar eine schöne Fassade besitzt, aber unbewohnt und unpersönlich bleibt.e-Government braucht Strategien, die diese

---

[28] siehe dazu die Ergebnisse der Länderarbeitsgruppe e-Government
[29] siehe dazu www.help.gv.at

Visionen real werden lassen. Strategien dürfen aber nicht den Boden unter den Füßen verlieren, sondern müssen pragmatisch umgesetzt werden können. Im Mittelpunkt haben wir im e-Government den Bürger zu sehen und es ist unsere Verantwortung Lösungen anzubieten, die nutzerfreundlich und einfach konzipiert sind, die aber auch sehr rasch zur Verfügung stehen. Salzburg wird hier versuchen, seinen Weg weiterzugehen.

7.   Glossar

CIO   Chief Information Office
G2B   Government to Business Coorperation
G2C   Government to Customer Coorperation
G2G   Government to Government Coorperation
G2N   Government to Non-Profit Organisation Coorperation
LDAP Light Weight Access Protocol
PPP   Private – Public - Partnership
SSL   Secure Socket Layer
WAI   Web Accessability Initiative
XML   eXtensible Markup Language
ZMR   Zentrales Melderegister

8. Literaturverzeichnis

A-SIT, Zentrum für sichere Informationstechnologie, http://www.a-sit.at

Bundeskanzleramt; Amtshelfer online, http://www.help.gv.at

Bundeskanzleramt; ELAK-Konzept, 2001, 1-71

Bundeskanzleramt; e-Government in Österreich, 2003, 1-119

Cap Gemini Ernst & Young, Webbasierte Untersuchung

Stabsstelle IKT-Strategie des Bundes; Newsletter der Stabsstelle IKT-Strategie des Bundes 01/03, 2003; http://www.cio.gv.at/service/newsletter/Newsletter_01_03.html

Clement Michael, Kay Peters & Friedrich J. Preiß; Electronic Commerce in: Sönke Albers, Michel Clement und Kay Peters (Hrsg.): Marketing mit Interaktiven Medien - Strategien zum Markterfolg, Verlag des Instituts für Medienentwicklung und Kommunikation (IMK) in der Verlagsgruppe Frankfurter Allgemeine Zeitung, Frankfurt am Main 1998, 49-64

e-Media; Nie wieder MA2412 ..., Heft 8, 2002

Europäische Kommission; eEuropa 2002, Eine Informationsgesellschaft für alle, Brüssel, 2000 http://europa.eu.int/information_society/eeurope/action_plan/pdf/actionplan_de.pdf

Europäische Kommission; eEuropa 2002, Eine Informationsgesellschaft für alle, Brüssel, 2002a
http://europa.eu.int/information_society/eeurope/news_library/documents/eeurope2005/eeurope2005_de.pdf

Europäische Kommission; eEurope 2005: Indikatoren für den Leistungsvergleich, Brüssel, 2002b
http://europa.eu.int/information_society/eeurope/news_library/documents/benchmarking05_de.pdf

Hedra; Government Internet Strategy Misses Targets, 2002, http://www.hedra.co.uk/content-170

Koordinierungs- und Beratungsstelle der Bundesregierung für Informationstechnik in der Bundesverwaltung (KBSt); Konzept Papierarmes Büro, Band 45, 1999, 1-149

Länderarbeitsgruppe e-Government; http://reference.e-government.gv.at

Mitterlehner, Reinhold; Möglichkeiten des e-Government in Wirtschaft und Verwaltung, Vortrag am 10.4.2001 in der Wirtschaftskammer Österreich

Österreichischen Postsparkasse Aktiengesellschaft, bezahlen.at, http://www.bezahlen.at

Von Lucke, Jörn & Heinrich Reinermann; Electronic Government in Deutschland, Speyer, 2002, 1-19

Schmutzer, Rupert; Perspektive e-Government, IIR Fachkonferenz: Herausforderung e-Government, 2000

Statistik Austria, Computerbenutzer und Internetnutzer unter den 16- bis 74-Jährigen in den Monaten April bis Juni 2002, http://www.statistik.at/fachbereich_forschung/ikt_tab3.shtml

Web Accessibility Initiative des World Wide Web Consortium (W3C); http://www.w3.org/WAI

VERWALTUNGSREFORM
IN OBERÖSTERREICH

von Landesamtsdirektor Dr. Eduard Pesendorfer

Amt der oberösterreichischen Landesregierung, Linz, Österreich

VERWALTUNGSREFORM IN OBERÖSTERREICH

von Landesamtsdirektor Dr. Eduard Pesendorfer
Amt der oberösterreichischen Landesregierung, Linz, Österreich

1. Einleitung

Unsere Zeit ist geprägt von Veränderungen in der Arbeitswelt, größerer Vielfalt und Differenzierung in den Wertesystemen, Globalisierung und neuen Technologien. Der Wandel, der alle Bereiche der Gesellschaft erfasst, zwingt uns zu neuen Sichtweisen.

Daraus ergibt sich, dass sich das Rollenverständnis und die Aufgabenstellung der Verwaltung ständig ändern und vor allem der öffentlichen Verwaltung zunehmend neue Aufgaben übertragen werden. Deshalb sind jene Maßnahmen notwendig, die wir üblicherweise unter der Bezeichnung Verwaltungsreform oder besser Verwaltungsentwicklung zusammenfassen.

2. Verwaltungsentwicklung

Die oberösterreichische Landesverwaltung war immer mit Erfolg bemüht, den gesellschaftlichen Änderungen Rechnung zu tragen. Die Rasanz und der Umfang der Entwicklung hat uns zu Beginn der 90iger Jahre veranlasst, folgende Entscheidungen zu treffen:

1. Die Entwicklung der Verwaltung ist als ein permanenter Prozess anzusehen. Die Bereitschaft zur Erneuerung, die Bereitschaft zur Verbesserung und die Bereitschaft und der Wille zur sinnvollen Anpassung an gesellschaftliche Entwicklungen ist eine ständige Anforderung an unsere Mitarbeiter und Mitarbeiterinnen.
2. Wir gestalten die Verwaltungsreform
   a. aktiv unter Beobachtung laufender und unter Abschätzung zu erwartender und nicht reaktiv unter dem Druck uns überrollender gesellschaftlicher Entwicklungen, weil wir nur so die Chance haben, die Maßnahmen entscheidend mitzugestalten, und
   b. unter Einbeziehung aller Mitarbeiterinnen und Mitarbeiter und nicht ausschließlich von außen oder von oben, weil nur so gewährleistet ist, dass wertvolle Erfahrung nicht unter die Räder sinnloser Selbstzweckneuerungen kommt.

3. Effektivität und Effizienz

Unsere Maßnahmen haben nie allein die Effizienz, sondern immer vorrangig die Effektivität im Auge gehabt. Es genügt nämlich nicht, die Dinge richtig zu tun, sondern wichtiger noch ist es, die richtigen Dinge zu machen.

Der Staat braucht die Bürokratie zur Wahrnehmung seiner Aufgaben. Solange der Staat Aufgaben wahrnimmt, muss es sie geben. Eine sinnvolle und nachhaltige Weiterentwicklung der Verwaltung hat daher bei den Aufgaben anzusetzen und zu prüfen, welche der Staat wahrnehmen muss. Ohne nachhaltige Neudefinition und auch Reduktion der Staatsaufgaben wird es zu keiner spürbaren Verwaltungsreform kommen.

Die bestehende Aufgabenteilung ist daher im Sinne des Subsidiaritätsprinzips auf ihrer Zweckmäßigkeit zu prüfen. Der Staat ist von den Aufgaben zu entlasten, die nichtstaatliche Einrichtungen oder der einzelne Bürger im Rahmen ihrer Eigenverantwortung übernehmen können.

Verschiedene durchgeführte Maßnahmen der Aufgabenkritik [z.B. die Verwaltungsvereinfachungsvorschläge der Länder (1988), Zusammenarbeit mit Universität und Wirtschaft, ein Deregulierungserlass (1989), die Einrichtung einer Deregulierungskommission (seit 1990)] konnten und können lediglich Einzelerfolge bringen.

4. Projekt Aufgabenreform in der oberösterreichischen Landesverwaltung

4.1. Allgemeines

Die Landesregierung hat daher auf Vorschlag des Amtes am 1.3.1993 das Projekt "Aufgabenreform in der Landesverwaltung" beschlossen. Die Aufgabenreform wurde damit in einem strukturierten, die gesamte Verwaltung des Landes (Amt der Landesregierung, Bezirkshauptmannschaften, Agrarbezirksbehörden, Außenstellen der Landesbaudirektion) erfassenden Projekt zusammengefasst.

4.2. Ziele des Projektes "Aufgabenreform"

Die Ziele des Projektes sind wie folgt umschrieben:
(1) Systematische Durchforstung der Aufgaben sowie Erarbeitung von Vorschlägen und Entscheidungsgrundlagen
  ♦ zur Reduktion der öffentlichen Aufgaben und der internen Aufgaben der Landesverwaltung sowie
  ♦ zur Verbesserung des Leistungsprogramms.
(2) Die Vorschläge zur Veränderung des Leistungsprogramms sollen auf

♦ auf eine Kostensenkung der Leistungserstellung und/oder

♦ auf eine Wirksamkeitssteigerung der Leistungen abzielen.

Das Projekt soll auch das Bewusstsein für den Veränderungsprozess der Verwaltung zum ziel-, ergebnis- und kundenorientierten Dienstleistungsunternehmen fördern.

4.3. Schwerpunkt Effektivität, Abgrenzung zur Effizienz

Das Projekt Aufgabenreform hat bewußt immer die Leistung und ihre Wirkung gegenüber dem Bürger (Effektivität) ins Zentrum der Betrachtungen gestellt und nicht die wirtschaftliche Erstellung dieser Leistungen (Effizienz).

4.4. Die Ergebnisse des Projektes Aufgabenreform

4.4.1. Einsparungsmöglichkeiten

Im Mittelpunkt steht das aufgezeigte Einsparungspotential. Da gerade in der Öffentlichkeit die Verwaltung immer wieder nach der Zahl der Dienstposten bewertet wird, wurde das Einsparungspotential nach dem etwas vereinfachten - nicht berücksichtigt sind z.B. Einsparungen im Sachaufwand oder allenfalls notwendige Substitutionen von Personal durch Sachaufwand - Parameter der aufgezeigten Personenjahre dargestellt.

Das gesamte vom Lenkungsausschuss und der Landesregierung beschlossene Einsparungspotential beträgt 786 Dienstposten, wobei zur Umsetzung dieser Alternativen zu 48 % Entscheidungen auf Bundesebene und zu 52 % Entscheidungen auf Landesebene notwendig sind.

Bisher (einschließlich Landesvoranschlag 2003) wurden im Zusammenhang mit der Aufgabenreform deutlich über 400 Dienstposteneinsparungen realisiert, wobei wir zwischen Personalmaßnahmen im Zusammenhang mit der Aufgabenreform und Reduktionen aufgrund von Effizienzsteigerungen unterscheiden und die Gesamtnettoreduktion in der Verwaltung ohne Krankenanstalten trotz Steigerungen in verschiedenen Bereichen ca. 1300 Dienstposten beträgt.

4.4.2. Nebenwirkungen des Projektes

1) Im Zuge des Projektes wurden erstmals alle Leistungen der Landesverwaltung (des Amtes der Landesregierung, der Bezirkshauptmannschaften und Agrarbezirksbehörden) systematisch nach einer einheitlichen Gliederung erfasst und dargestellt (insgesamt 1539 Leistungen mit 4587 Teilaufgaben);

daraus erstand der Produktkatalog, der als Basis für betriebswirtschaftliche Steuerungsinstrumente (insbes. Kostenträgerrechnung) dient.

2) Zur Erfassung und Darstellung des gesamten Ressourceneinsatzes bei der Erstellung der einzelnen Leistungen wurde ein einheitliches Kalkulationsmodell für alle Kostenarten entwickelt.

3) Aufgrund des zur Aufgabenreform entwickelten Kalkulationsmodells war es erstmals möglich, umfassend für alle betroffenen Leistungen Vollkosten zu ermitteln. Damit stand auch die Basis für eine umfassende Kosten- und Leistungsrechnung zur Verfügung (einschließlich Kostenstellenrechnung).

4) Die Kostendaten der Leistungen wurden systematisch zu den entsprechenden Mengendaten (z.B. Anzahl von erteilten Bewilligungen, von Bauprojekten etc.) oder mit sonstigen Bezugsgrößen (wie z.B. Anzahl der betreuten Straßenkilometer) in Beziehung gesetzt. Dies war ein erster Schritt in Richtung eines strukturierten betriebswirtschaftlichen Berichtswesen (Kosten- und Leistungsrechnung) und ist im Rahmen des Controllings noch weiterzuentwickeln und zu verfeinern.

5) Das Projekt hat dadurch, dass es die gesamte Verwaltung von der Mitarbeiterebene bis zur höchsten politischen Ebene erfasst hat, bei allen Entscheidungsträgern einen Bewusstseinsbildungsprozess betreffend die Umorientierung der Landesverwaltung von einem aufgabenerledigenden Apparat zum ziel-, ergebnis- und kundenorientierten Dienstleistungsunternehmen in Gang gesetzt.

Der Landesamtsdirektor hat einmal jährlich dem Politischen Lenkungsausschuss über - den Stand der Realisierung der Umsetzungsvereinbarungen und den Stand der Subprojekte zu berichten.

5. Das langfristige Management- und Unternehmenskonzept des Landes Oberösterreich für eine wirkungsorientierte Landesverwaltung (WOV 2015)

5.1. Ziele der Entwicklung.

Schon bei der Planung und Vorbereitung des Projekts „Aufgabenreform" haben wir erkannt, dass die herkömmlichen Modelle der Verwaltungsführung nicht mehr in Lage sind, befriedigende Antworten auf die verschiedenen Herausforderung zu geben; ein allein auf gesetzeskonformen Vollzug und Ordnungsmäßigkeit abgestelltes Handeln der Verwaltung schien zu vergangenheitsorientiert, zudem viel zu sehr auf sich selbst als Verwaltung gerichtet, als dass damit die Bewältigung der Zukunftsthemen der Gesellschaft möglich schien. Deshalb wurde bereits für das Projekt Aufgabenreform das übergeordnete Reformziel formuliert, „als Verwaltung den Wandel vom aufgabenerledigenden Verwaltungsapparat hin zum ziel-, ergebnis- und kundenorientierten Dienstleistungsunternehmen aktiv zu gestalten".

Auf Basis der in der Aufgabenreform gewonnenen Erfahrungen wurde dieser Eindruck nur verstärkt, weshalb eine intensive Auseinandersetzung mit den damals gerade neu aufkeimenden „Neuen Steuerungsmodellen" wie dem „New Public Management (NPM)" oder der „Wirkungsorientierten Verwaltungsführung[1] (WOV)" erfolgte. Die wesentlichen Bausteine dieser neuen Steuerungsmodelle wurden daher für die oberösterreichische Landesverwaltung in einem Strategiepapier unter dem Titel „Überlegungen zur mittelfristigen Verwaltungsentwicklung" zusammengefasst, dessen Herzstück die Stärkung der Wirkungsorientierung war und ist. Im Sinn dieser Grundausrichtung wurden daher bereits seit dem Beginn der 1990er-Jahre systematisch und planmäßig Maßnahmen in Richtung moderner Organisations- und Managemententwicklung gesetzt und entsprechende Projekte durchgeführt. Nur beispielsweise sind hier folgende Punkte zu nennen:

- Objektivierung bei der Aufnahme und der Bestellung von Abteilungsleiterinnen und -leitern
- Befristete Bestellung von Abteilungsleiterinnen und -leitern
- Herausgabe eines Leitbilds der Landesverwaltung
- Einführung von Richtlinien für das Projekt-Management und Controlling
- Auflösung von Kleinabteilung und Hierarchieabflachungen
- Technische Aufrüstung (Vollausstattung im EDV-Bereich)
- Einführung eines Zielvereinbarungssystems
- Einführung eines betriebswirtschaftlichen Steuerungs- und Informationssystems
- Aufbau der Kosten- und Leistungsrechnung (Kostenarten, Kostenstellen, Kostenträger)
- Verstärkter Ämtervergleich (Benchmarking)
- Offensive bei der Führungskräfte- und Mitarbeiterinnen- und Mitarbeiterqualifikation
- Flexibilisierung des Dienstrechts

---

[1] Für viele: Schedler, Ansätze einer wirkungsorientierten Verwaltungsführung, 2. Aufl, 1996.

- Aufbau strategischer und operativer Planungsprozesse sowie eines Berichtssystems
- Fortführung gezielter Ausgliederungen wie (Boden- und Baustoffprüfstelle, Landeskrankenanstalten - GESPAG, Landesimmobiliengesellschaft - LIG) und öffentlich-privater Partnerschaften
- Entwicklung eines angepassten Steuerungsmodells auf der Basis der Ansätze der wirkungsorientierten Verwaltungsführung
- Bewusste Bürgerinnen- und Bürgerorientierung (One-Stop-Shop in den Bezirkshauptmannschaften)

Bemerkenswert an dieser Entwicklung ist einerseits, dass sie in sehr partnerschaftlicher, transparenter und zielorientierter Art und Weise von Politik und Verwaltung gestaltet und umgesetzt wurde. Andererseits hatten und haben die Reformen in Oberösterreich ihre Ursache nicht in schlechten finanziellen Rahmenbedingungen und konnten so sehr homogen und ohne soziale Konflikte durchgeführt werden. Klar ist aber auch, dass bei einer langfristig angelegten Entwicklungsstrategie auch ein Wandel des Selbstverständnisses und der gesamten Kultur einer Verwaltung angesprochen ist, der nicht von heute auf morgen bewerkstelligt werden kann. Viele der Bausteine der wirkungsorientierten Verwaltungsführung für Oberösterreich sind daher noch nicht zur Gänze umgesetzt oder über die Konzeptphase noch nicht hinaus gekommen. Mit der wirkungsorientierten Verwaltung wurde in Oberösterreich daher bereits eine Antwort formuliert, ihre gänzliche Umsetzung bleibt aber noch Vision.

Als Grundlage für die langfristige weitere Entwicklung der oberösterreichischen Verwaltung wurde das "Das langfristige Management- und Unternehmenskonzept des Landes Oberösterreich für eine wirkungsorientierte Landesverwaltung (WOV 2015)" entwickelt.

Dieses Konzept wurde vom politischen Lenkungsausschuss für Verwaltungsentwicklung mit Beschluss vom 3. März 2003 der Landesregierung vorgelegt und von dieser am 10. März 2003 einstimmig beschlossen. Am 1. April 2003 hat Landeshauptmann Dr. Josef Pühringer das Konzept den Führungskräften in der Landesverwaltung und der Öffentlichkeit vorgestellt.

Wesentliche Kernaussage der wirkungsorientierten Verwaltungsführung sind die verstärkte Ausrichtung des Verwaltungshandelns an den Ergebnissen und Wirkungen für die Bürgerinnen und Bürger und die Allgemeinheit sowie die verstärkte Übernahme von Verantwortung für die Arbeitsergebnisse und deren Wirkungen (Outputsteuerung).

5.2.   Aufbau und Kernaussagen von WOV 2015

5.2.1.   Aufbau des WOV 2015

5.2.1.1. Allgemeiner Teil (Grundsätzliches zu WOV)

- Mission statement: Dienstleistungsunternehmen Land Oberöster-reich als lernende Verwaltung
- Das Modell der wirkungsorientierten Verwaltungsführung
- Basisziele einer wirkungsorientierten Verwaltungsführung
- WOV 2015 im Stufenbau der Zielsetzungs- und Planungsebenen einer wirkungsorientierten Verwaltungsführung
- „Wir" sind die oö. Landesverwaltung

5.2.1.2. Besonderer Teil (7 Entwicklungsfelder)

- Wirkungsorientierung
- Kundenorientierung
- Planung und Steuerung
- Gemeinsame Ergebnis- und Ressourcenverantwortung
- Mitarbeiterorientierung
- Wettbewerb
- Optimierung von Strukturen und Abläufen

5.2.1.3. Die Entwicklungsfelder im einzelnen

Hier wird jeweils auf einige markante Leitsätze hingewiesen wird.

1. Entwicklungsfeld „Wirkungsorientierung"

Wir wollen Wirkungen erreichen und nicht nur Aufgaben erledigen. Die Wirkungen in der Gesellschaft und die Erfordernisse für die Bürgerinnen und Bürger und die Allgemeinheit stehen im Zentrum unseres Handelns; damit dient unser Handeln nicht nur dem Prinzip der Ordnungsmäßigkeit, sondern auch der Erzielung von Wirkungen.
Wir konzentrieren uns auf die Kernaufgaben der Verwaltung. Soweit Kernaufgaben nicht unmittelbar von uns angeboten werden müssen, gewährleisten wir diese Aufgaben zur ausbedungenen Qualität durch private Anbieter am Markt, die die Aufgaben zumindest wirtschaftlich gleichwertig erfüllen, durch Ausgliederung, den Einsatz von "Contracting-Out" oder "Public Private Partnership-

Modellen, wobei im Einzelfall nach den Kriterien der Zweckmäßigkeit und Wirtschaftlichkeit entschieden wird.

2. Entwicklungsfeld „Kundenorientierung"

Wir kennen unsere Kundengruppen, unser Angebot orientiert sich am Bedarf der Gesellschaft. Als unsere Kunden verstehen wir vor allem die Bürgerinnen und Bürger, die unsere Leistungen in Anspruch nehmen und auf die sich unser Handeln bezieht. Ferner sehen wir auch die Allgemeinheit als Kunde der Verwaltung an, in deren Interesse (öffentlichen Interesse) wir ebenfalls tätig werden.

Unsere Leistungen sind unabhängig von Zeit und Ort, wir bieten den passenden Zugang an. Im Interesse unserer Kunden soll es nur eine Anlaufstelle der Verwaltung geben. Die unterschiedlichen Zuständigkeiten von Bund, Land und Gemeinden wollen wir im Hintergrund wahrnehmen.

Dienstleistungsgesinnung ist unser Markenzeichen – Das Land steht für hohe Qualität. Wir bemühen uns im Rahmen der Normen um positive Lösungen – für den Bürger und für die Allgemeinheit. Unsere Kernkompetenz liegt dabei auch im Abwägen der Interessen verschiedener Kundengruppen.

Unsere Verwaltung ist transparent, verständlich in Verfahren und Sprache und nachvollziehbar. Wir stellen uns mit unserem Leistungsangebot externen Beurteilungen und Qualitätswettbewerben; unsere Leistungen sind messbar, wir unterziehen sie einer Kosten-Nutzen-Betrachtung.

3. Entwicklungsfeld „Planung und Steuerung"

Wir etablieren eine umfassende Zielvereinbarungskultur. Wir schließen Zielvereinbarungen zwischen der politischen Führung der Verwaltung und den Führungskräften der Verwaltung ab, die Leistungsaufträge mit Ergebnis- und Wirkungszielen enthalten.

Wir verbessern Planung und Steuerung. Wir planen und steuern auf allen organisatorischen Ebenen die Erstellung unserer Leistungen in verschiedenen Planungszeiträumen (langfristig, mittelfristig-strategisch, kurzfristig-operativ). Dazu entwickeln wir geeignete Standards für die Planungs- und Steuerungsprozesse und die dabei eingesetzten Instrumente.

Wir führen betriebswirtschaftliche Instrumente ein. Wir entwickeln ein Management-Informationssystem mit Informationen aus dem integrierten Rechnungswesen, dem Leistungs- und Wirkungscontrolling, dem Prozesscontrolling sowie dem Qualitätsmanagement.

4. Entwicklungsfeld „Gemeinsame Ergebnis- und Ressourcenverantwortung"

Wir fördern Unternehmergeist durch klare Verantwortungen und Befugnisse. Der unternehmerische Handlungsspielraum für unsere Führungskräfte wird Schritt für Schritt erweitert. Gleichzeitig bleibt gewährleistet, dass das Land Oberösterreich nach außen hin und unseren Mitarbeiterinnen und Mitarbeitern gegenüber als einheitliches Unternehmen in Erscheinung tritt und nach dem Gleichheitsgebot handelt. Dazu werden entsprechende Verfahren, Standards und Rahmenbedingungen fortgeschrieben und weiterentwickelt, die ein einheitliches Vorgehen und eine gesamthafte Ausrichtung in Ressourcenfragen sicherstellen.

Wir setzen Globalbudgets und Leistungsaufträge ein. Wir versuchen, neben der kameralistischen Haushaltsdarstellung ein produktgruppenorientiertes Budget (Globalbudget) zu erstellen, mit dem auch die internen betrieblichen Leistungsbeziehungen abgebildet werden. Globalbudgets setzen Leistungsaufträge in Zielvereinbarungen voraus.

Wir schaffen die personellen Voraussetzungen für die gemeinsame Ergebnis- und Ressourcenverantwortung. Wir setzen auf eigenverantwortliche und qualifizierte Führungskräfte, die mehr Befugnisse erhalten sollen, aber auch die Ergebnisse ihrer Entscheidungen zu verantworten haben.

5. Entwicklungsfeld „Mitarbeiterorientierung"

Mitarbeiterorientierung ist für uns ein wesentlicher Erfolgsfaktor. Subsidiarität und damit die Eigenverantwortung unserer Mitarbeiterinnen und Mitarbeiter sind wesentliche Grundlagen für unsere Personalentwicklung.

Unsere Initiativen zur Mitarbeiterorientierung. Wir fördern Veränderungsbereitschaft sowie konkrete Projekte und Initiativen zur Verbesserung der Unternehmenskultur. Dadurch soll die Motivation unserer Mitarbeiterinnen und Mitarbeiter erhöht und Verhaltensänderung erleichtert werden.

Wir pflegen intensive Kommunikation und partnerschaftlichen Umgang. Wir stellen unser Wissen und unsere Erfahrung offen im Unternehmen zur Verfügung und betreiben ein professionelles Wissensmanagement.

6. Entwicklungsfeld „Wettbewerb"

Wir forcieren den Wettbewerbsgedanken. Wir forcieren den fairen Umgang mit dem Wettbewerbsgedanken in der Verwaltung und bekennen uns zu einem verantwortungsbewussten Umgang mit Wettbewerbsdaten.

Wir setzen Instrumente zur Erhöhung des Wettbewerbs ein. Wir forcieren verwaltungsinterne Benchmark-Projekte, wie auch Benchmarking mit anderen Verwaltungen bzw. vergleichbaren Unternehmen der Privatwirtschaft. Zudem fördern wir den Aufbau von Vergleichsringen zwischen einzelnen vergleichbaren Verwaltungseinheiten.

7. Entwicklungsfeld „Optimierung von Strukturen und Abläufen"

Unsere Aufbauorganisation wird immer flexibler. Wir streben eine Aufbauorganisation an, die Lebensbereiche so abbildet, dass auf dieser Ebene eine strategische Planung und Ausrichtung möglich ist und eine hohe fachliche Integration der Leistungen und Prozesse besteht. Auf dieser Ebene streben wir auch die Zusammenführung der Ergebnis- und Ressourcenverantwortung an.

Unsere Abläufe sind klar und einfach. Unsere Prozesse sind auf rasche Abwicklung im Interesse unserer Kunden ausgerichtet, Schnittstellen werden möglichst reduziert und unproduktive Arbeitsschritte weggelassen. Der ständigen Prozessoptimierung kommt daher hohe Bedeutung zu.

5.2.1.4. Management-Teilkonzepte

In der Folge ist die Erarbeitung folgender Management-Teilkonzepte vorgesehen:

- Struktur- und Organisationsentwicklungskonzept
- Steuerungs- und Controllingkonzept
- Führungskonzept
- Personalkonzept
- Finanzkonzept
- Raum- und Technikkonzept
- Marketing-Konzept
- Qualitätsmanagementkonzept

5.3. Umsetzungsschritte

In Umsetzung des WOV 2015 bzw. der zu entwickelnden Management-Teilkonzepte wollen wir in den nächsten Jahren folgende Schwerpunkte setzen bzw. bereits eingeleitete Entwicklungen und Vorhaben fortsetzen:

5.3.1. Stärkung der Wirkungsorientierung mit Leistungsaufträgen

Kern einer wirkungsorientierten Verwaltungsführung im Sinne des New Public Managements ist die Ausrichtung des staatlichen Handelns auf die gesellschafts-politisch gewünschten Wirkungen in der Gesellschaft. Deshalb wollen wir in Fortsetzung der bisher gesetzten Maßnahmen in den nächsten zwei bis drei Jahren verstärkt die Fachplanung der Verwaltungsbereiche auf die mit der politischen Ebene vereinbarten Wirkungs- und Ergebnisziele aufbauen und den Leistungsauftrag in Form eines Kontraktes als durchgängiges Instrument in der Landesverwaltung einführen.

Es werden nach weitgehender Umsetzung der Ergebnisse des Projektes Aufgabenreform und nach der Verwaltungsreform des Bundes 2001/02 sowie nach dem Oö. Verwaltungsreformgesetz 2002 weitere Maßnahmen der Aufgabenkritik zu setzen sein.

5.3.2. Stärkung der strategischen und operativen Planung und Steuerung

Wir wollen auch weiter in die Verbesserung der Planung und Steuerung der Landesverwaltung und den Einsatz betriebswirtschaftlicher Instrumente investieren:

- Weiterer Aufbau des Controlling-Instrumentariums
Wir haben dem politischen Lenkungsausschuss am 9. Oktober 2000 das Controlling-Leitbild der oö. Landesverwaltung vorgelegt, welches von der Oö. Landesregierung am 27. November 2000 zur Kenntnis genommen wurde. Auf diesem aufbauend hat das Arbeitsteam „Führungskräfte und Controlling" des Projektes „Implementierung von Controlling in der oberösterreichischen Landesverwaltung" begonnen, ein Konzept für standardisierte Steuerungsprozesse in der oberösterreichischen Landesverwaltung, im Zusammenhang mit der Einführung von Controlling, zu erarbeiten. Dieser "Vorschlag zur Standardisierung von Steuerungsprozessen im Zusammenhang mit der Einführung von Controlling in der oberösterreichischen Landesverwaltung" wurde am 10.12.2001 vom politischen Lenkungsausschuss für Verwaltungsentwicklung mit dem Auftrag zur Kenntnis genommen, die Projektarbeit im

Sinne der aufgezeigten weiteren Schritte fortzusetzen, und den vorgeschlagenen Einführungs- und Qualifizierungsprozess zu starteten bzw. weiterzuentwickeln.
Wir haben ein Ergänzungsmodul zum Führungskräftecurriculum mit fakultativer Teilnahme an einer Controllingwerkstatt eingeführt und werden dieses auch in Zukunft anbieten.

- Abschluss der Umstellung des gesamten Rechnungswesens des Landes auf SAP/R3.
- Abschluss der flächendeckenden Einführung der Kosten- und Leistungsrechnung.
- Einführung von CATS (Cross Applikation Time System) zur Vereinheitlichung und Vereinfachung der Zeit- und Leistungserfassung und des Reisemanagements.

5.3.3. Schaffung moderner Amtsstrukturen

Bis zur Fertigstellung des Landesdienstleistungszentrums am Linzer Bahnhofsareal soll auch der Gesamtumbau der Aufbaustruktur der Landesverwaltung abgeschlossen werden. Wir wollen im Amt der Landesregierung homogene Produkt- und Leistungszentren schaffen, dadurch überflüssige Hierarchieebenen beseitigen und eine hohe fachliche Integration in diesen Zentren ermöglichen; letztlich soll durch eine konzernähnliche Struktur im Amt der Landesregierung eine verstärkte Zusammenführung von Ergebnis- und Ressourcenverantwortung erleichtert werden.

Wegen besonderer Vordringlichkeit wurden neben verschiedenen kleineren Organisationsmaßnahmen folgende größere Organisationsprojekte durchgeführt, deren Ergebnisse derzeit umgesetzt werden:

- Organisationsprojekt Sachverständigendienst im Bereich Wasser-Umwelt-Anlagen
- Organisationsprojekt Reorganisation im Straßenbau
- Organisatorische Lösung für den Anstalten-, Gebäude- und Beschaffungsbereich - Einrichtung der Abteilung Gebäude- und Beschaffungsmanagement (GBM)

Organisationsüberlegungen im Bereich der Ernährungssicherheit sind noch in Diskussion.

5.3.4. Bau des Landesdienstleistungszentrums

Sowohl für die Bürger und Kunden der Landesverwaltung als auch die Bediensteten der Landesverwaltung ist die derzeitige Raumsituation und Zersplitterung der Amtsgebäude im Raum Linz eine nicht mehr weiter tragbare Situation. Es liegt daher sowohl im Interesse der Kundenorientierung als auch der Mitarbeiterorientierung, durch einen kostenneutralen Neubau auch die technischen und räumlichen Rahmenbedingungen zu schaffen, dass eine kundenorientierte Dienstleistungsverwaltung Land Oberösterreich verbessert ihr Angebot erbringen kann. Bis Ende 2004 sollen daher die wesentlichen Bauarbeiten für das neues Bürogebäude abgeschlossen werden.

5.3.5. Stärkung der Kundenorientierung durch E-Government

Wesentliche Säule des Bürgerkontaktes der Zukunft wird prinzipiell E-Government sein. Die Forcierung aller bereits eingeleiteter E-Government-Aktivitäten ist daher ein Gebot der Stunde, um einerseits den Bürgerinnen- und Bürger-Service zu verbessern und andererseits im Interesse der Steuerzahlerin und des Steuerzahlers die Geschäftsprozesse schneller und kostengünstiger zu machen. Neben verstärkter Information und erweiterten Kommunikationsmöglichkeiten sind vor allem interaktive Vorgänge von Bedeutung, die sowohl den Behördenalltag, spezielle E-Government-Verfahren, aber auch politische Partizipation (E-Voting) betreffen können.

Von Bedeutung für die nähere Zukunft wird dabei besonders sein:
- „www.ooe.gv.at" als Portal für Kundinnen- und Kundenkontakte weiter auszubauen
- ein Verwaltungsportal mit standardisierter Identifizierung und Autorisierung für die Kundinnen und Kunden zur Verfügung zu stellen
- den Zugang zu Informationen und Transaktionen auch über „www.help.gv.at" weiter auszubauen
- die Einbindung von „Mittlern" (z.B. Rechtsanwälte, Banken, Ziviltechniker) zu verstärken
- den elektronischen Akt (einschließlich der Langzeitarchivierung) als Vorgangsbearbeitung flächendeckend einzuführen
- Standards für elektronische Formulare, elektronisches Bezahlen und elektronische Zustellungen zu schaffen und anzubieten
- alle wesentlichen und häufigen Verwaltungskontakte mit Bürgerinnen und Bürgern und der Wirtschaft elektronisch anzubieten
- alle neu entstehenden Geschäftsprozesse von Anfang an auch als „E-Interaktion" vorzusehen und anbieten.

5.3.6. One-Stop-Shop

Wesentliche Schritte in diese Richtung wurden durch die Verwaltungsreform des Bundes 2001 und das Oö. Verwaltungsreformgesetz 2002 gesetzt: Dazu kommt der konsequente Ausbau der Bürgerservicestellen beim Amt und den Bezirkshauptmannschaften.

5.3.7. Qualitätsmanagement

Auf die Qualität unserer Leistungen legen wir großen Wert. Im Projekt "Qualitätsdialog" für die Bezirkshauptmannschaften haben wir wesentliche Erkenntnisse gewonnen. Als nächster Schritt ist ein Konzept für Qualitätsmanagement in der oö. Landesverwaltung zu entwickeln.

5.3.8. Steigerung des internen Wettbewerbsgedankens

In den nächsten zwei bis drei Jahren soll durch den verstärkten Vergleich mit anderen ein marktähnlicher Wettbewerbsgedanke in der oö. Landesverwaltung forciert werden. Einerseits sollen sich die einzelnen Verwaltungen durch so genannte Benchmark-Vergleiche einer Beurteilung ihrer Wirtschaftlichkeit und Wirksamkeit stellen. Andererseits soll aber auch durch die Einführung der Kostenrechnung intern ein marktähnlicher Druck auf Lieferanten oder Abnehmer von internen Dienstleistungen entstehen.

5.3.9. Kooperation mit anderen Verwaltungen auf Bundes- und Landesebene

Jede Verwaltung kann auch von anderen lernen bzw. macht ein Zusammenschlu einzelner Landesverwaltungen diese auch als wirtschaftlich potente Partner schlagkräftiger. Deshalb werden bis zum Jahr 2003 sämtliche Kooperationsmöglichkeiten im Rahmen der Beschaffung und des gemeinsamen Personaleinsatzes geprüft und Kooperationsstrategien aufgebaut. Ein erfolgreiches Beispiel sind die Betrieb des Zentralrechners für die nö. Landesverwaltung durch unser Rechenzentrum oder der Austausch von hochspezialisierten Sachverständigen.

5.3.10. Personalentwicklung

Die Weiterentwicklung der oö. Landesverwaltung stellt Mitarbeiterinnen und Mitarbeiter, insbesondere die Führungskräfte vor neue Anforderungen. Diese Entwicklung beeinflusst entscheidend die Rolle der Führungskraft. Die Personalentwicklung und besonders die Entwicklung der Führungskräfte wird daher ein Eckpfeiler der weiteren Reformarbeit sein.

5.3.11.Dienst- und Besoldungsrecht

In diesem Zusammenhang sind auch Reformen im Bereich des Pensionsrechtes und des Besoldungsrechtes mit Abschaffung der Dienstklassen zu sehen, die nicht nur dem Abbau von Privilegien dienen, sondern vor allem einer leistungsgerechteren und damit auch ergebnisorientierteren Entlohung unserer Mitarbeiter und Mitarbeiterinnen sowie einer Erhöhung der Durchlässigkeit und der Flexibilität dienen. Gerade im Bereich des Dienst- und Besoldungsrechtes hat Oberösterreich eine europaweit anerkannte Vorreiterrolle übernommen.

NEW PUBLIC MANAGEMENT AM BEISPIEL DER BUNDESKELLEREIINSPEKTION

von Ing. Alfred Rosner

Bundeskellereiinspektion, Bundesministerium für Land- und Forstwirtschaft, Umwelt und Wasserwirtschaft, Wien, Österreich

NEW PUBLIC MANAGEMENT
AM BEISPIEL DER BUNDESKELLEREIINSPEKTION
von Ing. Alfred Rosner
Bundeskellereiinspektion, Bundesministerium für Land- und Forstwirtschaft,
Umwelt und Wasserwirtschaft, Wien, Österreich

1.   Aufgaben der Bundeskellereiinspektion

Zur Einführung sollen ein Überblick über die Bundeskellereiinspektion gegeben
werden. Die Bundeskellereiinspektion ist eine nachgeordnete Dienststelle des
Bundesministeriums für Land- und Forstwirtschaft, Umwelt und Wasserwirtschaft. Sie ist direkt der Fachabteilung III/8 (Wein) des Bundesministeriums für
Land- und Forstwirtschaft, Umwelt und Wasserwirtschaft unterstellt.[1] Grundlage
ihres Handelns ist das „Bundesgesetz über den Verkehr mit Wein und Obstwein
1985, in der „geltenden Fassung" im folgenden kurz Weingesetz genannt.
Der Hauptaufgabenbereich der Bundeskellereiinspektion wird bereits durch ihr
Logo versinnbildlicht, in dem **B**undeskellereiinspektion mit **B**eratung, **K**ontrolle
und **I**nformation verbunden wird.

Die Bundeskellereiinspektion ist grundsätzlich für die Kontrolle der Einhaltung
weingesetzlicher Bestimmungen zuständig. Dafür stehen 19 Kontrollorgane
(Bundeskellereiinspektoren) und 6 Verwaltungsbedienstete, von denen 3 teil-
zeitbeschäftigt sind, zur Verfügung. Ziel ist die Sicherstellung einer hohen
Weinqualität für den Konsumenten sowie geordneter Rahmenbedingungen für
einen fairen Wettbewerb in der Weinwirtschaft.

Das Weingesetz ermöglicht in diesem Zusammenhang Überprüfungen in allen
Betrieben, wo Wein produziert, gelagert und abgegeben wird, sowie während
des Transportes von Wein. Dabei werden Weine verkostet, bezughabende Unterlagen (Weinbuchführung) und die Bezeichnung am Flaschenetikett überprüft
und bei Bedarf (Verdacht) Proben entnommen und zur Analyse in eine Untersu-
chungsanstalt gebracht. Im Falle von Beanstandungen ist die Bundeskellereiinspektion für die Erstattung von Anzeigen bis hin zur etwaigen Wein-
verwertung zuständig.[2]

---

[1] Vgl. Anhang: „Die Geschäftseinteilung des Bundesministeriums für Land- und Forstwirtschaft, Umwelt und Wasserwirtschaft per 1. Jänner 2002".
[2] Vgl. Beilalge: „Musterakt".

Durch das Weingesetz wird weiters eine hundertprozentige Kontrolle der Trauben für die Prädikatsweinproduktion[3] vorgeschrieben. Nach der Absichtsmeldung einer solchen Traubenernte durch einen Winzer organisiert bzw. führt die Bundeskellereiinspektion diese Kontrollen möglichst so aus, dass keine Wartezeiten für den betroffenen Winzer entstehen. Den Kontrollorganen der Bundeskellereiinspektion, den Bundeskellereiinspektoren stehen zu diesem Zweck bis zu 100 kurzfristig Beschäftigte (sogenannte Mostwäger) zur Seite. Diese Mostwäger werden von der Bundeskellereiinspektion rekrutiert und ausgebildet.

Ein weiteres Aufgabengebiet der Bundeskellereiinspektion umfasst die Beratung in weinrechtlichen Belangen, um wirtschaftsbelastende und kostenaufwendige Beanstandungen – soweit dies möglich ist – bereits von vornherein zu vermeiden.

Die Bundeskellereininspektion sieht sich im Zuge ihrer Reformbemühungen auch verstärkt als Informationsmedium für alle weinerzeugenden bzw. – verarbeitenden Betriebe. Im Hinblick auf dieses neue Rollenverständnis erfolgten – neben diversen Informationsveranstaltungen – eine Präsentation der Bundeskellereiinspektion auf der Oenotec 2002 (Messe für Weinbau und Kellerwirtschaft) in Wien.

---

[3]Prädikatsweine sind folgende Weine: 1) Spätlese, 2) Auslese, 3) Beerenauslese, 4) Ausbruch, 5) Trockenbeerenauslese, 6) Eiswein, 7) Strohwein.

2. New Public Management in der Bundeskellereiinspektion

Da die Bundeskellereiinspektion einen ganzheitlichen Zugang zum Thema New Public Management gewählt hat und sich nicht nur mit Teilbereichen davon beschäftigt, soll folgende Abbildung den roten Faden durch den Beitrag darstellen. Der Bericht zeigt, welche Maßnahmen für welche Themenfelder gewählt wurden.

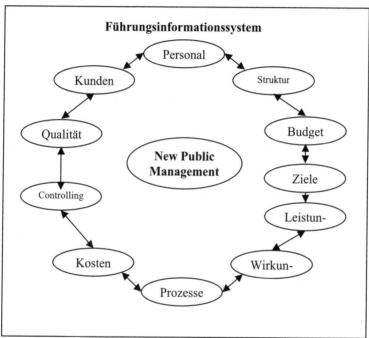

Abb. 1: New Public Management in der Bundeskellereiinspektion

2.1. Struktur und Organisation der Bundeskellereiinspektion

Das Weinland Österreich ist gegenwärtig in 15 Weinaufsichtsgebiete aufgeteilt. Grundidee dieser Einteilung, die im Jahre 1996 vorgenommen wurde, ist, dass pro Weinaufsichtsgebiet grundsätzlich ein Kellereiinspektor Dienst versehen sollte. Die Vorteile dieser Überlegung sind, dass dieser Kellereiinspektor eine hohe Eigenverantwortung hat, sich mit der Aufgabe identifiziert („mein Weinaufsichtsgebiet"), eine größere Kundennähe gegeben ist und der Kunde somit immer einen Ansprechpartner hat. Die Weinaufsichtsgebiete sind überschaubar, deshalb kennt der Kellereiinspektor seine Betriebe sehr gut. Nur in Ausnahmefällen sind zwei Bundeskellereiinspektoren pro Weinaufsichtsgebiet eingesetzt (z.b. bei sehr jungen Inspektoren; bei Inspektoren, die eine hohe Dienstfreistellungszeit haben (z.b. Personalvertretung) oder aus geografischen Gegebenheiten). Die Tendenz zu einem Kellereiinspektor pro Weinaufsichtsgebiet wird sich in Zukunft noch verschärfen, sodass mittelfristig in allen Aufsichtsgebieten nur ein Inspektor pro Aufsichtsgebiet Dienst versieht. Dazu wird es überregionale Vertretungsregelungen über mehrere zusammengehörige Weinaufsichtsgebiete geben. Dies wird derzeit in einer Arbeitsgruppe für eine weitere Dienstzeitflexibilisierung erarbeitet.[4]

Derzeit stehen der Bundeskellereiinspektion 19 Kellereiinspektoren und 6 Verwaltungsbedienstete zur Verfügung. Zwei von den sechs Verwaltungsbediensteten erledigen ihre Arbeit zu 100% von zuhause aus. Die restlichen vier Bediensteten arbeiten fallweise an den Außenstellen (Langenlois, Gumpoldskirchen, Breitenbrunn, Leibnitz) bzw. in der Zentrale in Wien, meist aber nutzen sie das Teleworking Angebot der Bundeskellereiinspektion und arbeiten ebenfalls zuhause. Die zentrale Leitung und Steuerung erfolgt mit lediglich 3 Beamten.

2.2. Budget der Bundeskellereiinspektion

Hauptziel der Reform der Bundeskellereiinspektion ist die Einsparung maßgeblicher finanzieller Mittel bei zumindest gleichbleibendem Leistungsumfang.

Durch die Umsetzung des Innovationsmodells ab 1.1. 2001 konnten im Jahr 2001 insgesamt € 239.000,- eingespart werden. Aufgrund dieser massiven Einsparungen im Ausmaß von 14,8% des Gesamtbudgets wurde der budgetäre Handlungsspielraum erhöht, was sich für die Umsetzung weiterer Reformprojekte als sehr förderlich auswirkt.

So werden z.B. 2002 im Personalbereich Einsparungen von mehr als € 50.000 erzielt, wovon ca. € 35.000 für den Aufbau von völlig neuen Weinanalysemethoden verwendet werden. Diese Methoden ermöglichen der Bundeskellereiinspektion ab 2003 Nachweise über die Herkunft der Weine bzw. über unerlaubten Zuckerzusatz im Wein.
Durch den Einsatz neuer Technologien ist es der Bundeskellereiinspektion möglich, die Effizienz bei der Leistungserbringung trotz sinkender Personalkosten kontinuierlich zu steigern. Ziel der Bundeskellereiinspektion in diesem Bereich ist, dass realisierte Einsparungen durch teilweise Re-investition neue Einspa-

---

[4] Vgl. Kapitel „Personalerhaltung/-einsatz (Innovationsmodell)".

rungsmöglichkeiten generieren. Durch die erwähnte neue Weinanalysemethode könnten mittelfristig - bei der Prädikatsweinkontrolle - die ca. 100 notwendigen Mostwäger eingespart werden; dies hätte eine zusätzliche, enorme Einsparung zur Folge (ca. € 50.000).

Eine ursprünglich im Jahre 1998 in Aussicht gestellte Teilnahme am Pilotprojekt „Flexibilisierungsklausel" war der Bundeskellereiinspektion trotz intensiver Bemühungen nicht möglich, da das Bundesministerium für Land- und Forstwirtschaft, Umwelt und Wasserwirtschaft eine Teilnahme nicht gestattete.

Dieses Projekt basiert auf Bestimmungen des Bundeshaushaltsgesetzes, die am 1. Jänner 1999 in Kraft getreten sind mit dem Ziel, Flexibilisierung in bestimmten Organisationsbereichen zu ermöglichen. Im wesentlichen geht es bei dieser Gesetzesnovelle darum, einerseits die Effizienz und Effektivität der Verwaltungsleistungen zu erhöhen und anderseits das Kostenbewusstsein und die Output-Orientierung zu verstärken. Dies geschieht, indem konkrete Ziele bzw. Leistungsaufträge festgelegt werden, eine Zuordnung von Ausgaben zu den Leistungen erfolgt und die Ressourcenverantwortung weitgehend dezentralisiert wird. Folgende neue Instrumente stehen dabei zur Verfügung:

• Detailliertes Projektprogramm.
• Möglichkeit der Verwendung von selbst erzielten Einnahmen im eigenen Bereich.
• Erleichterte Leistung von überplanmäßigen Ausgaben in bestimmten Bereichen (Verrechenbarkeit).
• Möglichkeit der Bildung von Rücklagen.
• Leistungsprämien für die am Erfolg beteiligten Bediensteten.

Obwohl die Bundeskellereiinspektion an diesem Projekt nicht teilnehmen durfte, schuf sie sich mit den erfolgreichen Einsparungen ähnliche Budget-Freiräume und Möglichkeiten, wie sie im Projekt „Flexibilisierungsklausel" vorgesehen sind.

2.3.   Ziele und Wirkungen der Bundeskellereiinspektion

In mehreren Workshops wurden die Hauptziele, auf die die Bundeskellereiinspektion mit ihren Leistungen wirkt, herausgearbeitet. Die drei wichtigsten Ziele sind demnach:
• Steigerung der Qualität des österreichischen Weines
• Sicherung von gesetzeskonformen Weinen, (Ordnung am Weinmarkt)
• Beratung/Information/Aufklärung

Um die Ziele greifbar zu machen und die Zielerreichung kontrollieren zu können, bedarf es einer Operationalisierung der Ziele. Ausgehend von den Intentionen des österreichischen Weingesetzes wurden folgende Ziele formuliert:

Ziel 1: Steigerung der Qualität des österreichischen Weines
Um dieses Ziel zu erreichen, sollten:
1) möglichst viele Winzer eine staatliche Prüfnummer beantragen und
2) möglichst viele Liter Wein mit einer staatlichen Prüfnummer versehen werden.

Durch die Prüfnummer wird garantiert, dass der Konsument (bzw. Zwischenhändler, etc.) einen gesetzeskonformen Wein bekommt (dies bedeutet allerdings keine Garantie, dass der Wein dem Konsumenten auch schmeckt). Der Winzer selbst kann durch die Prüfnummer den Prädikatswein bzw. Qualitätswein zu höheren Preisen als den Tafelwein verkaufen.

Die Einreichung für eine staatliche Prüfnummer betrifft sowohl die Prädikatsweine (Ablauf: Ernte – Vorführung und Mostwägung – Erntemeldung – staatliche Prüfnummer), als auch die Qualitätsweine (Ablauf: Ernte – Erntemeldung – staatliche Prüfnummer).
In einem ersten Schritt wird dazu der Stand der Einreichungen (differenziert nach Betrieben und eingereichten Litern) ermittelt. Darauf aufbauend können dann Zielwerte ermittelt werden (z.B. Steigerung um 0.5% pro Weinaufsichtgebiet (im folgenden kurz: WAG)).

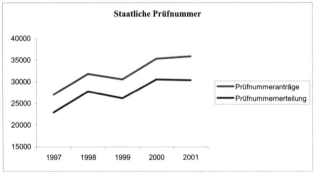

Abb. 2: Staatliche Prüfnummer

Die Einflussmöglichkeit der Bundeskellereiinspektion besteht in der Beratung. Durch Beratung können mehr Winzer dazu bewegt werden, um staatliche Prüfnummern anzusuchen bzw. ist es möglich, die Anzahl an Prüfnummernablehnungen zu senken.

Ziel 2: Sicherung von gesetzeskonformen Weinen, (Ordnung am Weinmarkt)

Um die Zielerreichung indirekt messen zu können, werden folgende Indikatoren herangezogen:
- Anzahl der Kontrollen
- Anzahl der Ermahnungen (gesamt und pro WAG)
- Anzahl der Anzeigen (gesamt und pro WAG)
- Anzahl der rechtskräftig gewordenen Verfahren (gesamt und pro WAG)
- Anzahl der Beratungen

Die Indikatoren können aus dem Leistungsbericht des Bundes entnommen werden. Die Erhöhung der Gesetzeskonformität ergibt sich aus der Senkung der Anzeigen und Ermahnungen. In diesem Zusammenhang spielt auch die Treffsicherheit der Proben (=Anzahl der beanstandeten Proben) eine Rolle. Dazu werden folgende Indikatoren herangezogen:
- Anzahl der Kontrollen
- Anzahl der Proben (gesamt und pro WAG)
- Anzahl der beanstandeten Proben (gesamt und pro WAG)

Bezüglich dem Verhältnis zwischen Kontrollen und Proben (bzw. beanstandeten Proben) besteht das Ziel der „effizienten Kontrollen". Mit Hilfe einer Risikoanalyse sollen Betriebe überprüft werden, bei denen eine höhere Wahrscheinlichkeit besteht, Gründe für Beanstandungen zu finden. Das Verhältnis von Anzahl der Proben zu Anzahl der beanstandeten Proben ist ein Indikator für die gezielten Probeziehungen und somit für die Arbeitsqualität des Kontrollorgans.

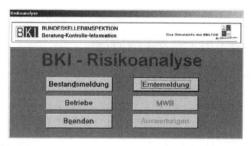

Abb. 3: Risikoanalyse in der Bundeskellereiinspektion

Die im Ausbau befindliche EDV-Datenbank zur Risikoanalyse zeigte im Jahr 2000 erste Erfolge. Die Zahlenentwicklung bestätigt, dass die „richtigen" der „gefährdeten" Betriebe kontrolliert wurden. Das Ansteigen der aufgedeckten Verfehlungen zwischen 1995 und 1997 rührt daher, dass viele Weinbauern und Weinhändler Probleme mit den damals neuen EU-Richtlinien hatten.

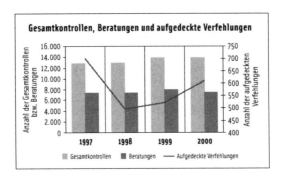

Abb. 4: Gesamtkontrollen und Verfehlungen

Ziel 3: Beratung / Information / Aufklärung

Die Bundeskellereiinspektion verfolgt das Ziel, Hauptansprechpartner in Sachen Wein zu werden. Aus diesem Grund war es wichtig, das Leistungsspektrum auf Beratung, Information und Aufklärung auszuweiten. Welche Folgen dies hat, zeigt folgende Zusammenstellung:

• Reduktion der Beanstandungen (Anzeigen) und des wirtschaftlicher Schadens – siehe dazu Ziel 2.
• Hebung der Qualität – siehe dazu Ziel 1.
• Zusätzliche Hebung des Rufes/Image der Weinwirtschaft.

2.3.1. Messung der Wirkungs-Zielerreichung

Im Zuge einer auf den Methoden der empirischen Sozialforschung beruhenden Kundenbefragung bei der Messe für Weinbau und Kellereiwirtschaft 2002 wurden die gesellschaftlichen Auswirkungen der Leistungen der Bundeskellereiinspektion untersucht. Es wurden in etwa 400 Weinbauern und Weinhändler bzw. sonstige Personen aus der Weinbranche (wie z.B. Kammerfunktionäre) zu ihrer Meinung befragt.

96,5% aller Befragten erachten die gesetzlichen Bestimmungen für ausreichend, um eine hohe Weinqualität in Österreich zu gewährleisten. Dieses Ergebnis wird dadurch untermauert, dass 58,5% der Befragten dem österreichischen Wein eine sehr gute bzw. 36,4% eine gute Qualität bescheinigen. Weiters sind 62,1% der Meinung, dass die Produktion bzw. der Verkauf von Wein durch die bestehenden gesetzlichen Bestimmungen ausreichend geregelt ist.

Die Bundeskellereiinspektion trägt mit ihren Leistungen zur Sicherung der Weinqualität in Österreich wesentlich bei. Dies bestätigen auch die Ergebnisse der Umfrage, bei der 68,2% der Befragten die Rolle der Bundeskellereiinspektion bei der Sicherung der Weinqualität in Österreich als sehr wichtig und 27,6% als eher wichtig einschätzten. Dies wird durch folgende Grafik veranschaulicht.

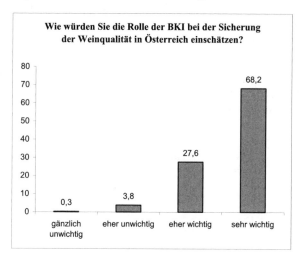

Abb. 5: Kundenbefragung

Die Befragung der Kunden der Bundeskellereiinspektion wird zu einem fixen Bestandteil der Qualitätskontrolle für die Dienststelle werden.

2.4.   Leistungen der Bundeskellereiinspektion

In mehreren Workshops wurden die Tätigkeiten der Bundeskellereiinspektion zu Leistungen zusammengefasst. Diese Leistungsgruppen, die – wie bereits erwähnt – im Logo der Bundeskellereiinspektion zum Ausdruck kommen, sind Kontrollen, Information und Beratung.

Kontrollen

Die Kontrollen sollen die Einhaltung der weingesetzlichen Bestimmungen bzw. die Umsetzung des Weingesetzes in Hinblick auf Qualität und Konsumentenschutz gewährleisten. Durch die gesetzlich verankerte Kontrolle von Wein soll einerseits dem Konsumenten eine gesicherte Qualität der Ware garantiert und das Vertrauen auf die Richtigkeit der gemachten Angaben erhöht werden, andererseits soll gewährleistet werden, dass Chancengleichheit zwischen den Marktteilnehmern in der Weinbranche herrscht.

Information
Durch die Kernleistung Information wird sichergestellt, dass für Organisationen wie dem Bundesministerium für Land- und Forstwirtschaft, Umwelt und Wasserwirtschaft, dem Bundesamt für Weinbau etc. praxisbezogenes, fachliches Wissen der Bundeskellereiinspektion zur Verfügung steht.
Durch die Information soll präventiv auf den Weinmarkt gewirkt werden.

Beratung
Diese Leistungsgruppe beinhaltet die fachliche, oenologische und rechtliche Beratung der Kunden der Bundeskellereiinspektion. Sie positioniert auf diese Weise die Bundeskellereiinspektion als zentrale Anlaufstelle für Fragen zum Thema „Wein".

Diesen Leistungsgruppen sind konkrete Leistungen zuzuordnen. Diese gliedern sich im wesentlichen wie folgt:

Leistungsgruppen	Leistungen
Kernleistung - Kontrolle	- Betriebskontrollen - Kontrolle Prädikatsweinernte - Sonstige Kontrollen - Organisation Weinlesekontrolle
Kernleistung - Information	- Leistungen für Fachabteilungen - Erhebungen für Bezirksgerichte und Bezirkshauptmannschaften - Erhebungen für das Bundesamt für Weinbau (BAWB) - Kontrollhandlungen für Agrarmarkt Austria (AMA) - Technischer Prüfdienst - Tätigkeiten für Höhere Bundeslehranstalt Klosterneuburg - Leistungen für sonstige Organisationen
Kernleistung - Beratung	- Beratung vor Ort, persönlich/telefonisch

Tabelle 1: Leistungen der Bundeskellereiinspektion

Für die Leistungsgruppen und für die einzelnen Leistungen wurden Leistungs-blätter erstellt, in denen die Leistungen anhand folgender Merkmale definiert wurden:

- Bezeichnung
- Kurzbeschreibung der Leistung
- Erbringende Organisationseinheit
- Auftraggeber
- Leistungsempfänger
- Rechtsgrundlagen
- Leistungserstellungsprozess
- Zweck der Leistung
- Nebeneffekte
- Leistungsumfang
- Qualitätsindikatoren
- Datenbasis für Leistungskennzahlen

2.5. Prozessmanagement

Nachdem die Leistungen der Bundeskellereiinspektion definiert wurden, machte man sich zum Ziel, alle Leistungen in ihre einzelnen Tätigkeiten zu gliedern. Seit ca. Juni 2000 hat die Bundeskellereiinspektion den genauen prozessualen Ablauf der einzelnen, externen Leistungen beschrieben. Als nächstes wurde mit der Prozess-Darstellung der sogenannten Support-Leistungen begonnen. Für eine professionellere Darstellung der einzelnen Leistungen wurde das Programm ARIS Toolset gewählt.

Die Bundeskellereiinspektion orientiert sich derzeit nach einem Stufenmodell zur Implementierung eines nachhaltigen Geschäftsprozessmanagements.

- Stufe 1: Prozessverantwortung
- Stufe 2: Prozessbeschreibung
- Stufe 3: Prozessmessung
- Stufe 4: Prozessverbesserung

Die Stufe 1 „Prozessverantwortung" wurde bereits bei allen Leistungen erreicht. Auch die 2. Stufe „Prozessbeschreibung" wurde bei allen Leistungen durchge-führt. Gemessen (Stufe 3) wurden bis jetzt nur die externen Leistungen (Kern-leistungen). Dazu wurde von den Mitarbeiter der Bundeskellereiinspektion der Zeitaufwand für alle einzelnen Prozessschritte (minimale Zeit, maximale Zeit und häufigste Zeit) geschätzt. Durch diesen Vorgang ist es nun der Bundeskelle-reiinspektion möglich, eine vereinfachte Prozesskostenrechnung durchzuführen.

Durch die Prozesskostenrechnung kann beispielsweise berechnet werden, welche kostenmäßigen und zeitlichen Konsequenzen daraus resultieren, wenn ein Bundeskellereiinspektor sich während einer Betriebskontrolle für oder gegen eine Probeziehung entschließt. Außerdem kann die Bundeskellereiinspektion z.b. den finanziellen Aufwand einer parlamentarischen Anfrage vorkalkulieren.

Die Stufe 4 „Prozessverbesserung" ist bei den Kernleistungen aufgrund der gesetzlichen Bestimmungen schwer durchführbar. Doch für einige Support-Leistungen ist es bereits gelungen, eine Verbesserung des Prozessablaufs und damit eine Beschleunigung der Durchlaufzeiten zu schaffen. Dies erreichte die Bundeskellereiinspektion vor allem durch die Reduzierung von leistungsneutralen Zeiten.[5]

Wie oben beschrieben befinden sich zur Zeit alle Kernleistungen auf Stufe 3 und manche Support-Leistungen bereits auf der 4. Stufe. Nach einer Prozessverbesserung (Stufe 4) muss der Ablauf erneut beschrieben (Stufe 2) und gemessen (Stufe 3) werden. Dieser permanente Kreislauf stellt schließlich ein nachhaltiges, funktionierendes Geschäftsprozessmanagement für die Bundeskellereiinspektion dar.

2.6.   Kosten- und Leistungsvergleich

Damit die Bundeskellereiinspektion nicht nur ihren Output, sondern auch den dazu nötigen Input transparent machen kann, beschloss man 1999 eine Kosten- und Leistungsrechnung einzuführen. In einem ersten Schritt wurde für das Jahr 1998 eine Einmalkostenrechnung durchgeführt. Aufbauend auf dieser wurden für den laufenden Betrieb geringfügige Adaptionen durchgeführt. Die Einmalkostenrechnung zeigte aber klar, dass eine Kosten- und Leistungsrechnung notwendig und hilfreich ist. Mit 1. Jänner 2000 startete schließlich der Echtbetrieb. Heute wird die Kostenrechnung im CO-Modul von HV-SAP R/3 durchgeführt.

2.6.1. Ziele der Kosten- und Leistungsrechnung

Mit der Kosten- und Leistungsrechnung werden folgende Ziele verfolgt:
- Schaffung von Kostentransparenz
- Schaffung von Kostenbewusstsein
- Schaffung von Kostenverantwortung
- Steuerung der Kostenwirtschaftlichkeit
- Innerbetrieblicher und außerbetrieblicher Vergleich

---

[5] Vgl. Kapitel „Personalerhaltung/-einsatz (Innovationsmodell)".

- Ermittlung von Kostenkennzahlen

2.6.2. Ausgestaltung der Kosten- und Leistungsrechnung

Beim Kosten- und Leistungsrechnungsmodell der Bundeskellereiinspektion handelt es sich in der momentanen Ausgestaltung um eine Vollkostenrechnung auf Istkostenbasis. Die folgende Abbildung zeigt das Kostenrechnungsmodell der Bundeskellereiinspektion:

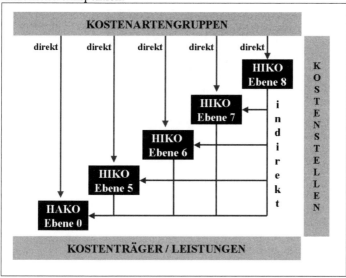

Abb. 6: Kosten- und Leistungsrechnungsmodell (HIKO = Hilfskostenstelle, HAKO = Hauptkostenstelle)

Die gesammelten Kostenarten werden teilweise direkt und teilweise indirekt über Schlüssel auf die jeweiligen Hilfskostenstellen und Hauptkostenstellen zugerechnet.

- Hauptkostenstellen sind die 15 Weinaufsichtsgebiete.
- Hilfskostenstellen der Ebene 5 sind die 4 Außenstellen.
- Hilfskostenstelle der Ebene 6 ist die Zentrale.
- Hilfskostenstellen der Ebene 7 wurden für „Unterstützungsleistungen" der Bundeskellereiinspektion eingerichtet.
- Hilfskostenstellen der Ebene 8 wurde für nicht auf andere Kostenstellen weiterverrechenbare Kosten eingerichtet.

185

2.6.3. Kostenarten

In der Kostenartenrechnung wird – ausgehend von der Haushaltsverrechnung – jener Verbrauch von Wirtschaftsgütern erfasst, der bei der Erstellung öffentlicher Leistungen anfällt. Die zentrale Fragestellung der Kostenartenrechnung lautet: „Welche Kosten (gegliedert nach Kostenartengruppen) sind in der Abrechnungsperiode in der Bundeskellereiinspektion angefallen?"
Im wesentlichen werden folgende Kostenarten unterschieden:

```
┌────────────────────────────────────────┐
│   ┌──Kostenartengruppen──┐              │
│   │                                     │
│   ├──│ Personalkosten │                 │
│   │                                     │
│   ├──│ Sozialkosten │                   │
│   │                                     │
│   ├──│ Materialkosten │                 │
│   │                                     │
│   ├──│ Energiekosten │                  │
│   │                                     │
│   ├──│ Fremdleistungskosten │           │
│   │                                     │
│   ├──│ Sonstige Kosten │                │
│   │                                     │
│   └──│ Kalkulatorische Kosten │         │
└────────────────────────────────────────┘
```

Abb. 7: Kostenartengruppen

2.6.4. Kostenstellen

Zweck der Kostenstellenrechnung ist das Sammeln von Kosten, die an bestimmten Stellen (Verantwortungsbereichen) für bestimmte Leistungen entstehen. Die zentrale Fragestellung der Kostenstellenrechnung lautet dementsprechend: „In welchen Bereichen der Bundeskellereiinspektion sind die nach Kostenarten gegliederten Gesamtkosten angefallen?"
In der Bundeskellereiinspektion gibt es folgende Kostenstellenstruktur:

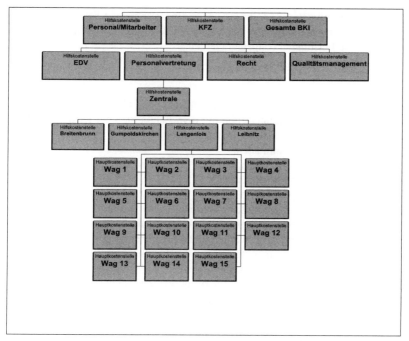

Abb. 8: Kostenstellenbereiche der Bundeskellereiinspektion

Die Kostenstellenbereiche Weinaufsichtsgebiete, Zentrale und Außenstellen orientieren sich am Organigramm der Bundeskellereiinspektion. Die abrechnungstechnischen Hilfskostenstellen der Ebenen 8 und 7 sind notwendig, weil die Kostenarten zum Teil nicht direkt auf andere Hilfskostenstellen und Hauptkostenstellen verrechnet werden können.

2.6.5. Kostenträger

In der Kostenträgerrechnung werden die auf den Kostenstellen gesammelten Kostenarten den Kernleistungen (Kostenträger) zugerechnet. Die zentrale Fragestellung der Kostenträgerrechnung lautet: „Für welche Leistungen der Bundeskellereiinspektion (Kostenträger) fallen Kosten in welcher Höhe an?" Die Kostenträger der Bundeskellereiinspektion sind dementsprechend die Leistungen, die von ihr erstellt werden.[6]

Durch ein selbstentwickeltes Zeiterfassungssystem können die Schlüssel für die Weiterverrechnung der Kosten von den Hauptkostenstellen (15 Weinaufsichtsgebiete) auf die Leistungen festgelegt werden.

2.6.6. Erfahrungen

Nach Erstellung der Einmalkostenrechnung für das Jahr 1998 im 2. Halbjahr des Jahres 1999 wurde mit 1. Jänner 2000 mit dem Echtbetrieb der Kostenrechnung begonnen. Die erforderlichen Vorarbeiten wie
- das Anlegen der Stammdaten,
- Eröffnung der Kostenstellen,
- Definition der Umlageschlüssel
- und der Endumlagen

in der Haushaltsverrechung konnte in Rekordzeit im Dezember 1999 durchgeführt werden, sodass der erste Geschäftsfall bereits am 2. Jänner 2000 mit der richtigen Kostenstelle hinterlegt werden konnte und richtig in die Haushaltsverrechung eingeflossen ist. Zur Hilfestellung für die Buchhaltung des Bundesministeriums für Land- u. Forstwirtschaft, Umwelt und Wasserwirtschaft – welche auf dem Gebiet der Kostenrechung bis zu diesem Zeitpunkt noch keine Erfahrung aufwies – erstellte die Bundeskellereiinspektion Hilfsbelege, wodurch ein klagloser Verrechnungsablauf gewährleistet war.

Die eingebuchten Daten wurden vom Bundesrechenzentrum nach Ablauf der vordefinierten Zeiträume in kumulierter Form auf die Kostenstellen und Kostenträger zugerechnet und in Textdateien via E-mail zurückgesandt, wobei diese in eine auswertungsgerechte Form gebracht werden mussten. An Hand der Standardsoftware MS Excel wurden selbst Anwendungen entwickelt, die eine Auswertung der verbuchten Daten ermöglichten.

---

[6] Vgl. hierzu: Kapitel „Leistungen der Bundeskellereiinspektion".

Durch die Einführung von SAP R/3 in der Haushaltsverrechnung des Bundesministeriums für Land- und Forstwirtschaft, Umwelt und Wasserwirtschaft musste die existierende Kostenrechnung der Bundeskellereiinspektion mit dem CO-Modul von SAP R/3 verknüpft werden. Dies konnte in mehreren Workshops zügig bewerkstelligt werden.
Seit diesem Zeitpunkt erfolgt die Vorerfassung sämtlicher Geschäftsfälle ebenso wie die Berichterstattung der Bundeskellereiinspektion in SAP.

Zusammenfassend ist auszuführen, dass die Abfragemöglichkeiten in SAP R/3 ungleich mehr und schneller sind, als jene in der automatisierten Haushaltsverrechung. Die in SAP erstellten Berichte können nunmehr wiederum in MS Excel übergeführt werden, wodurch eine Vergleichsmöglichkeit zu vergangenen Jahren gegeben ist.
Besonders erwähnenswert ist, dass ein Mitarbeiter der Bundeskellereiinspektion Mitglied der Arbeitsgruppe zur Implementierung der Kostenrechnung im Bundesministerium für Land- und Forstwirtschaft, Umwelt und Wasserwirtschaft ist, um die in der Bundeskellereiinspektion gewonnenen Erfahrungen einfließen lassen zu können.

2.7. Controlling

2.7.1. Grundsätzliche Überlegungen

Um die in der Bundeskellereiinspektion bereits durchgeführten Reformschritte wirksam zu ergänzen, hat sich im Jahr 2000 die Einführung eines Controllingkonzeptes angeboten.
Dieses Controllingkonzept basiert einerseits auf einem operativen Controlling zur Unterstützung des politisch-administrativen Führungssystems der Bundeskellereiinspektion und anderseits auf einem strategischen Controlling, das dem Bundesministerium für Land- und Forstwirtschaft Steuerungsinformationen bzw. -grundlagen liefert.
Die Implementierung von Controlling in der Bundeskellereiinspektion erfolgt dabei auf folgendem grundsätzlichem Verständnis von Controlling:

Controlling ist eine Form der Führungsunterstützung, die durch die Bereitstellung von Informationen und Methoden den verschiedenen Ebenen des politisch-administrativen Führungssystems die Steuerung der Effektivität, der Effizienz und des Finanzmittelbedarfs ermöglicht.

Entscheidungsrelevante Fragen:
Aus der Sicht des Controlling stellen sich für das politisch-administrative Führungssystem im Bereich der Ausführung des Weingesetzes folgende Fragen:

- Welche Leistungen sollen von der Bundeskellereiinspektion erbracht werden, damit diese den gesellschaftlichen Anforderungen gerecht werden kann?
- Wie kann sichergestellt werden, dass diese Leistungen so kostengünstig wie möglich erbracht werden?
- Wie wirken sich diese Leistungen auf den Finanzmittelbedarf aus und nach welchen Kriterien können die Finanzmittel jenen Teilbereichen der Bundeskellereiinspektion zugewiesen werden, die diese Leistungen bereitstellen?

2.7.2. Anforderungen an die Leistungen der Bundeskellereiinspektion

Aus den oben genannten entscheidungsrelevanten Fragen resultieren konkrete Anforderungen an die Leistungen der Bundeskellereiinspektion:

- Sie müssen effektiv (zweckmäßig, wirksam) sein, d.h. die Bundeskellereiinspektion muss die „richtigen" Leistungen erbringen, um die gesellschaftlichen Anforderungen erfüllen zu können (Effektivität).
- Sie müssen effizient (wirtschaftlich) sein, d.h. die Bundeskellereiinspektion muss ihre Leistungen so kostengünstig wie möglich erbringen (Effizienz).
- Sie müssen finanzierbar sein, d.h. die Leistungen der Bundeskellereiinspektion müssen im Rahmen der verfügbaren personellen, sachlichen und finanziellen Ressourcen erstellt werden können (Finanzierbarkeit).

Die Aufgabe des Controlling besteht nun darin, den Organen des politisch-administrativen Führungssystems einerseits die Auswirkungen von Entscheidungsalternativen auf die Effektivität, die Effizienz und den Finanzmittelbedarf im Vorhinein aufzuzeigen und andererseits regelmäßig darüber zu informieren, wie sich die getroffene Entscheidung auf die Effektivität, die Effizienz und den Finanzmittelbedarf tatsächlich ausgewirkt hat und welche Korrekturmaßnahmen ergriffen werden können.

2.7.3. Implementierung des Controllingkonzepts

Im Mai 2000 wurde das Controllingkonzept der Bundeskellereiinspektion mit einem Maßnahmenplan zur Umsetzung des Controlling präsentiert, wobei folgendermaßen zwischen strategischem und operativen Controlling differenziert wurde:

2.7.4. Strategisches Controlling

Im Mittelpunkt des strategischen Controlling steht die Steuerung öffentlicher Programme zur Erreichung bestimmter gesellschaftlicher Zwecke. Öffentliche Programme treten in der Regel in Form von Gesetzen in Erscheinung. Im Fall der Bundeskellereiinspektion handelt es sich dabei um das Weingesetz. Strategisches Controlling bezieht sich auf die Steuerung des Politikerzeugungs- und Politikdurchsetzungsprozesses. Das strategische Controlling bezieht sich in erster Linie auf die Ebene des Bundesministeriums. Der Bundeskellereiinspektion kommt hierbei eine Unterstützungsfunktion zu.

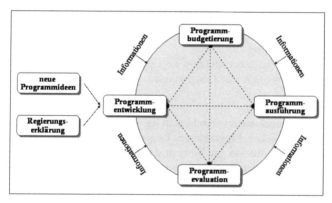

Abb. 9: Strategisches Controlling

Programmentwicklung
Die Programmentwicklung (Weingesetz 1985) erfolgt im Bundesministerium für Land- und Forstwirtschaft, Umwelt und Wasserwirtschaft. Die Bundeskellereiinspektion ist einerseits in das Begutachtungsverfahren eingebunden, macht aber anderseits auch schon im Vorfeld Vorschläge für Programmmodifikationen. Die Mitarbeiter der Bundeskellereiinspektion erarbeiten Vorschläge für Novellen des Weingesetzes. Der Anstoß zu diesen Vorschlägen kommt zum Teil aus praktischen Problemen, die sich aus dem Vollzug des Weingesetzes ergeben bzw. aus Ergebnissen der Arbeitsgruppen. Zu den unmittelbaren Akteuren im Rahmen der

Programmentwicklung zählen das Bundesministerium für Land- und Forstwirtschaft, Umwelt und Wasserwirtschaft (Präsidium und Fachabteilung III 8), die
Bundeskellereiinspektion, Institutionen der EU und Interessensvertreter.

Die Bundeskellereiinspektion wird allerdings nicht nur aufgrund des Weingesetzes tätig, sondern auch aufgrund von Verordnungen zum Weingesetz, EU-
Richtlinien zu Wein, Beschlüsse des Verwaltungsausschusses Wein und Bestimmungen zum technischen Prüfdienst.

Programmbudgetierung

Die Planung der finanziellen Ressourcen erfolgt entsprechend den Vorschriften
des Bundeshaushaltsgesetzes (BHG 1986), die eine Einteilung in finanzgesetzli-
che Ansätze vorsieht. Die Budgetierung orientiert sich weitgehend an den Vor-
jahreswerten und Plangrößen. Da die Bundeskellereiinspektion keine Transfer-
zahlungen zu leisten hat, gibt es dementsprechend nur ein operatives Budget.
Weiters gibt es aufgrund des Nichtvorhandenseins von operativen Programm-
zielen auch keine budgetäre Verknüpfung zu den (politischen) Programmen.

Programmausführung

Neben der Bundeskellereiinspektion sind eine Reihe von Organisationen in die
Vollziehung des Weingesetzes eingebunden..

Programmevaluation

Unter Programmevaluation versteht man die systematische Überprüfung des Er-
folges von öffentlichen Programmen. Gegenwärtig gibt es keine institutionali-
sierte Programmevaluation im Bereich der Weinwirtschaft, allerdings werden
bestimmte Daten aus dem Berichtswesen generiert.[7]

Berichterstattung

Die in der Bundeskellereiinspektion erstellten Berichte haben sowohl strategi-
sche (Daten für das Bundesministerium für Land- und Forstwirtschaft, Umwelt
und Wasserwirtschaft) als auch operative (Steuerung der Organisation der Bun-
deskellereiinspektion) Relevanz.
Es handelt sich dabei um folgende Berichte:
- Jahresbericht
- Monatsbericht
- Lesebericht
- Zeitaufschreibung

---

[7] Vgl. hierzu: Kapitel „Berichtswesen der Bundeskellereiinspektion".

- Einzelne Berichte nach Anforderung
- Interne Mitteilung
- Kostenrechnungsbericht

2.7.5. Operatives Controlling

Das operative Controlling geht davon aus, dass jede Organisationseinheit einen eigenständigen Verantwortungsbereich bildet, der von einer Führungskraft geleitet wird, die für die erzielten Ergebnisse verantwortlich ist. Jeder Leiter einer Organisationseinheit muss, um steuern zu können, Ziele formulieren, geeignete Maßnahmen zur Zielerreichung festlegen, diese mit der Ressourcensituation abstimmen, die Mitarbeiter führen und durch Soll-Ist-Vergleiche den Zielerreichungsgrad kontrollieren, um bei Fehlentwicklungen rechtzeitig Korrekturmaßnahmen ergreifen zu können.

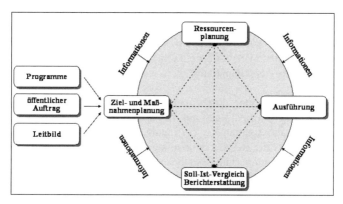

Abb.10: Operatives Controlling

Ziel- und Maßnahmenplanung
Um die Ziel- und Maßnahmenplanung durchführen zu können, benötigt die Bundeskellereiinspektion Informationen über die vorhandenen Ressourcen, über die Umsetzungsmöglichkeiten der definierten Ziele und Daten aus der Vergangenheit. Derzeit bekommt die Bundeskellereiinspektion Informationen über formlose, interne Mitteilungen, Einzelberichte (nach Aufforderung), Monatsberichte und über die Zeiterfassung.

Damit das Weingesetz standardisiert vollzogen wird, hat die Bundeskellereiinspektion acht Arbeitsgruppen eingerichtet. Diese acht Arbeitsgruppen beschäftigen sich mit den Themen „Qualitätswein und Prüfnummern", „Prädikatswein", „Obstwein und Anzeigen", „Probeziehung", „Weinbehandlungsmittel", „Formulare", „Bezeichnung" und „EDV". Des weiteren wurde ein Jour Fixe mit der Rechtsabteilung installiert, in dem die Rechtsabteilung, die Fachabteilung III/8 und Mitarbeiter der Bundeskellereiinspektion über die Auslegung des Weingesetzes diskutieren. Die Ergebnisse dieser Diskussion werden von den Bundeskellereiinspektoren operativ umgesetzt bzw. fließen in die Weingesetznovellen ein. Die Ziele werden gemeinsam mit den Mitarbeitern diskutiert und erarbeitet. Die Ergebnisse der Ziel- und Maßnahmenplanung werden über interne Berichte dokumentiert.

Ressourcenplanung
Die Ressourcenplanung, die von der Zentrale der Bundeskellereiinspektion durchgeführt wird, gliedert sich in 3 Teilbereiche:
- Finanzielle Ressourcenplanung (Hierfür werden Daten aus vergangenen Vergleichszeiträumen und Erfahrungswerte genutzt.)
- Personelle Ressourcenplanung (Leistungen und Ziele werden aufgrund des vorhandenen Personals definiert.)
- Sachliche Ressourcenplanung.

Um die Ressourcenplanung durchführen zu können, stehen der Bundeskellereiinspektion bislang Informationen aus Erfahrungswerten zu Ausgaben, Zeitaufwand und Personalressourcen zur Verfügung. Derzeit findet in der Bundeskellereiinspektion zuerst die Ressourcenplanung und erst darauf aufbauend die Ziel- und Maßnahmenplanung statt. Das bedeutet, dass die Ziele und Maßnahmen aufgrund der zur Verfügung stehenden Ressourcen (auf Basis der durchgeführten Kontrollen) geplant werden.

Ausführung
Die Steuerung der Ausführung besteht in der zielorientierten Anleitung der Mitarbeiter bei der Durchführung der Geschäftsprozesse, die sich aus den eigentlichen Leistungsprozessen und aus den die Leistungen unterstützenden Verwaltungsprozessen zusammensetzen.[8]

Soll-Ist-Vergleich
In der Bundeskellereiinspektion werden Soll-Ist-Vergleiche auf der einen Seite aus fachlicher Sicht in Monatsberichten, auf der anderen Seite aus budgetärer

---

[8] Vgl. hierzu: Kapitel „Prozessmanagement".

Sicht durch interne Kalkulationen durchgeführt. Diese Soll-Ist-Vergleiche finden monatlich statt.

	Kontrollen				
	Vorjahr	*Soll 2001*	*IST 2001*	Abweichung: vom SOLLWERT	
				über-schritten	unter-schritten !
WAG	58	64	78	14	
Ges.BKI	483	531	611	80	
	Leistungsneutrale Zeit				
	Vorjahr	*Soll 2001*	*IST 2001*	Abweichung: vom SOLLWERT	
				unter-schritten	über-schritten !
WAG	19	17	32		15
Ges.BKI	2162	1946	2030		84
	gefahrene Kilometer				
	Vorjahr	*Soll 2001*	*IST 2001*	Abweichung: vom SOLLWERT	
				unter-schritten	über-schritten !
B	2295	2066	1.894	172	
Ges. BKI	45161	40645	41.138	493	

Abb. 11: Der fachliche Soll-Ist-Vergleich (monatlich),
(WAG = Weinaufsichtsgebiet, BKI = Bundeskellereiinspektion)

Durchgeführt wird der Soll-Ist-Vergleich durch die Zentrale der Bundeskellerei-inspektion, die auf Meldungen der Weinaufsichtsgebiete (fachlich) und auf Meldungen der Buchhaltung (finanziell) angewiesen ist.

Die fachlichen Soll-Ist-Vergleiche werden in den jeweiligen Leistungsberichten dokumentiert. Mit ihnen definiert die Bundeskellereiinspektion zu erreichende Sollwerte, die als Maßstab für die Leistungen der Mitarbeiter gelten. Der Leis-tungsbericht, der monatlich jedem Kellereiinspektor zurückgespiegelt wird, be-inhaltet Vorgaben für die Anzahl an Kontrollen, Dauer der leistungsneutralen Zeiten und Zahl der gefahrenen Kilometer und den Erreichungsgrad dieser Vor-gaben. Der Kellereiinspektor hat dabei die Möglichkeit, neben seinem Status auch den der gesamten Bundeskellereiinspektion zu erfahren. Ziel dabei ist ein firmeninternes Benchmarking.

Die budgetären Soll-Ist-Vergleiche werden seit der Einführung von SAP R/3 in den laufenden Budgetberichten dokumentiert. Diese Soll-Ist-Vergleiche bilden die Grundlage für zukünftige Planungen und Ressourceneinschätzungen.

Berichterstattung

Einen umfassenden Überblick über die derzeit der Bundeskellereiinspektion zur
Verfügung stehenden Berichte bietet das folgende Kapitel.

2.7.6. Berichtswesen

Jahresbericht

Der Jahresbericht ist ein die gesamte Bundeskellereiinspektion umfassender Tätigkeitsbericht. Er liefert Daten hinsichtlich der durchgeführten Kontrollen, sowie der aufgewendeten Kosten und gibt einen Gesamtüberblick über das Weinwirtschaftsjahr. Er beinhaltet in weiterer Folge Vergleichswerte der Vorjahre
und ermöglicht auf diese Weise unmittelbare Rückschlüsse auf die Leistungsfähigkeit der Bundeskellereiinspektion im abgelaufenen Wirtschaftsjahr. Der Jahresbericht wird aus den einzelnen Monatsberichten und dem Lesebericht ver-
fasst.

Der Jahresbericht ist die Grundlage der langfristigen Steuerung der Bundeskellereiinspektion. Empfänger des Jahresberichtes sind das Bundesministerium für
Land- und Forstwirtschaft, Umwelt und Wasserwirtschaft und die Landesregie-
rungen, wobei die Berichte am 31. März jedes Jahres vorgelegt werden.

Monatsbericht

Der Monatsbericht ist sowohl ein Tätigkeitsbericht je Weinaufsichtsgebiet als
auch ein Fortschrittsbericht über begonnene und abgeschlossene Verfahren. Er
wird automatisiert zum 5. des jeweiligen Folgemonats erstellt und dient als
Grundlage für Vergleichszwecke.

Er bildet im wesentlichen die folgenden Kenngrößen ab:
- Durchgeführte Kontrollen aufgeteilt nach den einzelnen Tätigkeiten, Kon-
  trollergebnissen und Sanktionen
- Folgeergebnisse und
- Aufschlüsselung je Weinaufsichtsgebiet

Der Monatsbericht dient – ebenso wie der Jahresbericht – als Steuerungsinstru-
ment, das u.a. Aufschluss darüber gibt, wie die Kontrollkapazität der Bundeskellereiinspektion zu verteilen ist

Empfänger der Monatsberichte ist die Leitung der Bundeskellereiinspektion, die
relevante Informationen an das Bundesministerium für Land- und Forstwirtschaft weiterleitet bzw. als Steuerungsdaten verwendet.

Lesebericht

Der Lesebericht ist ein Bericht über das Weinwirtschaftsjahr je Weinaufsichtsgebiet und beinhaltet die Ergebnisse der Lese-Kontrolltätigkeit. Er dient zu Ver-
gleichszwecken und als Grundlage für den Jahresbericht.

196

Wesentliche Kenngrößen sind:
- Lesehergang und Kontrollhergang während der Weinlese
- Aussagen über Kontrollen während der Lese (Art, Menge)

Der Empfänger des Leseberichts ist die Leitung der Bundeskellereiinspektion, die die Ergebnisse des Leseberichts in den Jahresbericht einarbeitet.

Zeitaufschreibung

Die Zeitaufschreibung ist eine Revisionsstatistik und ein Leistungsnachweis mit zeitmäßiger Zuordnung der Gesamtdienstzeit zu den jeweiligen Leistungen. Die Steuerungsrelevanz dieses Berichtes besteht sowohl in der Schaffung von Transparenz für Kapazitätsplanungen, als auch in der Schaffung von Grundlagen zur Durchführung der Kostenträgerrechnung. Weiters zeigt dieser Bericht die geleisteten Arbeitsstunden auf und dient somit als Grundlage für gehaltsspezifische Berechnungen.

Der Berichtsempfänger ist ausschließlich die Leitung der Bundeskellereiinspektion, die den Bericht zum 10. des jeweiligen Folgemonats erhält.

Interne Mitteilungen

Interne Mitteilungen sind fachliche Berichte über Beobachtungen, Feststellungen bzw. alle im Zusammenhang mit der Tätigkeit sowie der Branche stehenden Wahrnehmungen. Die Berichtsempfänger sind die jeweils fachbezogenen oder verwaltungsbezogenen Adressaten.
Die internen Mitteilungen werden formlos für den Einzelfall mit dem Ziel erstellt, einen raschen Informationsaustausch zu gewährleisten.

Einzelne Berichte über Anforderungen

Im wesentlichen handelt es sich dabei um folgende Berichte:
- Momentaufnahmen über wirtschaftliche, dienstliche oder personelle Aspekte
- Im Regelfall aber fachlicher Natur, z.B. Meldungen über festgestellte Kontrollergebnisse anlässlich der Weinernte etc.

Diese Berichte werden einmalig erstellt. Ihr Empfänger ist der jeweils fachbezogene oder verwaltungsbezogene Adressat.

Kostenrechnungsberichte

Die Kostenrechnungsberichte beinhalten Daten zu den Kostenstellen, Kostenträgern und Kennzahlenvergleiche.
Im wesentlichen werden folgende Kenngrößen in den Berichten abgebildet:
- Primärkosten

- Sekundärkosten
- Jeweilige Weinaufsichtsgebiete, Außenstellen, etc.
- Kosten der KFZ
- Kostenstrukturdaten
- Ausgewählte Kostenarten
- Kosten der Leistung

Die Kostenrechnungsberichte dienen zur Steuerung der finanziellen Ressourcen der BKI.
Sie basieren auf der automatisierten Haushaltsverrechnung des Bundesrechenzentrums (BRZ) und der Zeitaufschreibung der BKI bzw. den Berichten aus SAP R/3.
Der Empfänger ist die Leitung der Bundeskellereiinspektion, die die Berichte laufend; zumindest jedoch monatlich abfragen kann. Vor Einführung von SAP R/3 war eine Abfrage aus der Haushaltsverrechnung nur 3 mal jährlich möglich (31.12., 30. 04., 31. 08.).

2.8. Maßnahmen zur Qualitätssicherung und – verbesserung

In der Bundeskellereiinspektion werden bereits seit einigen Jahren verschiedene Maßnahmen zur Qualitätssicherung erfolgreich eingesetzt. Im wesentlichen sind dabei zu nennen:

2.8.1. Beauftragte für Qualitätsmanagement

Zwei Kellereiinspektoren nehmen neben ihrer Haupttätigkeit Aktivitäten im Bereich der Qualitätssicherung wahr. In einem ersten Schritt erfolgte ihre Ausbildung bei der Österreichischen Vereinigung für Qualitätssicherung bzw. auf der Verwaltungsakademie des Bundes. Ziel dieser Konstellation ist die permanente interne Auseinandersetzung mit Qualitätsinhalten, die zu einer Steigerung der Produkt- und Prozessqualität führt.

2.8.2. Dienstinstruktionen

Die Dienstinstruktionen können als „genereller Rahmen" für die Aktivitäten der Bundeskellereiinspektion gesehen werden. Darin wurden Abläufe für die allgemeine Verwaltung und die einzelnen Bundeskellereiinspektoren geregelt. Dienstinstruktionen sind somit eine Basis für die Standardisierung der Verwaltungsprozesse, die dadurch auch dokumentiert wurden, jedoch durch das Projekt: „Innovationsmodell-Bundeskellereiinspektion" weitestgehend ersetzt werden.

2.8.3. Arbeitsgruppen

Die aus jeweils 3-4 Mitarbeitern bestehenden Arbeitsgruppen sind in unterschiedlichen Sachbereichen tätig. Ziel der Arbeitsgruppen ist die Lösung anstehender Probleme der Bundeskellereiinspektion (auf Ebene der Leistungen, des Gesetzes, der EDV, von Leistungserstellungsprozessen etc.). Beispielsweise erfolgt der Versuch der einheitlichen Vorgangsweise in einzelnen Bereichen (Standardisierung) unter anderem in der Interpretation des Weingesetzes. Die Zusammenkünfte der Arbeitsgruppen erfolgen unregelmäßig; bei vordringlichen Problemen werden kurzfristig Arbeitsbesprechungen einberufen. Insgesamt gibt es in der Bundeskellereiinspektion folgende Arbeitsgruppen:

1. Qualitätswein und Prüfnummernablauf
2. Prädikatswein
3. Obstwein und Anzeigen
4. Probeziehung, Beschlagnahme, Niederschrift, Revisionsgebühr und Lese
5. Weinbehandlungsmittel
6. Formulare, Kellerbuch, Banderole
7. Weinrecht
8. EDV

Die Arbeitsgruppen entsprechen somit grundsätzlich der Idee der Qualitätszirkel, indem sie zur Steigerung der Leistungs- und Prozessqualität beitragen. Neben den Treffen der Arbeitsgruppen werden 4-6 mal pro Jahr Informationstagungen und 3-4 mal pro Jahr Kellereiinspektor-Konferenzen unter Beteiligung von Mitarbeitern des Bundesministeriums für Land- und Forstwirtschaft, Umwelt und Wasserwirtschaft, der Höheren Bundeslehranstalt Klosterneuburg und des Bundesamts für Weinbau in Eisenstadt durchgeführt, bei denen ebenfalls aktuelle Fragestellungen diskutiert werden. Nach Bedarf werden auch externe Vortragende zu diesen Konferenzen eingeladen.

2.8.4. Die Novellierung des Weingesetzes 1985 im Jahre 1999

Die Novelle 1999 des Weingesetzes 1985 hat insgesamt für die Arbeit der Bundeskellereiinspektion zu einer Qualitätssteigerung geführt. Das Weingesetz ist nun praxisnaher und der Vollzug wurde erleichtert. Als eine wesentliche Verbesserung kann die Möglichkeit der Aussprache einer Verwarnung bei „leichten" Übertretungen des Weingesetzes gesehen werden. Die Novelle wurde auf ausdrücklichem Wunsch der Bundeskellereiinspektion beschlossen.

2.8.5. Qualifizierung, Schulung und Weiterbildung

Zur Aufnahme als Bundeskellereiinspektor ist ein Schulabschluss der Weinbauschule Klosterneuburg und eine mehrjährige Praxiserfahrung notwendig. Damit wird eine „Grundqualität" in Bezug auf die Ausbildung der Mitarbeiter gewährleistet.

Zur Erhaltung bzw. Erweiterung der Kenntnisse der Mitarbeiter werden folgende Möglichkeiten angeboten:
- Kurse an der Verwaltungsakademie (Umgang mit Parteien, Rhetorik, Qualitätsmanagementkurse)
- Angebot eigener Kurse durch Mitarbeiter der Bundeskellereiinspektion (z.B. EDV-Schulungen) oder Einladung externer Experten.
- Pflege von Auslandskontakten, um Informationen über ausländische Weine zu erhalten.
- Exkursionen zum Verwaltungsausschuss nach Brüssel
- EU-Curriculum
- Fachbibliothek in der Zentrale der Bundeskellereiinspektion

2.8.6. Jour Fixe der Rechtsabteilung

Der Jour Fixe findet alle drei Wochen statt. Teilnehmer sind die Fachabteilung, die Rechtsabteilung des Ministeriums und die Bundeskellereininspektion. Dabei wird die Auslegung des Weingesetzes diskutiert. Oft führen diese Jour Fixe zu Erlässen; in jedem Fall aber zu protokollarischen Festlegungen. Die dadurch gewonnenen Erkenntnisse werden den einzelnen Bundeskellereiinspektoren zurückgespiegelt.

2.8.7. EDV-Einsatz

Durch Einsatz moderner Kommunikationsinstrumente (Laptop, Mobiltelefon) kommt es sowohl zu einer Beschleunigung als auch zu einer Vereinfachung der Leistungsprozesse, indem Mehrfacherfassung von Daten bzw. Medienbrüche vermieden werden. Die dadurch gewonnene Zeit dient zur Leistungssteigerung und zu neuen Einsparungen. Die Bundeskellereiinspektion führt die internen EDV-Schulungen durch spezialisierte Kellereiinspektoren selbst durch. Das folgende Bild zeigt eine solche Schulung.

2.9. Kundenorientierung der BKI

Im Sinne einer nach New Public Management-Kriterien orientierten Verwaltung strebt die Bundeskellereiinspektion bereits seit Jahren mehr Kundennähe an.

Die Bundeskellereiinspektion bemüht sich dabei, das ursprüngliche, vom Gedanken der reinen Kontrolle geprägte Verhältnis von Verwaltung und Kunde/Bürger zu einem partnerschaftlichen Verhältnis weiterzuentwickeln. Dabei sieht sie sich als eine Art Kompetenzzentrum, das es weinerzeugenden bzw. – verarbeitenden Betrieben ermöglichen soll, hochwertige Produkte zu erzeugen bzw. zu vertreiben. Im Zuge dieser Bemühungen ließ die Bundeskellereiinspektion eine Kundenbefragung durchführen, um ein Feedback über sich und ihre Arbeit zu erhalten.

Im Hinblick auf die Arbeitserfüllung der Bundeskellereiinspektion ergab sich folgendes Bild:

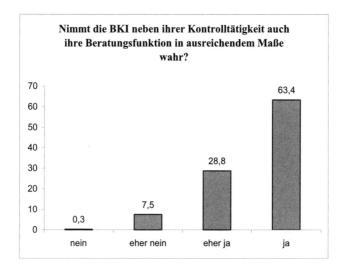

Abb.12: Kundenbefragung –

Beratungsfunktion der Bundeskellereiinspektion

63,4% („Ja"), bzw. 28,8% (Eher ja") aller Befragten erklärten, dass die Bundeskellereiinspektion neben ihrer Kontrollfunktion auch ihre Beratungsfunktion in ausreichendem Maße wahrnimmt.
Bei der Beantwortung der Frage, ob die Bundeskellereiinspektion ihre Kontrollen korrekt und kundenbezogen durchführt, stimmten 70,4% mit „Ja", bzw. 26,4% mit „Eher ja". Dies kann als kräftiges Zeichen in Richtung einer qualitativ hochwertigen Leistungserbringung gewertet werden.

Die Kundenorientierung der Bundeskellereiinspektion wird zusätzlich dadurch unterstrichen, dass 48,7% („Ja") bzw. 42,5% („Eher ja") aller Befragten ihr bescheinigen, dass sie bei der Ahndung von Gesetzesübertretungen ihren gesetzlichen Ermessensspielraum verständnisvoll ausnützt.

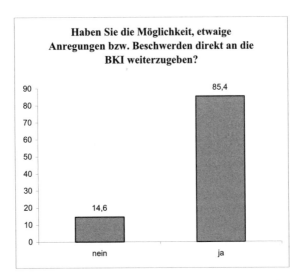

Abb.13: Kundenbefragung: Beschwerdemöglichkeit

85% aller Befragten bestätigen der Bundeskellereiinspektion, dass sie außerdem die Möglichkeit haben, Anregungen bzw. Beschwerden direkt an die Bundeskellereiinspektion weiterzugeben. Dies deckt sich mit den Bemühungen der Bundeskellereiinspektion, für Kritik und Verbesserungsvorschläge stets ein „offenes Ohr" haben zu wollen, um die eigene Organisation kontinuierlich zu verbessern. Bei der Kundenbefragung ist auf die generell sehr positiven Ergebnisse hinzuweisen, die für eine Kontrollbehörde eher untypisch erscheinen.

Im wesentlichen wurden folgende Schritte unternommen, um die Kundenorientierung zu erhöhen:

2.9.1. Grundsätzliche Erreichbarkeit am Telefon

Im Zuge der Umsetzung des Innovationsmodells BKI kam es zu einer Ausstattung der Mitarbeiter mit Laptops und datenübertragungsfähigen Mobiltelefonen, um damit eine effiziente Arbeitserfüllung auch im neuen Dienstzeitmodell[9] zu gewährleisten. Weiterer gewollter Vorteil dieser Ausstattung mit moderner Kommunikationstechnologie war die nun grundsätzlich gegebene Erreichbarkeit aller Mitarbeiter, auch wenn sie sich im Außendienst befinden. Somit ist es für die Kunden der Bundeskellereiinspektion rund um die Uhr möglich, Auskünfte oder Beratung von kompetenter Seite zu erhalten. Die dauernde Erreichbarkeit auch in der Freizeit ist kein Zufall, sondern gewollt, da jeder Kellereiinspektor es als selbstverständlich erachtet, für „seine" Kunden erreichbar zu sein. Die jeweiligen Telefonnummern liegen in den Gemeindeämtern bzw. Interessensvertretungen auf bzw. können von der Homepage der Bundeskellereiinspektion abgerufen werden, oder sind mittlerweile in der Weinbranche bekannt.

2.9.2. Service bei Weinbezeichnung

Eine immer wieder auftauchende Problematik beim Vertrieb von Wein ist die ordnungsgemäße Etikettierung der Flaschen.
Um mögliche Beanstandungen und daraus folgende wirtschaftliche Schäden, verursacht durch eine Neuetikettierung vorzubeugen, bietet die Bundeskellereiinspektion die Möglichkeit einer kostenlosen Etikettenbegutachtung an. Es genügt ein formloses Fax mit dem Entwurf; dieser wird sofort begutachtet und entweder per Fax oder E-Mail zurückgeschickt.

Zusätzlich wurde ein Bezeichnungsleitfaden entwickelt, der neben Informationen über Bezeichnungsvorschriften u.a. auch Adressen von Etikettendruckereien enthält. Dieser Leitfaden wird über die Landwirtschaftskammer und bei Informationsveranstaltungen der Bundeskellereiinspektion verteilt oder kann direkt von der Bundeskellereiinspektion angefordert werden. Ebenso wurden Exemplare an die wichtigsten Etikettendruckereien verteilt. Er soll auch gesetzesunkundigen Weinbauern helfen, Wein nicht nur gesetzeskonform zu produzieren, sondern auch richtig bezeichnet zu vertreiben. Der Leitfaden wurde durch die interne Arbeitsgruppe „Recht" entwickelt.

2.9.3. Homepage – Kommunikation

Auf der Homepage der Bundeskellereiinspektion (**www.bki.bmlf.gv.at**) finden sich Informationen zu verschiedenen Themen wie zum Beispiel Zuständigkeitsbereiche der einzelnen Kellereiinspektoren, Kontaktmöglichkeiten, Downloads,

---

[9] Vgl. „Innovationsmodell" im Abschnitt „ Personalerhaltung /-einsatz (Innovationsmodell)" dieser Arbeit.

Links etc.. Aus den Downloads kann man sich u.a. den Bezeichnungsleitfaden und das aktuelle Weingesetz herunterladen.

Abb. 14: Homepage der Bundeskellereiinspektion

Hervorzuheben bei der Homepage ist das sogenannte Reifeparameterprojekt. In diesem Gemeinschaftsprojekt mit dem Bundesamt für Weinbau geht es im wesentlichen darum, dass durch die Kellereiinspektoren in der Reifezeit wöchentlich Traubenproben entnommen und vom Bundesamt für Weinbau in Eisenstadt analysiert werden, um einen optimalen Erntezeitpunkt festzustellen. Die Ergebnisse dieser Analysen werden dann auf der Homepage veröffentlicht. Die Zugriffe auf der Homepage schwanken zwischen 300 und 400 pro Monat. Zusätzlich werden ca. 1.000 registrierte Winzer per Fax oder Brief informiert.

Die Bundeskellereiinspektion bemüht sich außerdem, ihre Reformbestrebungen und die damit verbundenen Erleichterungen für die betroffenen Kunden zu kommunizieren, indem sie sich mit Artikeln in einschlägigen Fachzeitungen präsentiert bzw. auf weinspezifischen Veranstaltungen (Oenotec 2002 – Messe für Weinbau und Kellerwirtschaft) vorstellt.

2.9.4. Kundenfreundliche Gesetzesnovellen

Auf Betreiben der Bundeskellereiinspektion wurde im Zuge der Weingesetznovelle 1999 die Möglichkeit einer Ermahnung, statt einer Anzeige bei geringfügigen Vergehen in das Weingesetz aufgenommen. Die Bundeskellereiinspektion hat außerdem angeregt, dass Beratung als eine ihrer Pflichten ebenfalls in das Weingesetz aufgenommen wird (Novelle 2002), um somit zu dokumentieren, dass ihre Position nicht nur in der Kontrolle, sondern auch in der Beratung und Information der Weinbranche liegt.

2.9.5. Flexible Arbeitsmethoden

Die Kontrollen der Kellereiinspektoren werden – soweit möglich – in Absprache mit den Betroffenen durchgeführt, um Störungen während der Arbeitszeit möglichst kurz zu halten.

Während der Prädikatsweinernte, in der eine generelle Vorführpflicht der Trauben besteht, erfolgt in Gemeinden, wo keine Vorführmöglichkeiten existieren, die Kontrolle der Trauben am Ort der Verarbeitung, wobei mit den betreffenden Personen Terminvereinbarungen getroffen werden, um unnötige Wartezeiten zu vermeiden. Jedes Jahr werden 5.000 bis 8.000 Absichtsmeldungen abgegeben, die innerhalb von 5 bis 6 Wochen von den Bundeskellereiinspektoren zusammen mit den Mostwägern noch am Tag der Einreichung der schriftlichen Absichtsmeldung abgearbeitet werden müssen.

1998 hat ein namhaftes Privatunternehmen die Prädikatsweinkontrolle übernommen. Es war für das Unternehmen jedoch nicht möglich, zu gleichen Kosten den selben Servicestandard zu erreichen. Aus diesem Grund wurde die Prädikatsweinkontrolle ein Jahr später wieder der Bundeskellereiinspektion übertragen.

2.10. Kundenorientierung der BKI

Meilensteine

1995 Einzelgespräche mit allen Mitarbeitern über Zukunftsvorstellungen; „Inventur" der internen Revision zwecks Neustart.

1996 Neue Weinaufsichtgebietseinteilung;
Intensive Nutzung von Kursen der Verwaltungsakademie (Rhetorik, Protokollverfassung, EDV, Englisch, Verhandlungstechnik, Kostenrechnung, Qualitätsmanagement etc.);
EDV-Ausstattung der Außenstellen;
Erneuerung des Berichtswesens: Monats- und Jahresberichte mit Vergleichsdaten;
Abschaffung einer Hierarchieebene (Weinaufsichtsgebietsleiter) verbunden mit einer Stärkung der Eigenverantwortung.

1997 Schulungsschwerpunkte durch externe Experten: Unabhängiger Verwaltungssenat, Kommentator zum Weingesetz, Forschungsstellen, Zoll, Unabhängige Richter.
Schaffung von Arbeitsgruppen zu den Themen: 1) Mitwirkung bei Weingesetznovellen, 2) Vereinheitlichung der Vorgangsweise bei Ermahnungen, 3) Herausgabe Bezeichnungsleitfaden, 4) EDV;
Aufbau Fachbibliothek;
Fixe monatliche Gesprächstermine mit Personalvertretung.

1998 Mitarbeitergespräche;
Selbstschulung (Ausland), Ein Mitarbeiter spezialisiert sich auf ein Weinland und schult alle anderen Bundeskellereiinspektoren;
Eigene EDV-Schulung, Ein Mitarbeiter, der auch Programme nach Bedarf entwickelt, schult alle anderen;
Ermahnung wurde in die Novelle des Weingesetzes übernommen;
Erste Ausgabe Bezeichnungsleitfaden.

1999 Mitgestaltung sowie Mitsprache bei Interpretation der Weingesetznovelle;
Gründung BKI Verein für Förderung und Weiterbildung der Bundeskellereiinspektoren;
Laptop für alle Mitarbeiter der Bundeskellereiinspektion, Aufbau eines internen Kommunikationssystems über Laptop und Handy;
Homepage.

2000 Aufbau Öffentlichkeitsarbeit, diverse Artikel in Winzer; Focus, Verwaltung heute, In- und ausländische Vorträge;
Beschlussfassung: Wir wollen die Besten sein – Innovationsmodell;
Logo; Leitbild; Aufbau Datenbank für Risikoanalyse;
Reifeparameter: Gemeinschaftsprojekt mit Bundesamt Eisenstadt und Winzerschule Klosterneuburg – Via Internet kann der Produzent die Reife der Trauben abfragen und Lesetermin festlegen.

2001 CAF; Arbeitsgruppen zur Ausarbeitung der Strafbestimmungen zum Weingesetz; Erste SAP Kostenrechnung; Die Risikoanalyse wurde implementiert; Mitarbeit bei gesetzlichen Rahmenbedingungen für Dienstzeitflexibilisierung Gesamter Bundesdienst.

2002 Kunden- und Mitarbeiterbefragung;
Beratung als gesetzliche Aufgabe fixiert (Novelle 2002);
Übernahme der Mengenkontrolle von den Bezirksverwaltungsbehörden;

Weitergabe des Innovationsmodells an andere Organisationen wie z.B. Bundesgärten, Forstliche Bundesanstalt. „Teilnehmende Beobachtung" durch das Bundeskanzleramt zwecks Modellstudium und Seminarfallbeispiel.

3. Personalmanagement in der Bundeskellereiinspektion

3.1. Problembereiche im Personalmanagement staatlicher Institutionen

Es gibt eine Reihe von grundsätzlichen Problemen im Personalwesen öffentlicher Institutionen, die sich besonders negativ auf deren Geschäftsabläufe auswirken können.
Im wesentlichen sind dies vor allem die fehlende Leistungsmotivation, der Beamtenstatus, fehlende Entwicklungs- und Ausbildungsmöglichkeiten, mangelhafte Anreiz- und Belohnungsstrukturen sowie Beförderungs-automatismen und ein Modernisierungsbedarf in der Personalauswahl.

Trotz der gängigen Lehrmeinung, Beamte seien meistens pflichtbewusst und exakt, jedoch kaum effizient und innovativ, lassen sich Tendenzen erkennen, die den Kern der Problematik nicht in der fehlenden Leistungsmotivation oder der tiefen Arbeitsbelastung, sondern vielmehr in den unausgeschöpften Leistungspotenzialen bzw. in der nicht genutzten Leistungsbereitschaft der Mitarbeiter des öffentlichen Dienstes sehen. Grundlage der Reformbestrebungen in der Bundeskellereiinspektion war exakt dieser Gedanke. Aufbauend auf dem Vertrauen, dass ein großes Leistungspotential und vor allem die Bereitschaft zur Leistung existieren, wurde eine umfassende Reform begonnen, die im Rahmen des sogenannten Innovationsmodells Komponenten wie 4 Tage Woche, Telearbeit, Pauschalierungen von Gebühren etc. umfasst.
Um dieser Problematik der nicht genutzten Leistungsbereitschaft in der öffentlichen Verwaltung Herr zu werden, geht es somit um die Frage, wie Mitarbeiter öffentlicher Institutionen angemessen gefordert und zu höherer Arbeitsleistung motiviert werden können. Zentrales Thema in diesem Zusammenhang ist die Frage nach den Arbeitsinhalten als wesentlicher Motivator bei der Aufgabenerfüllung.
Der Beamtenstatus mit seiner dauerhaften Beschäftigungsgarantie des öffentlichen Dienstes wird in Österreich, trotz einer steigenden Anzahl von Angestellten im öffentlichen Sektor, in den nächsten Jahren weiterhin eine dominante Größe bleiben, die Reformen zumindest erschwert. Es sind unter anderem folgende Auswirkungen des Beamtenrechts, die problematisch erscheinen:
- Fehlende Mobilität im öffentlichen Dienst,
- Einschränkung bei der Personalfreistellung,
- Steuerung der Personalkosten etc.

Der Karriereverlauf öffentlich Bediensteter erfolgt im Normalfall nach einem hierarchischen System. Da aber die Anzahl der höheren Positionen naturgemäß begrenzt ist, muss sich der durchschnittliche Mitarbeiter mit periodischen Gehaltsvorrückungen begnügen. Entwicklungs- und Ausbildungsmöglichkeiten für

Fachlaufbahnen oder Projektlaufbahnen mit entsprechenden Bewährungs- und Aufstiegsmöglichkeiten fehlen größtenteils. Dadurch leidet die Attraktivität des jeweiligen Postens, was nicht zuletzt Auswirkungen auf die Arbeitserledigung haben kann.

Ein weiteres Problemfeld im Bereich des Personalmanagements von öffentlichen Institutionen ist das großflächige Fehlen von Anreiz- und Belohnungsstrukturen. Die Belohnungsstrukturen im öffentlichen Sektor sind bis dato von Loyalität- und Pflichtwerten geprägt und nicht an Leistungsbereitschaft orientiert.

Die Einreihung in eine standardisierte Lohntabelle mit periodischem Stufenanstieg führt dazu, dass sich weder ungenügende noch besonders gute Leistungserfüllung in irgendeiner Form auf die Gehaltshöhe auswirken. Dass dieses Faktum sich negativ auf die Arbeitsmoral Einzelner auswirken kann, liegt auf der Hand. Durch die New Public Management-Bewegung der letzten Jahre kommt es zu einem veränderten Anforderungsprofil für Mitarbeiter des öffentlichen Dienstes. Dies trifft vor allem für Kaderangestellte zu, von denen in Zukunft neue Fähigkeiten, Kompetenzen und Erfahrungen erwartet werden, um künftige Führungspositionen in einer modernen öffentlichen Verwaltung wahrnehmen zu können. Im Hinblick auf die längerfristig kaum korrigierbaren Fehler bei personellen Auswahlentscheidungen rechtfertigen sich – zusätzlich zu den „althergebrachten" Methoden wie Prüfung der Schulzeugnisse etc. – gezielte und zum Teil aufwendigere Auswahlverfahren, wie sie in der Privatwirtschaft zum Einsatz kommen (Assessment-Center). Die Bundeskellereiinspektion legt bei der Auswahl möglicher neuer Mitarbeiter – neben einer fundierten theoretischen Ausbildung – spezielles Augenmerk auf eine umfangreiche praktische Ausbildung, die im Zuge eines Bewerbungsgespräches besprochen wird.

Der Spezialteil „Personalmanagement" wurde anhand folgender Abbildung aufgebaut:

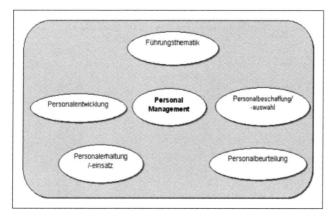

Abb. 15: Personalmanagement in der Bundeskellereiinspektion

3.2. Personalbeschaffung/Personalauswahl

Für die Aufnahme in die Bundeskellereiinspektion als Kellereiinspektor gelten im wesentlichen folgende grundsätzliche Voraussetzungen:

- Absolvierung der Weinbauschule Klosterneuburg
- Praxiserfahrung
- Bewerbungsgespräche

Dass durch die Auswahlkriterien der Bundeskellereiinspektion fachlich hervorragende Mitarbeiter ausgesucht werden, bestätigen die Ergebnisse einer auf einer Weinmesse durchgeführten Kundenbefragung:

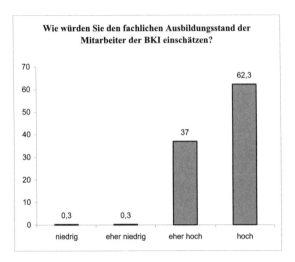

Abb. 16: Kundenbefragung:

Ausbildungsstand in der Bundeskellereiinspektion

62,3% aller Befragten bewerten den Ausbildungsstand der Kellereiinspektoren mit „hoch", 37% mit „Eher hoch".

Klosterneuburg

Eine der notwendige Voraussetzungen für die Aufnahme als Bundeskellereiin-spektor/in ist der Abschluss der Höheren Bundeslehranstalt für Wein- und Obst-bau Klosterneuburg.

Diese Schule wurde 1860 eröffnet; 1870 erfolgte die Gründung der staatlichen Forschungsanstalt, aus der dann 1874 das K.k. Oenologische und Pomologische Institut als älteste landwirtschaftliche Mittelschule Österreichs unter staatlicher Verwaltung hervorging.

An die Schule angeschlossen ist das Bundesamt für Wein- und Obstbau, das in drei Institute gegliedert ist:

- Institut für Weinbau
- Institut für Obstbau
- Institut für Chemie, Biologie und Mikrobiologie

Im Bundesamt wird nicht nur Forschung betrieben, es werden auch für Personen, die in einschlägigen Berufen tätig sind, spezifische Kurse zur Weiterbildung ab-gehalten.

An der Lehranstalt werden die Schülerinnen und Schüler in einer fünfjährigen Ausbildungszeit zur Reife- und Diplomprüfung geführt.
Der Lehrplan der Schule umfasst dabei – neben Freifächern – 29 Pflichtgegenstände, wobei neben „klassischen" Schulfächern wie etwa Deutsch, Geschichte, Mathematik u.ä. auch so verschiedene Fächer wie Technologie der Traubenverarbeitung, Weinbau, Maschinenkunde, Volkswirtschaftslehre etc. unterrichtet werden. Mehrere dieser Gegenstände wie z. B. Weinbau sind außerdem mit Übungen verbunden.

Die Absolventen der Schule sind zur Ausübung facheinschlägiger Berufe im Umfeld von Wein- und Obstbau, aber auch zahlreicher anderer Berufe in Bereichen der Lebensmittelproduktion berechtigt. Zudem ermöglicht die erfolgreich abgelegte Reife- und Diplomprüfung den Zugang zu weiterführenden Ausbildungsformen des tertiären Bereiches (Universitäten, Akademien, Fachhochschulen).

Dadurch, dass die Lehranstalt eng mit der Forschungsanstalt verbunden ist ergeben sich fruchtbare Wechselwirkungen, die gewährleisten, dass die Schülerinnen und Schüler mit den jeweils modernsten praxisüblichen Produktionsmethoden und dem neuesten Wissenstand vertraut gemacht werden.

Zusätzlich sind verpflichtende Praktika während der Ferien im Gesamtausmaß von 22 Wochen vorgeschrieben, die von immer mehr Schülerinnen und Schülern auch in Betrieben außerhalb Österreichs absolviert werden.

3.3. Personalbeurteilung

Die Beurteilung der Mitarbeiter erfolgt anhand von Akteneinsicht in die erledigten Fälle, Beobachtung von Gerichtsverfahren, Treffsicherheit bei der Probenziehung, Engagement in Arbeitsgruppen, Mitarbeitergespräch, Begleitung bei Kontrollen und Beobachtung der Vorgangsweise, Kostenrechnungsergebnisse, Abwesenheitszeiten.

Als weiteres Kriterium zur Beurteilung der Mitarbeiter der Bundeskellereiinspektion wird der fachliche Soll-Ist-Vergleich herangezogen, der monatlich erstellt wird. Er beinhaltet einerseits Vorgaben für die Anzahl der Kontrollen, leistungsneutrale Zeiten und gefahrene Kilometer (Soll) und anderseits die tatsächlich erreichten Werte (Ist) der einzelnen Kellereiinspektoren.
Der Leitung der Bundeskellereiinspektion steht auf diese Weise ein objektives Bewertungstool zur Verfügung, das außerdem den Vorteil hat, dass der organisationsinterne Wettbewerb gefördert wird.

		Kontrollen			
	Vorjahr	*Soll 2001*	*IST 2001*	Abweichung: vom SOLLWERT	
				über-schritten	unter-schritten !
WAG	58	64	78	14	
Ges.BKI	483	531	611	80	

		Leistungsneutrale Zeit			
	Vorjahr	*Soll 2001*	*IST 2001*	Abweichung: vom SOLLWERT	
				unter-schritten	über-schritten !
WAG	19	17	32		15
Ges.BKI	2162	1946	2030		84

		gefahrene Kilometer			
	Vorjahr	*Soll 2001*	*IST 2001*	Abweichung: vom SOLLWERT	
				unter-schritten	über-schritten !
B	2295	2066	1.894	172	
Ges. BKI	45161	40645	41.138	493	

Abb. 16: Soll-Ist-Vergleich,

(WAG = Weinaufsichtsgebiet, BKI = Bundeskellereiinspektion)

Für Belohnungen stehen jährlich ca. 5.000 bis 10.000 Euro zur Verfügung. Diese Summe wird vom Bundesministerium für Land- und Forstwirtschaft, Umwelt und Wasserwirtschaft budgetiert und ist von der Bundeskellereiinspektion nicht zu beeinflussen. Dem Leiter der Bundeskellereiinspektion obliegt die Aufteilung dieser Summe auf die Mitarbeiter. Die Bemessung richtet sich nach den Leistungen der einzelnen Kollegen und wird so gestaffelt, dass besonders verdienstvolle Mitarbeiter (Arbeitsgruppe Recht, EDV) etwa dreimal soviel erhalten, wie die im üblichen Leistungsrahmen liegenden Kollegen. Bei auffälligen Minderleistungen, was selten der Fall ist, wird der Betrag auf Null gesetzt.

3.4. Personalerhaltung/-einsatz (Innovationsmodell)

Im Rahmen der Personalerhaltung bzw. des Personaleinsatzes der Bundeskellereiinspektion wird das Innovationsmodell der Bundeskellereiinspektion mit seinen Elementen als Kern der Reformbestrebungen ausführlich dargestellt.
Weiters wird im Rahmen des Innovationsmodells ein umfassender Überblick über die EDV-Projekte der Bundeskellereiinspektion geboten, um der Wichtigkeit des Einsatzes moderner Technologien bei der Reform der Bundeskellereiinspektion Rechnung zu tragen.

3.4.1. Innovationsmodell

Die Bundeskellereiinspektion setzt – im Zuge ihrer Reformbestrebungen – seit Jahresbeginn 2001 ein umfangreiches Innovationsmodell überaus erfolgreich um. Im wesentlichen besteht dieses Projekt aus folgenden Komponenten:

- Überstundenpauschalierung, verbunden mit einer Jahresdurchrechnung zur Erreichung einer 4 Tage Woche.
- Pauschalierung sämtlicher Gebühren, dadurch weniger Verwaltungsaufwand.
- Dienstzeitflexibilisierung verbunden mit Telearbeit und Reduktion von Außenstellen.
- Leistungssteigerung bei Kostensenkung durch Pauschalierungen und EDV-Einsatz.
- EDV-Projekte der Bundeskellereiinspektion.
- Kosten- und Leistungsrechnung.[10]
- Risikoanalyse.
- Handy für jeden Kellereiinspektor und dadurch ständige Erreichbarkeit (auch am Wochenende).

Ziel dieses – durch die Leitung der Bundeskellereiinspektion in enger Zusammenarbeit mit der Personalvertretung – entwickelten Konzepts war die Senkung der Kosten um 20% innerhalb von drei Jahren unter Beibehaltung des Leistungsniveaus.

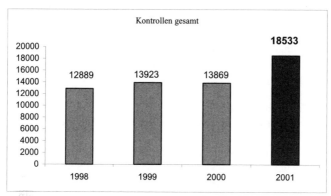

Abb. 17: Entwicklung der Kontroll-Leistung

---

[10] Vgl. Kapitel „Kosten- und Leistungsrechnung" dieser Arbeit.

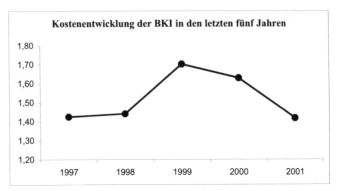

Abb. 18: Entwicklung der Kosten

Erläuternd zu dieser Grafik ist zu vermerken, dass die jährliche Steigerung der Kosten bis 1999 durch das Vorrücken im Gehaltsschema verursacht wurde. Durch das Innovationsmodell wurden Beträge in einer Höhe eingespart, die es ermöglichten, im Jahr 2001 den Ausgabenstand von 1997 indexbezogen wieder zu erreichen.

Strategischer Grundgedanke bei der Entwicklung dieses Konzepts war die Einsicht, dass nur eine effiziente, effektive und kostenbewusste Verwaltung eine sichere Zukunft in einem Staat haben kann, der sich eine grundlegende Verwaltungsreform auf die „eigene Fahne geschrieben" hat. Dadurch war absehbar, dass größere Veränderungen in der öffentlichen Verwaltung bevorstanden. Um diese Veränderungen mitbestimmen zu können und nicht nur deren Konsequenzen zur Kenntnis nehmen zu müssen, entschloss man sich in der Bundeskellereiinspektion zu umfangreichen Reformen.

Überstundenpauschalierung –
Jahresdurchrechnung zur Erreichung einer 4 Tage Woche

Aus Gründen der Arbeitsintensität im Bereich der Weinkontrolle vor allem während der Traubenernte im Herbst fallen in den Monaten September bis November mehr als 80% aller im ganzen Jahr geleisteten Überstunden an. Da in dieser Zeit auch an Wochenenden und zum Teil bis spät in den Abend hinein gearbeitet werden muss, akkumuliert jeder Kellereiinspektor in einem Zeitraum von 3 Monaten bis zu 400 Überstunden.

Daraus ergab sich, dass eine Rationalisierung u.a. in diesem Punkt ansetzen musste, um namhafte Beträge einsparen zu können.

Da aber eine Kürzung der Überstunden alleine weder sinnvoll noch durchsetzbar erschien, musste ein Modell gefunden werden, das einerseits dem Dienstgeber durch finanzielle Entlastung nützt und anderseits auch den Dienstnehmern einen spürbaren Nutzen bringt.

Nach umfangreichen Gesprächen mit allen Mitarbeitern der Bundeskellereiinspektion erwies sich das Modell einer 4 Tage Woche in der Zeit außerhalb der Lese als tragfähiger Kompromiss für beide Parteien. Zur Erzielung spürbarer finanzieller Einsparungen erklärten sich alle Mitarbeiter der Bundeskellereiinspektion bereit, zukünftig auf ein Drittel der finanziellen Überstundenabgeltung zu verzichten. Der statt dessen gewährte Freizeitausgleich im Verhältnis von 1:1 wird dann so konsumiert, dass im Endeffekt eine 4 Tage Woche außerhalb der Lese entsteht.

Seit 1. Jänner 2001 arbeitet die Bundeskellereiinspektion in Umsetzung obiger Überlegungen nach folgendem Dienstplan außerhalb der Lese:
Alle Mitarbeiter haben eine 4 Tage Woche mit vier mal neun Stunden Arbeitszeit (Teilzeitbeschäftigte entsprechend weniger). Jeweils zwei Bedienstete vertreten sich dabei gegenseitig, wobei einer am Freitag und der andere am Montag frei hat. Durch den Wechsel in der nächsten Woche ergibt sich für jeden Mitarbeiter einmal ein viertägiges Wochenende von Freitag bis Montag und in der darauffolgenden Woche ein kurzes Wochenende von Samstag bis Sonntag. Durch diesen Wechsel wird eine gleichmäßige Personalbesetzung gewährleistet. Die genannten täglichen neun Stunden Arbeitszeit kann jeder Mitarbeiter sich frei einteilen, wobei auf die Bedürfnisse der Kunden Rücksicht zu nehmen ist. Zusätzlich ist in der dienstfreien Zeit eine ständige telefonische Erreichbarkeit mittels Diensthandy zu gewährleisten.

Zusätzlich zu diesem Dienstplan sind in der Zeit von September bis November (Weinlese) von jedem Bediensteten mindestens 373 Mehrstunden zur Bewältigung der Weinerntekontrolle zu leisten. Tatsächlich wird diese Vorgabe jedoch weit übertroffen. Eine Arbeitsgruppe bereitet daher weitere Dienstzeitflexibilisierungsschritte vor.

Dienstzeitflexibilisierung
verbunden mit Teleworking und Reduktion von Außenstellen

Im landwirtschaftlichen Bereich wird Kontrolle vor allem dann als Störung bei der Arbeit empfunden, wenn sie in eine besonders arbeitsintensive Zeit fällt. Um auf diesen Umstand eingehen zu können und die Kontroll-, Beratungs- und Informationstätigkeit kundenfreundlich zu gestalten, hat die Bundeskellereiinspektion ein flexibles Dienstzeitmodell geschaffen. Dadurch ist es zum Beispiel möglich, – in Absprache mit den betreffenden Betrieben – notwendige Kontrollen zu weniger arbeitsintensiven Zeiten wie z.B. in den frühen Morgenstunden durchzuführen. Außerdem sind alle Kellereiinspektoren auch am Wochenende telefonisch immer erreichbar, um für etwaige Fragen zur Verfügung zu stehen.

Neben den Kellereiinspektoren wurden auch die Verwaltungsbediensteten mit Handys und Laptops ausgestattet. Diese Ausrüstung ist die Grundlage, um von zuhause aus arbeiten zu können. Das Teleworking der Verwaltungsbediensteten hat dazu geführt, dass vier Außenstellen geschlossen werden konnten, ohne dass qualitative Einbußen zu spüren waren. Das Einsparen der vier Außenstellen führte zu einer weiteren Kostensenkung.

Leistungssteigerung
bei Kostensenkung durch Pauschalierungen und EDV-Einsatz

Da für das Gesamtreformprojekt weitaus mehr als die aus den nicht bezahlten Überstunden resultierenden € 54.500 angestrebt wurden, war es notwendig, zusätzliche Rationalisierungspotentiale auszuschöpfen.
Aufgrund der anstehenden Pensionierung von zwei Kellereiinspektoren bot sich eine Personalreduktion an. Trotz einer Nicht-Nachbesetzung dieser Posten sollte das Kontrollaufkommen nicht reduziert und Serviceleistungen wie z.B. die Beratung nicht eingeschränkt werden. Außerdem sollte es keine Einbußen bei der Qualität der erstellten Leistungen geben. Dies war jedoch nur dann zu erreichen, wenn die verbleibenden Mitarbeiter wesentlich effizienter arbeiten, indem man u.a. unproduktive Zeiten reduziert.

Aufgrund der Kosten- und Leistungsrechnung ergab sich, dass ein wesentliches Zeitpotential in der Selbstverwaltung der Bediensteten zu finden war. Die notwendigen täglichen Aufzeichnungen für die Berechnung der Überstunden, der Reisegebühren und einer geringfügigen Schmutzzulage (€ 1,09 pro Tag mit mehr als 5 Stunden Außendienst), sowie deren monatliche Abrechnung nahmen soviel Zeit in Anspruch, dass eine Pauschalierung sinnvoll erschien.

Durch die Einführung einer Gruppenpauschale mit gleich hohen Beträgen für alle Mitarbeiter mit jeweils gleicher Tätigkeit wurde einerseits für soziale Gerechtigkeit gesorgt, anderseits wurde dadurch soviel Zeit bei der Eigenverwaltung eingespart, dass die Arbeitsleistung eines nunmehr pensionierten Kollegen wettgemacht wurde.

Darüber hinaus wurde massiv in EDV investiert, sodass heute jeder Kellereiinspektor mit Laptop und datenübertragungsfähigem Mobiltelefon ausgestattet ist. Der durch die Vernetzung aller Außendienstmitarbeiter entstehende Rationalisierungseffekt ersetzt einen zweiten pensionierten Kontrollbeamten. Die Automatisierung vieler Verwaltungstätigkeiten führte neben einer massiven Kostensenkung zu Leistungssteigerungen in der Kontrolle, Information und Beratung.

Welche EDV-Projekte im Detail innerhalb der Bundeskellereiinspektion durchgeführt wurden, zeigt folgende Tabelle.

Projekt	Beschreibung	Anwender	Verwendet seit
Aktensystem Büro	Dient zur Erfassung der Daten aus der Zentrale.	Zentrale	2002
Aktenverwaltung	Dient zur Verwaltung der Akten der Kellereiinspektoren.	Alle Kellereiinspektoren	1996
Bibliotheksdatenbank	Zum Erfassen der Bücher und Zeitschriften der BKI.	Zentrale	1999
BKI-Management	Zum automatischen Erstellen von Niederschriften, Probenetiketten und Versand der Proben an alle Kellereiinspektoren	Alle Kellereiinspektoren	1996
Diverse Hilfsprogramme	Zum Installieren und Updaten der Anwendungen, welche bei der BKI in Verwendung sind.	EDV-Beauftragter der BKI	1997
Erlassdatenbank	Zum Erfassen und Abfragen der Erlässe und Rechtsauskünfte über das Weinrecht.	EDV-Beauftragter der BKI	1997
Kostenrechnung	Bildet die Kostenrechnungsvorgänge in der BKI ab.	Alle Kellereiinspektoren und Administratoren	2000

Kosten- und Leistungsrechnung	Dient zur Auswertung der Kostenrechnung und der Monatsberichte der Kellereiinspektoren	Zentrale	1997
Monatsabrechnung	Zum Erfassen der Monatsabrechnungen	Alle Bediensteten der BKI	1996
Outlook Manager	Dient der automatischen Weiterleitung und Aufarbeitung der diversen E-Mails	Alle Bediensteten der BKI	2001
Personalverwaltung	Zum Erfassen der Personaldaten, sowie der Abwesenheit bei Urlaub usw.	Zentrale	1999
Prüfnummernbescheiddatenbank	Zum Erfassen der Prüfnummernbescheide, die vom Bundesamt für Weinbau per E-Mail übermittelt werden.	EDV-Beauftragter der BKI	2001
Prüfnummernverfahren	Zum Verwalten der vorläufig negativen Prüfnummernverfahren, die vom Bundesamt für Weinbau per E-Mail übermittelt werden.	Alle Kellereiinspektoren	2001
Risikoanalyse	Zum Auswerten der Daten der Teleworkingdatenbanken	EDV-Beauftragter der BKI	2001
Teleworkingdatenbank	Zum Erfassen der Daten der Ernte- und Bestandsmeldung und der Mostwägerbescheinigung	Alle Administratoren	2001
Urlaubs- und Krankenstandmeldungen	Zum Erfassen der Urlaubs- und Krankenstandsmeldungen	Alle Bediensteten der BKI	1997

Tabelle 2: EDV-Projekte der Bundeskellereiinspektion

Bisherige Erfahrungen

Die gesteigerte Lebensqualität durch die Vier-Tage-Woche und die deutliche Reduktion der umfangreichen Selbstverwaltung führte bei den Mitarbeitern der Bundeskellereiinspektion zu einem unglaublichen Motivationsschub. Dies führte im Zusammenhang mit den Rationalisierungseffekten zu einer weit über den Erwartungen liegenden Leistungssteigerung. Auf der Kostenseite konnten bisher alle Einsparungsziele realisiert werden, bei organisatorischen Änderungen – wie etwa der Verringerung der Außenstellen – liegt die Bundeskellereiinspektion ebenfalls über den ursprünglich vereinbarten Zielen.

Die Ziele des Innovationsmodells (Kostensenkung um 20% bei gleich bleibender Leistung) wurden – statt in drei Jahren – fast schon im ersten Jahr erreicht. Im ersten Jahr (2001) wurden ca. 15% der Kosten eingespart und die Leistung – durch Senkung der leistungsneutralen Zeiten - um ca. 33% gesteigert. Dazu muss gesagt werden, dass im Jahr 2001 die Einsparungen noch nicht voll zum Tragen kamen, da die zwei eingesparten Mitarbeiter erst Mitte des Jahres in Pension gingen. Aus heutiger Sicht wird das gesamte Innovationsmodell bis Jahresende 2002 umgesetzt sein und bei gleichbleibender bzw. gesteigerter Leistung etwa € 250.000 – 290.000 jährlich einsparen helfen, wodurch es zu einer Gesamtkostenreduktion bei der Bundeskellereiinspektion um rund 20% kommt.

Innovationsmodell aus Sicht der Mitarbeiter

Um die Sicht der Mitarbeiter der Bundeskellereiinspektion bezüglich des Innovationsmodells zu klären, wurde heuer eine anonyme Mitarbeiterbefragung durchgeführt. Die Ergebnisse werden im folgendem Abschnitt erläutert. Die Mitarbeiter der Bundeskellereiinspektion kennen – laut Befragung – das Innovationsmodell ziemlich gut (42,3% „eher gut" und 53,8% „gut"). Das positive Ergebnis rührt daher, da die Mitarbeiter zu jeder Zeit in den Reformprozess miteingebunden wurden. Folgende Abbildung zeigt, wie die Mitarbeiter selbst die Entstehung des Innovationsmodells sehen.

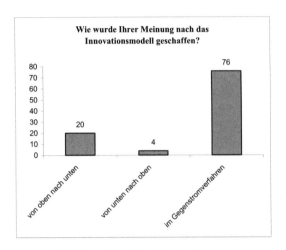

Abbildung 19: Mitarbeiterbefragung:
Wie wurde das Innovationsmodell geschaffen?

76% der Mitarbeiter sind der Meinung, dass die Innovationen in Zusammenarbeit mit der Behördenführung entstanden sind. Ein Fünftel des Personals ist der Auffassung, dass das Modell von oben herab eingeführt wurde.

Weiters sollten die Mitarbeiter beurteilen, ob das Innovationsmodell der Bundeskellereiinspektion als ein gelungenes Modell im Hinblick auf eine Verwaltungsreform anzusehen ist. 73,1% der Befragten bezeichnen das Modell als „gelungen" und 15,4% als „eher gelungen". Nur 3,8% der Mitarbeiter finden die Innovation im Hinblick auf eine Verwaltungsreform als „nicht gelungen". Die Auswertung der qualitativen Fragen ergab Verbesserungsvorschläge vor allem im Hinblick auf die 4 Tage Woche. Hier wurde von einigen Mitarbeitern der Wunsch geäußert, die Arbeitszeitgestaltung noch weiter zu flexibilisieren, indem der freie Tag selbst bestimmt werden kann. Eine Umsetzung wird derzeit von einer Arbeitsgruppe vorbereitet. Zusätzlich wird von einigen Mitarbeitern die Wichtigkeit einer ständig modernisierten EDV für das Innovationsmodell betont. Das Innovationsmodell konnte nur deshalb so erfolgreich umgesetzt werden, weil die Mitarbeiter vollkommen hinter dem Projekt stehen. Die folgende Abbildung veranschaulicht deutlich, wie sehr sich die Mitarbeiter der Bundeskellereiinspektion mit den Innovationen identifizieren können.

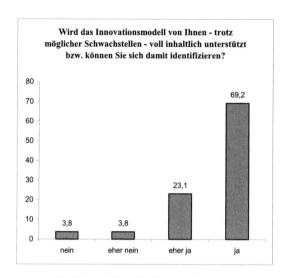

Abbildung 20: Mitarbeiterbefragung:

Identifizierung der Mitarbeiter mit dem Innovationsmodell

Im Prinzip sind es nur zwei Mitarbeiter, die auf die oben gestellte Frage mit „nein" bzw. „eher nein" geantwortet haben. Die zwei Meinungen werden aber auf jeden Fall ernst genommen und etwaigen Problemen wird nachgegangen. Auch die nächste Abbildung zeigt, dass nur zwei Mitarbeiter der Meinung sind, das Modell sei „nicht" bzw. „eher nicht" praxisorientiert. 92,3% glauben aber, die Innovationen seien praxisorientiert.

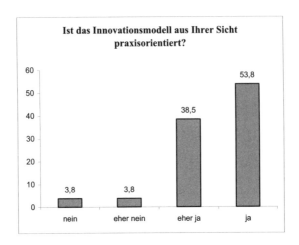

Abb. 21: Mitarbeiterbefragung:

Praxisorientierung des Innovationsmodells

Die Ergebnisse der Befragung zeigen sehr deutlich, dass das Innovationsmodell bei den Mitarbeitern der Bundeskellereiinspektion gut ankommt und dass sich fast alle damit identifizieren, denn nur dadurch waren die bisherigen Erfolge möglich.

Innovationsmodell aus Sicht der Experten

Um das Innovationsmodell auch aus fachlicher Sicht zu bewerten, wurden durch Mitarbeiter des Instituts für Verwaltungsmanagement der Universität Innsbruck Expertenbefragungen in Form von persönlichen Interviews durchgeführt. Ziel dabei war, Stärken und Schwächen des Innovationsmodells sowie dessen Übertragbarkeit auf andere Verwaltungseinheiten festzustellen. Außerdem konnten auf diesem Wege relevante Hintergrundinformationen zur Geschichte der Bundeskellereiinspektion in den letzten Jahren gewonnen werden.
Insgesamt wurden zehn Experten aus der Bundeswirtschaftkammer, dem Weinhandel und vor allem aus dem Bundesministerium für Land- und Forstwirtschaft, Umwelt und Wasserwirtschaft befragt. Im Falle des Bundesministeriums für Land- und Forstwirtschaft, Umwelt und Wasserwirtschaft wurden u.a. der Präsidialchef, der Leiter der Fachabteilung Wein, Experten aus der Personalabteilung und aus dem Generalsekretariat befragt.

Aus den persönlichen Interviews ergab sich folgendes Bild der Verwaltungsreform in der Bundeskellereiinspektion:

Bis zum Weinskandal im Jahre 1985 schien die Kontrolltätigkeit der Bundeskellereiinspektion weder effizient, noch in einer bürgernahen Form durchgeführt worden zu sein. Der medial stark ausgeschlachtete Weinskandal markiert dann eine Zäsur in der Geschichte der Bundeskellereiinspektion. Um den erlittenen Imageschaden für die österreichische Weinwirtschaft wieder wettzumachen und eine Ordnung am Weinmarkt wieder herzustellen, wurde das „schärfste" Weingesetz der Welt beschlossen. Daraus ergab sich natürlich die Notwendigkeit einer glaubwürdigen, straff organisierten und gut funktionierenden Kontrollbehörde. Dies war allerdings nicht allzu leicht zu bewerkstelligen, wie schon aus dem Vorwort des jetzigen Leiters der Bundeskellereiinspektion zu diesem Bericht hervorgeht.

Ab dem Jahre 1995 erfolgte mit dem Amtsantritt von Ing. Rosner als neuem Leiter der Bundeskellereiinspektion der Beginn der Reorganisation dieser Verwaltungseinheit. Die zum Thema Bundeskellereiinspektion befragten Experten bestätigen einstimmig die grundlegende Rolle Ing. Rosners bei der Neugestaltung dieser Behörde. Insbesondere sein Führungstalent und seine Fähigkeit, mit den beteiligten Personen erfolgreich zu verhandeln, wurden immer wieder erwähnt.

Will man das Innovationsmodell der Bundeskellereiinspektion erfolgreich in einen anderen Bereich der Verwaltung übertragen, ist eine derartige Führungspersönlichkeit in der betreffenden Organisation als eine der wesentlichsten Voraussetzungen zu nennen.

Grundsätzlich ist die Übertragbarkeit der Reformschritte der Bundeskellereiinspektion insofern nur eingeschränkt möglich, da die speziellen Rahmenbedingungen (Überstundenanfall, Leistungsspektrum sehr speziell - Außendienst, kleine Organisation, etc.) in der Bundeskellereiinspektion sich als sehr förderlich für Reformen herausgestellt haben.

Das Modell ist jedoch für artverwandte Tätigkeiten absolut übertragbar, was schon dadurch unterstrichen wird, dass bereits die Wildbach- und Lawinenverbauung bzw. die Agrarmarkt Austria an der Übernahme wesentlicher Teile des Innovationsmodells arbeiten.

Die Reform der Bundeskellereiinspektion wurde dadurch unterstützt, dass sie in Form eines Pilotprojektes ablief. Dies hatte zur Folge, dass anfängliche Probleme mit der Dienstzeitflexibilisierung aufgrund des bestehenden Dienstrechtes gelöst werden konnten, indem das Dienstrecht im Hinblick auf den erfolgreichen Versuch mit der Bundeskellereiinspektion abgeändert wurde, sodass flexible Arbeitszeitmodelle in der österreichischen Verwaltung nunmehr möglich sind.

Man spricht in diesem Zusammenhang in der Bundesverwaltung bereits sogar von einem „BKI – Modell", wenn man ein flexibles Arbeitszeitmodell meint.

Als Schwachstellen des Innovationsmodells der Bundeskellereiinspektion ergaben die Expertengespräche die nach wie vor unveränderten personal- und budgetrechtlichen Bestimmungen, die die Reformen der Bundeskellereiinspektion gleichsam als „Einzelanfertigung" in der Bundesverwaltung dastehen lassen. Außerdem wurde das bestehende Qualitätsmanagement als zu wenig umfassend kritisiert. Diese Punkte sind jedoch der Leitung der Bundeskellereiinspektion durchaus bewusst und man ist bestrebt, den Reformprozess im Hinblick auf diese Probleme zu intensivieren.

Der grundsätzliche Tenor der Experten zu den Reformen der Bundeskellereiinspektion ist jedoch äußerst positiv, was am besten durch Aussagen wie: „Es ist erstaunlich, dass solche Innovationen im Bundesdienst möglich sind" illustriert wird.
Getragen wird die gelungene Umwandlung der Bundeskellereiinspektion von einer reinen Kontrollbehörde zu einer generellen „Anlaufstelle für Fragen in Sachen Wein" – basierend auf einer Ausweitung der operativen Tätigkeit bei einem gleichzeitigen Abbau der Verwaltungstätigkeit – aber nicht zuletzt durch ambitionierte und dynamische Mitarbeiter, die von der Leitung der Bundeskellereiinspektion als wichtige strategische Ressourcen erkannt worden sind. Im Rahmen eines umfangreichen Personalmanagements versucht man dieser Tatsache Rechnung zu tragen.

3.5. Personalentwicklung

Jeder neue Bundeskellereiinspektor wird ca. 2 Jahre eingeschult, indem er mit einem anderen Kollegen gemeinsam Dienst versieht. In dieser Zeit durchläuft er alle Aufsichtsgebiete und bleibt überall etwa 2 bis 3 Wochen, dazwischen kehrt er immer wieder zu seinem „Ausbildner" zurück. Danach erhält er ein eigenes Weinaufsichtsgebiet zugeteilt. Alle Kellereiinspektoren werden stets weitergeschult.
Zur Erhaltung bzw. Steigerung der Kenntnisse der Mitarbeiter werden folgende Möglichkeiten angeboten:
- Kurse auf der Verwaltungsakademie (Umgang mit Parteien, Rhetorik, Qualitätsmanagementkurse).
- Angebot eigener Kurse durch Mitarbeiter der Bundeskellereiinspektion (z.B. EDV-Schulungen) oder Einladung externer Experten.
- Pflege von Auslandskontakten, um Informationen zu ausländischen Weinen zu erhalten.

- Exkursionen zum Verwaltungsausschuss nach Brüssel
- EU-Curriculum
- Fachbibliothek in der Zentrale der Bundeskellereiinspektion

Die folgende Abbildung zeigt, wie die Mitarbeiter selbst die Weiterbildungsmöglichkeiten in der Bundeskellereiinspektion beurteilen.

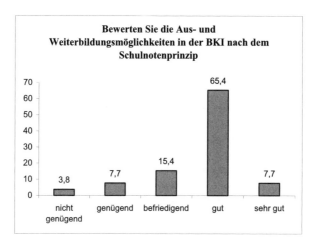

Abb. 22: Mitarbeiterbefragung:

Bewertung der Aus- und Weiterbildungsmöglichkeiten in der Bundeskellereiinspektion

73,1% der Mitarbeiter empfinden die Möglichkeiten der Weiterbildung als „sehr
gut" bzw. „gut".

In der Bundeskellereiinspektion wird versucht, zusätzliche Qualifikationen der
Mitarbeiter zu fördern und sie für die Organisation nutzbar zu machen. Im wesentlichen gibt es Mitarbeiter, die in den Bereichen EDV, Homepage, Recht,
Qualitätsmanagement und Kostenrechnung spezielle Fähigkeiten besitzen. Teilweise wurden diese Fähigkeiten durch die Mitarbeiter im Selbststudium erlernt
(z.B. EDV), teilweise wurden Mitarbeiter gezielt für ein Fachgebiet (z.B. Qualitätsmanagement) geschult.
Ziel der Förderung solcher Mehrfachqualifikationen ist, einerseits Mitarbeiter
mit interdisziplinärem Problemverständnis zu generieren und anderseits in den
betroffenen Fachgebieten unabhängiger und somit effizienter zu werden.

Die erwähnten EDV-Lösungen (z.B. Risikoanalyse) wurden beispielweise von einem Kellereiinspektor selbst entwickelt. Zwei Inspektoren, die rechtlich geschult sind, erstellten unter anderem eine „Recht-CD" , auf der alle weinrechtlich relevanten Gesetze, Verordnungen und Erlässe abrufbar sind und die jedem Kellereiinspektor zur Verfügung steht.

Im Hinblick auf das Fachgebiet der Kostenrechnung wird das fachspezifische Wissen des Kostenrechnungsbeauftragten der Bundeskellereiinspektion für die Kosten- und Leistungsrechnung des Bundesministeriums für Land- und Forstwirtschaft, Umwelt und Wasserwirtschaft bereits intensiv genützt.

3.6. Führungsthematik

Als wesentlichstes Element einer Führung über Zielvereinbarungen kann der in diesem Bericht bereits ausführlich besprochene Soll-Ist-Vergleich gesehen werden. Er bietet der Leitung der Bundeskellereiinspektion – neben der Formulierung und Durchsetzung sonstiger Ziele – die Möglichkeit, fachliche Vorgaben festzulegen und die Mitarbeiter anhand dieses objektiven Maßstabes zu evaluieren. Die Leistungsbewertung der Mitarbeiter erfolgt allerdings nicht nur über die Auswertung des Soll-Ist-Vergleichs, sondern sehr wohl auch über ein Bündel anderer Kriterien.[11]

Diese Leistungsbewertung der einzelnen Mitarbeiter ist der Grundstock für eine leistungsabhängige Belohnung in finanzieller Form. Grundsätzlich stehen der Bundeskellereiinspektion – wie bereits erwähnt – jährlich etwa 5.000 bis 10.000 Euro zur Verfügung. Diese Summe wird vom Bundesministerium für Land- und Forstwirtschaft, Umwelt und Wasserwirtschaft der Bundeskellereiinspektion zur Verfügung gestellt. Speziell jene Mitarbeiter, die zusätzlich zu ihrer „normalen" Tätigkeit als Experten in den Bereichen EDV, Recht, Qualitätsmanagement etc. für die Bundeskellereiinspektion wertvolle Arbeit leisten, erhalten eine bis zu dreimal höhere Belohnung, als die im üblichen Leistungsrahmen liegenden Mitarbeiter.

Leitbild der Bundeskellereiinspektion

Wichtig für die Qualität des Arbeitens ist auch das selbst entwickelte Leitbild der Bundeskellereiinspektion:

Wir sind eine nach modernen Managementmethoden geführte Behörde mit langer Tradition.

---

[11] Vgl. Kapitel „Personalbeurteilung" dieser Arbeit.

Ziele und Aufgaben sind:
- die effiziente Kontrolle nach den weingesetzlichen Vorschriften,
- die aktive Förderung des Qualitätsgedankens und
- die Erhaltung des Vertrauens der Konsumenten in die Weinwirtschaft.

Wir bekennen uns zu:
- den Prinzipien der Rechtsstaatlichkeit,
- partnerschaftlichem Umgang und
- gesetzestreuem Handeln mit der erforderlichen Behutsamkeit.

Wir mit anderen:
- Unser Handeln ist bundesweit einheitlich, zuverlässig und verantwortungsbewusst.
- Den gesetzlich eingeräumten Ermessensspielraum wollen wir verständnisvoll nützen.
- Die Wahrung der rechtmäßigen Interessen der Bürger ist ein wesentliches Ziel.

Das Vertrauen in unsere Arbeit wollen wir erreichen durch:
- fachliche Kompetenz und Unvoreingenommenheit,
- Objektivität und Nachvollziehbarkeit,
- Informations- und Auskunftsbereitschaft unter Wahrung der Amtsverschwiegenheit.

Wir miteinander:
- Wir fördern das Verantwortungsbewusstsein der Mitarbeiter durch definierte und eigenverantwortliche Bereiche.
- Unsere Tätigkeit erfolgt objektiv und konsequent, kooperativ und kostenbewusst im Sinne einer modernen Verwaltung.
- Wir unterstützen loyal unsere Vorgesetzten, die menschlich und motiviert ein positives Arbeitsklima schaffen.

Die Dialogbereitschaft und Loyalität, der Austausch von erforderlichen Informationen und der Wille zur Weiterbildung gewährleisten die optimale Umsetzung des Leitbildes.

Das Leitbild der Bundeskellereiinspektion repräsentiert ihr neues Selbstverständnis, das vom Gedanken eines modernen Kontroll- und Dienstleistungsunternehmens geprägt ist.
Grundsätzlich kommt dem Leitbild der Bundeskellereiinspektion eine Orientierungsfunktion zu, die sowohl organisationsintern in Form von Handlungsanwei-

sungen auf die Mitarbeiter, als auch organisationsextern in Form einer Repräsentation des Selbstverständnisses der Organisation nach außen wirkt. Zusätzlich zu dieser internen und externen Orientierungsfunktion ist das Leitbild der Bundeskellereiinspektion Bestandteil einer Strategie der Verwaltungsmodernisierung und ein dynamisches Element des Reformprozesses, indem es Ausgangspunkt und Anstoß für konkrete Veränderungsschritte ist.

Mitarbeiterbefragung

Um ein Feedback über die Auswirkungen der durchgeführten Reformschritte von den betroffenen Mitarbeitern zu erhalten, beauftragte die Bundeskellereiinspektion das Institut für Verwaltungsmanagement der Universität Innsbruck mit der Durchführung einer – bereits erwähnten - Mitarbeiterbefragung.

Die durchgeführte Umfrage ergibt ein grundsätzlich sehr positives Feedback für die Reformen in der Bundeskellereiinspektion; zusätzlich ergibt die Befragung ein positives Bild der Organisationskultur der Bundeskellereiinspektion.
Im folgenden soll ein Ausschnitt der Befragungsergebnisse vorgestellt werden:

Bei der Frage, ob Maßnahmen, die zu einer Reorganisation der Bundeskellereiinspektion führen, im Team besprochen bzw. beschlossen werden, antworteten 80,6% mit „Ja" bzw. „Eher Ja". Die Beantwortung dieser Frage korreliert mit der Beantwortung der Frage: Wie wurde ihrer Meinung nach das Innovationsmodell geschaffen? Hier erklärten 76% der Befragten, dass dieses im Gegenstromverfahren, also unter intensiver Einbindung der Mitarbeiter, zustande gekommen sei. Dementsprechend hoch ist auch die Zustimmung bei der Frage, ob das Innovationsmodell – trotz möglicher Schwachstellen – durch die Mitarbeiter voll inhaltlich unterstützt wird (69% „Ja" bzw. 23% „Eher Ja"). Die Ergebnisse dieser Fragen zeigen einen partnerschaftlichen Umgang in der Bundeskellereiinspektion, bei dem die Führung in Absprache mit der Belegschaft notwendige und sinnvolle Reformen umsetzt.

Abgerundet wird dieses Bild durch die Beantwortung der Frage, ob die Arbeitsbedingungen in der Bundeskellereiinspektion zufriedenstellend sind. Hier wurden von vier möglichen Antwortkategorien, von denen zwei mehr oder weniger negativ waren, nur jene angekreuzt, die mehr oder weniger positiv waren (53,8% „Eher zufriedenstellend", 46,2% „sehr zufriedenstellend").
Auch im Hinblick auf die Gleichberechtigung von Frauen auf dem Arbeitsplatz wird der Bundeskellereiinspektion durch die Mitarbeiterbefragung ein gutes Zeugnis ausgestellt. 84% der Befragten halten die Gleichberechtigung in jedem

Fall für verwirklicht, 12% für eher verwirklicht und nur 4% für eher nicht verwirklicht.

4.   Übertragbarkeit der Innovationen auf andere Verwaltungen

Um von möglichst großem Nutzen für den gesamten Bereich der öffentlichen Verwaltung zu sein, muss das Innovationsmodel der Bundeskellereiinspektion grundsätzlich auf andere Verwaltungseinheiten übertragbar sein.
Verschiedene Komponenten des Innovationsmodells – wie z.b. Teleworking – können zum Teil sehr einfach übertragen werden, wobei jedoch die Sinnhaftigkeit der Übertragbarkeit der einzelnen Reformmaßnahmen von Fall zu Fall genau geprüft werden muss.
Die Jahresdurchrechnung der Dienstzeit und die Pauschalierung von Gebühren und Zulagen, die bei der Bundeskellereiinspektion zu den massiven Einsparungen im Verwaltungsbereich geführt haben, sind bei einigen Verwaltungseinheiten bereits im Gespräch. Im folgenden werden zwei konkrete Beispiele besprochen, die mit der Bundeskellereiinspektion Kontakt aufgenommen haben, um Teile des Innovationsmodells in ihren Organisationen zu implementieren.

Die Wildbach- und Lawinenverbauung ist eine der Bundeskellereiinspektion vergleichbare Organisation mit regionalen Außenstellen und Baustellen vor Ort. Insbesondere die Bautätigkeit unterliegt witterungsbedingt starken jahreszeitlichen Schwankungen. Dementsprechend kann eine Jahresdurchrechnung der Überstunden – ähnlich wie in der Bundeskellereiinspektion – grundsätzlich implementiert werden. Das Dienstrecht erlaubt bzw. verlangt jedoch nur eine Quartalsdurchrechnung, was jedoch nicht sinnvoll erscheint. Daher muss erst mit den Mitarbeitern verhandelt werden, ob diese – wie in der Bundeskellereiinspektion – freiwillig eine Durchrechnung über das ganze Jahr akzeptieren, um das neue Arbeitszeitmodell – im Zusammenhang mit einer 4 Tage Woche außerhalb der Saison – festzulegen. Das Schließen von Außenstellen in der Wildbach- und Lawinenverbauung und der Einsatz von Teleworking wird zur Zeit nicht für sinnvoll erachtet. Die Pauschalierung von Reisegebühren, Überstunden und Zulagen wird wie beim Innovationsmodell der Bundeskellereiinspektion angestrebt. Die Einsparungen wären wahrscheinlich sehr hoch. Vergleicht man die Bundeskellereiinspektion, die mit 20 Außendienstmitarbeitern ca. ein Mannjahr an Kosten eingespart hat mit der Wildbach- und Lawinenverbauung, die ca. 1.500 Außendienstmitarbeiter beschäftigt, dann lässt sich die Dimension des Einsparungspotentials in diesem Verwaltungsbereich ungefähr erahnen.

Das zweite Beispiel ist eine weitere nachgeordnete Dienststelle des Bundesministeriums für Land- und Forstwirtschaft, Umwelt und Wasserwirtschaft, nämlich die Agrar Markt Austria (AMA). Die AMA hat – wie die Bundeskellereiinspektion – ebenfalls Außenkontrollen vor Ort durchzuführen. Diese fallen insbesondere in den Monaten Mai bis August an. Aus diesem Grund wird hier ebenfalls die Übernahme einer Jahresdurchrechnung überlegt. Momentan wird die Einführung eines 12 Stunden Tages während dieser Saison angedacht, wobei die Außendienstmitarbeiter dafür im Winter frei bekommen sollen. Dies könnte allerdings bei der Durchsetzung zu Problemen führen, da die AMA viele Nebenerwerbsbauern beschäftigt, die durch eine solche Lösung in zeitliche Probleme vor allem während der Erntezeit kommen würden. Die AMA diskutiert momentan auch die Pauschalierung der Nebengebühren.

Ähnliche, wie oben beschriebene Überlegungen werden von Präsidialchef Dr. Gruber für mehrere andere Dienststellen angeregt. Das Problem ist im wesentlichen jedoch immer dasselbe: Große Durchrechnungszeiträume wie beim Innovationsmodell der Bundeskellereiinspektion scheitern an der Gesetzeslage, die Freiwilligkeit der Mitarbeiter erfordern würde. Der ursprünglich geplante Änderungsentwurf zum Dienstrecht sah daher auch eine echte Ganzjahresdurchrechnung vor, was jedoch von der Gewerkschaft zugunsten der derzeitigen Quartalsdurchrechnung verhindert wurde.

Auch bei der Expertenbefragung hat sich klar herauskristallisiert, dass Teile des Innovationsmodells der Bundeskellereiinspektion sicher auf andere Verwaltungseinheiten übertragbar wären. Die Experten waren sich aber auch einig, dass vor allem die Motivation bei den Mitarbeitern und auch das Engagement der Behördenleitung der Bundeskellereiinspektion ausschlaggebend waren, um das Innovationsmodell so erfolgreich umzusetzen.